中等职业教育报关与国际货运专业任务驱动型教改教材

JINCHUKOU GUANWU SHIWU

进出口关务实务

（初级）

主　编　柳　杰

副主编　宫蕴昕　尚梦芳

参　编　杜玲玲　仲　杰　范冰莹

中国海洋大学出版社
·青岛·

图书在版编目(CIP)数据

进出口关务实务：初级 / 柳杰主编. —青岛：中
国海洋大学出版社，2020.12
ISBN 978-7-5670-2692-6

Ⅰ.①进… Ⅱ.①柳… Ⅲ.①进出口贸易—海关手续
—中国—中等专业学校—教材 Ⅳ.①F752.5

中国版本图书馆 CIP 数据核字(2020)第 246706 号

出版发行	中国海洋大学出版社			
社　　址	青岛市香港东路 23 号	**邮政编码**	266071
出版人	杨立敏			
网　　址	http://pub.ouc.edu.cn			
电子信箱	cbsebs@ouc.edu.cn			
订购电话	0532—82032573(传真)			
责任编辑	邹伟真	**电　　话**	0532—85902533
印　　制	青岛国彩印刷股份有限公司			
版　　次	2020 年 12 月第 1 版			
印　　次	2020 年 12 月第 1 次印刷			
成品尺寸	170 mm×230 mm			
印　　张	21.75			
字　　数	383 千			
印　　数	1—1000			
定　　价	60.00 元			

发现印装质量问题,请致电 0532—58700168,由印刷厂负责调换。

前　言
PREFACE

本教材打破了传统的"章、节"编写模式,结合最新海关政策法规,参照全国关务水平测试(初级)标准,建立了"以工作任务为引领,以工作项目为导向,以典型案例为引导"的教材体系。本教材的特色如下。

1. 能力本位,思路新颖

本教材根据"任务引领,项目导向"的编写思路,先按实际报关业务的工作任务设计编写项目,每个项目再按工作步骤设计教材内容的框架,最后按每个工作步骤所需要的技能来编写实际操作所涉及的相关知识。

2. 校企合作,实用性强

本教材的编写团队体现"校校联合"和"校企合作"的特点,团队成员来自职业院校教师和报关企业。编者在吸收其他高职院校丰富的课堂教学经验的同时,增加了大量实用的业务案例,提高了教材的实用性。

3. 图文并茂,易学够用

本教材大部分项目都配备了操作流程图和知识点归纳比较表,并附有大量实际工作所涉及的单证,每个项目都设计了"项目情境导入"和"情境操作示范",让学生更容易理解教材内容,完整地体验报关工作的程序、内容和方法,有助于提高学生的抽象思维能力和解决具体问题的能力。

4. 手段多样,资源丰富

本教材给教师提供了多样的教学手段,在编写专题中配备了"小案例""小思考""小贴士""问题探究""思考练习"等模块,并配备了授课 PPT、报关单填写代码、最新海关政策、常见业务单证、练习题答案等教学资源,并提供课堂教学交流的 QQ 群,力求教师授课方便、实用。

本教材内容主要参考的政策法规包括:

海关总署公告 2016 年第 62 号、海关总署公告 2018 年第 24 号(税收征管方式改革)

海关总署公告 2017 年第 25 号(关于推进全国海关通关一体化改革的公告)

海关总署公告 2017 年第 33 号(关于取消加工贸易银行保证金台账制度有关事宜的公告)

海关总署公告 2017 年第 45 号(关于优化汇总征税制度的公告)

海关总署公告 2017 年第 48 号(关于规范转关运输业务的公告)

海关总署公告 2018 年第 23 号(关于启用保税核注清单的公告)

海关总署公告 2018 年第 28 号(关于企业报关报检资质合并有关事项的公告)

海关总署公告 2018 年第 50 号(海关总署关于全面取消《入/出境货物通关单》有关事项的公告)

海关总署公告 2018 年第 59 号(关于全面推广以企业为单元加工贸易监管改革)

海关总署公告 2018 年第 60 号(关于修订《中华人民共和国海关进出口货物报关单填制规范》的公告)

海关总署公告 2018 年第 89 号(关于优化出口货物检验检疫监管的公告)

海关总署公告 2018 年第 104 号(关于加工贸易监管有关事宜的公告)

海关总署令第 237 号(关于公布《中华人民共和国海关企业信用管理办法》的令)

海关总署公告 2018 年第 140 号(关于《中华人民共和国进境物品归类表》和《中华人民共和国进境物品完税价格表》的公告)

海关总署公告 2018 年第 143 号(关于推进关检融合优化报关单位注册登记有关事项的公告)

财政部与海关总署等部门联合公告 2018 年第 157 号(关于调整跨境电商零售进口商品清单的公告)

海关总署公告 2018 年第 177 号(关于公布《海关认证企业标准》的公告)

海关总署公告 2018 年第 178 号(关于实施《中华人民共和国海关企业信用管理办法》有关事项的公告)

海关总署公告 2018 年第 194 号(关于跨境电子商务零售进出口商品有关监管事宜的公告)

海关总署公告 2019 年第 18 号(关于修订《中华人民共和国海关进出口货物报关单填制规范》的公告)

本教材由青岛外事服务职业学校柳杰老师设计编写方案并负责全书的统稿工作,编写人员具体分工为:宫蕴昕负责编写项目一、项目三,尚梦芳负责编写项目二、项目四,杜玲玲负责编写项目五,柳杰负责编写项目六、项目七。

在本教材的编写过程中,编者参阅了大量文献,并得到了青岛翔通报关有限公司仲杰总监、青岛海程邦达国际物流有限公司吴梅女士以及山东朗越国际运输服务有限公司青岛分公司范冰莹等的帮助,在此表示衷心的感谢!

本教材可作为中等职业学校报关与国际货运专业、国际商务专业、物流专业及其他相关专业的教学用书,也可作为参加全国报关行业技能大赛的备赛用书和自学用书,对外贸企业从事报关业务的管理人员、操作人员也有较大的参考价值。

由于编者水平有限,书中错误之处在所难免,敬请读者及有关专家批评指正。

编　者
2020 年 8 月

目 录
CONTENTS

项目一 海关基础知识

学习目标

【知识目标】
1. 熟悉海关的性质与工作任务。
2. 了解海关管理体制与机构。
3. 理解海关执法相关内容。

【能力目标】
1. 能准确判别不同类型的海关执法权。
2. 能熟练掌握海关的业务制度。

项目情境

某公司 A 于 2019 年 8 月向海关申报从日本进口一般贸易项下 PP 再生粒子 24 202 千克,申报价格 C&F 19 119.58 元,申报商品编号 3902100090。经查,实际进口货物中有 7 585 千克包装货物为禁止进口固体废物。

某公司 B 在明知某品牌婴儿纸尿裤真实成交价格的情况下,为提高利润,以伪报价格的方式向海关申报进口该品牌纸尿裤共计 25 票。经查,上述货物的货物价值共计人民币 9 642 399.58 元。经海关核定,应缴税款共计人民币 1 976 011.58元,偷逃税款共计人民币 346 707.95 元。

请问,以上两家公司的行为违反了哪些海关监管制度?将面临何种处罚?

项目分解

该项目的学习具体可分解为认识海关和海关业务制度两个任务。

任务一　认识海关

一、认识海关

(一)海关性质

1. 中央国家行政机关的重要组成部分

海关是国家(或地区)依据本国(或地区)的海关法律、行政法规设立并行使进出口监督管理职权的国家行政机关。

💡 **小贴士**

> 世界海关组织(World Customs Organization，WCO)成立于 1952 年 1 月 26 日,总部位于比利时布鲁塞尔。中国政府于 1983 年 7 月 18 日签署《关于成立海关合作理事会公约》(简称"CCC 公约"),成为海关合作理事会成员。

2. 具备行政执法职能

作为国家行政机关的一个部门,海关具有行政管理职能;同时,海关也具备行政执法职能。

3. 国家进出境监督管理机关

海关机构和海关人员由法律授权并通过法律明确,代表国家行使进出境监督管理职权。海关实施监督管理的范围是进出关境及与之有关的活动,监督管理的对象是所有进出境的运输工具以及货物和物品。

💡 **小贴士**

> 关境是指实施同一海关法规和关税制度的境域。
> 一般情况下,关境和国境的关系是:
> ①关境大于国境:如欧盟;
> ②关境小于国境:如我国;
> ③单独关境:如我国香港、澳门、台湾。

(二)海关工作任务

1.监督管理

监督管理是海关最基本的任务,是依法对进出境运输工具、货物和物品的进出境活动所实施的一种行政管理,是海关全部行政执法活动的统称。

2.海关征税

海关征税的主要内容是依据《中华人民共和国海关法》(全书简称《海关法》)、《中华人民共和国进出口关税条例》及其他有关法律、行政法规规定来确定税率、计税办法和完税价格,征收关税和进口环节海关代征税(增值税和消费税)。

国家通过对境外生产的货物征收进口关税,提高其进口成本,降低其竞争能力,从而达到保护国内经济的目的。通常所说的关税是进口关税。

小贴士

关税分为正税和附加税。

①正税:按照《进出口税则》中的规定,对不同种类的货物按照不同的税率征收的关税。

②附加税:在征收正税的基础上额外征收的,包括反倾销税、反补贴税、保障措施、特别关税和报复关税等。

3.查缉走私

国家实行联合缉私、统一处理、综合治理的缉私体制,海关负责组织、协调、管理查缉走私工作。

除了海关以外,公安、工商、税务、烟草专卖部门也有查缉走私的权利,但这些部门查获的走私案件,必须依照法律规定统一处理。应当给予行政处罚的,移送海关依法处理;涉嫌犯罪的,应当移送海关缉私部门或地方公安机关依据案件管辖分工和法定程序处理。

4.编制海关统计

海关统计是以实际进出口货物作为统计和分析的对象。进出境物品超过自用合理数量的,也列入海关统计。我国海关统计不仅负责收集、汇总和整理进出口统计数据,而且负责海关统计资料的编制、发布和分析。

海关的四项基本任务是一个有机统一的整体,监管工作是四项基本任务的基础。除四项基本任务外,知识产权海关保护及海关反倾销、反补贴调查等也是当今海关的任务。

二、海关的管理体制与机构

(一)海关的领导体制

海关的领导体制是垂直领导体制。国务院设立海关总署,统一管理全国海关。海关依法独立行使职权,向海关总署负责。

(二)海关的设关原则

国家在对外开放的口岸和海关监管业务集中的地点设立海关。目前,除中国香港、中国澳门和台澎金马三个单独关税区外,我国还设立了 42 个直属海关。

(三)海关的组织机构

海关的组织机构设置不受行政区划限制,分为三级:海关总署→直属海关→隶属海关。隶属海关由直属海关领导,向直属海关负责;直属海关由海关总署领导,向海关总署负责,具体内容见图 1-1。其中,海关缉私警察是专司打击走私犯罪活动的警察队伍,由海关总署、公安部联合组建走私犯罪稽查局,设在海关总署,是实行海关总署和公安部双重领导、以海关领导为主的机制。

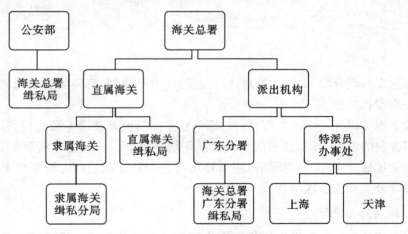

图 1-1　海关的组织机构

三、海关执法

(一)海关执法的概念

海关执法是指海关依据法律、行政法规和行政规章,处理进出境活动中具体事项的行政行为;是海关依法行政的具体体现;是海关依照法定职权对"物"及相关的"非物质财富"的进出境活动实施管理的主要手段。

(二)海关执法的范围

海关执法的范围指海关行使执法权的特定区域和时间界限(表 1-1)。

表 1-1 海关执法范围示意表

区域范围	海关监管区(办理一般的海关执法业务)		
	海关附近沿海、沿边地区(办理部分延伸性海关业务)		
时间范围	运输工具	进境起至结关离境止	
	货物	进口货物	货物进境起至办结海关手续止
		出口货物	向海关申报出口起至出境或结关止
		过境、转运、通运货物	进境起至出境止
	物品	同货物时间类似	
当事人履行义务的期间	法定期间	海关监管法明确规定的期间	
	指定期间	海关依照监管职权指定的时间,是对法定期间的一种补充	

(三)海关执法权

海关执法权是指在海关监督管理职权的范围内由《海关法》及其他法律、行政法规授予海关的一种支配和指挥的力量,是海关监督管理职权的具体化和表现形式,也是国家意志得以实现的重要保障。

1. 进出境监管

海关依据有关法律法规,对货物、物品、运输工具进出境活动实施监管,具体包括检查、查验、查阅、询问、稽查、查询和复制。

其中,检查是指海关有权对进出境的运输工具及在海关监管区和海关附近沿海、沿边规定地区(以下简称"两区")对有走私嫌疑的运输工具,有藏匿走私货物、物品嫌疑的场所和走私嫌疑人的身体进行检查;在"两区"以外的地区,海关在调查走私案件时,经直属海关关长批准,有权对有走私嫌疑的运输工具和除公民住所外的藏匿走私货物、物品嫌疑场所进行检查，如表1-2所列。

表 1-2   海关实施检查权的对象与规定

检查对象		规定
运输工具	进出境的	不受海关监管区域的限制
	有走私嫌疑的	"两区"内直接检查
		"两区"外经关长批准
场所	有走私嫌疑的	"两区"内直接检查
		"两区"外经关长批准
嫌疑人身体		在"两区"内进行

注：不能检查公民住处。

海关的其他进出境监管的权力、对象和内容如表1-3所列。

表 1-3   海关进出境监管的其他内容

海关权力	对象	内容
查验	进出境的货物、物品	必要时可径行提取货样
查阅	进出境人员的身份证件	有权查阅
	进出境工具、货物、物品有关的凭证、文字资料	
询问	违反《海关法》或其他有关法律、法规的嫌疑人	有权询问
稽查	企业进出境活动及进出口货物有关的账务及记账凭证、单证、资料等	在规定稽查期限内有权核查和审计
查询	涉案单位和人员在金融机构、邮政企业的存款、汇款账户	调查走私案件时，经直属海关关长批准，有权查询
复制	与进出境运输工具、货物、物品有关的凭证和文件资料	有权复制

2. 税费征收

海关有权依据相关法律法规的规定对进出境货物、物品和运输工具征收税费，还包括减征或免征关税、补征或追征税款、价格审查、化验鉴定、征收滞纳金或滞报金等（表1-4）。

表 1-4　税费征收的对象与内容

对象	内容
进出境的货物、物品、运输工具	依法征收税费
特定的进出口货物、物品	依法减征或免征关税
放行后的货物物品发现少征、漏征	依法补征、追征
进出口货物的价格	进行审查
对于属性有疑问的货物	现场查验不能确认的,提取货样进行化验鉴定
滞报与滞纳	征收滞报金与滞纳金

3. 海关行政许可

海关行政许可指海关依据有关法律法规的规定,经国务院批准,对公民、法人或者其他组织的申请依法审查,准予其从事与海关进出境监督管理相关的特定活动的权力(表 1-5)。

表 1-5　海关行政许可

海关行政许可项目	审批权限
报关企业注册登记	直属海关或其授权的隶属海关
出口监管仓库、保税仓库设立审批	直属海关
免税商店设立审批	海关总署
海关监管货物仓储审批	直属海关或隶属海关审批
保税物流中心(A)型设立审批	直属海关
保税物流中心(B)型设立审批	海关总署
从事进出境检疫处理业务的单位及人员认定	直属海关
口岸卫生许可证核发	主管海关
进境动植物产品国外生产、加工、存放单位注册登记	海关总署
出境动植物产品、其他检疫物的生产加工存放单位注册登记	直属海关
进境(过境)动植物及其产品检疫审批	海关总署或者经授权的直属海关
进口可用作原料的固体废物国外供货商注册登记	海关总署
进口可用作原料的固体废物国内收货人注册登记	直属海关

（续表）

海关行政许可项目	审批权限
进口食品境外生产企业注册	海关总署
出口食品生产企业备案核准	主管海关
出入境特殊物品卫生检疫审批	直属海关
进出口商品检验鉴定业务的检验许可	海关总署

4. 海关行政强制

海关行政强制包括海关行政强制措施和海关行政强制执行两个方面。

（1）海关行政强制措施指海关在行政管理过程中为制止违法行为、防止证据损毁、避免危害发生、控制危险扩大等情形，依法对公民的人身自由实施暂时性限制，或者对公民、法人或者其他组织的财物实施暂时性控制的行为。

海关行政强制措施的主要内容如表 1-6 所列。

表 1-6   海关行政强制措施

行政强制措施	对象	内容
扣留	违反《海关法》的进出境运输工具、货物、物品以及与之有关的凭证、文件资料	行使扣留
	涉嫌侵犯知识产权货物	依法申请扣留
	走私罪嫌疑人	经直属海关关长批准，限时扣留审查
封存	海关进行稽查时，发现被稽查人的进出口货物有违反《海关法》和其他法律、行政法规嫌疑的	经直属海关关长批准，可以封存有关进出口货物
	发现被稽查人有可能篡改、转移、隐匿、毁弃账簿和单证等数据的	经直属海关关长批准，在不妨碍被稽查人正常的生产经营活动的前提下，可以暂时封存其账簿、单证等有关资料
税收保全	在海关依法责令进出口货物纳税义务人提供纳税担保，而不能提供纳税担保的	经直属海关关长批准，书面通知纳税义务人暂停支付存款或扣留相当于应纳税款的货物或其他财产

（2）海关行政强制执行指海关在有关当事人不依法履行义务的前提下，为实现监督管理职能，依法强制当事人履行法定义务的行为。

海关行政强制执行的主要内容如表 1-7 所列。

表 1-7　海关行政强制执行

强制执行内容	情形	内容
提取货物变卖与先行变卖	进口货物超过三个月未申报	海关有权提取依法变卖处理
	收货人声明放弃的货物	
	海关依法扣留的不宜长期保存的货物、物品	经直属海关关长批准，可以提取先行依法变卖
	规定期限内未申报的及误卸或溢卸的不宜长期保留的货物	海关可以按照实际情况提前变卖处理
强制扣缴和变价抵缴	超过规定期限未缴纳税款	经直属海关关长批准，通知其开户银行从其账户存款内扣缴税款；或将应税货物依法变卖，以变卖所得抵缴税款；或查扣并依法变实其价值相当于应纳税款的货物或者其他财产以变卖所得抵缴税款

5. 海关行政处罚

海关有权对不予追究刑事责任的走私行为和违反海关监管规定行为及法律、行政法规规定由海关实施行政处罚的行为进行处罚。

6. 走私犯罪侦查

海关缉私部门有权侦查有走私犯罪嫌疑的人员、货物、物品和行为。

7. 配备和使用武器

海关为履行职责，可以配备并使用武器。

8. 连续追缉

海关对违反《海关法》逃逸的进出境运输工具或者个人，可以连续追至"两区"以外将其带回处理。

9. 其他

海关还有行政裁定、行政复议、对知识产权实施边境海关保护权等权力。

四、全国海关通关一体化

海关总署公告 2017 年第 25 号《关于推进全国海关通关一体化改革的公告》确定了 2017 年 7 月 1 日起全国海关采用通关一体化管理模式,企业可以选择任意海关完成报关、缴税等海关手续,在全国口岸所有运输方式进出口的《中华人民共和国海关进出口税则》全部章节商品都适用全国海关通关一体化模式。

(一)通关一体化的管理要点

通关一体化改革的主要标志是"两中心、三制度",即设立海关风险防控中心和税收征管中心,实施"一次申报、分步处置",改革税收征管方式,通过隶属海关功能化建设推动实现协同监管。

1. 海关风险防控中心

海关风险防控中心主要承担货物的安全准入风险防控工作:负责供应链企业的风险评估;负责报关单安全准入风险参数设置及后续处置。海关总署还在各直属海关设立二级风险防控中心。两级风险防控中心分别负责全城性和本关区安全准入风险防控,形成错位分工、协同叠加的工作格局。

2. 税收征管中心

税收征管中心设立了三个,有海关总署税管中心(上海),海关总署税管中心(广州),海关总署税管中心(京津)。海关总署税管中心(上海)负责机电大类(机电、仪器仪表、交通工具类)等商品,海关总署税管中心(广州)负责化工大类(化工原料、高分子、能源、矿产、金属类等)商品,海关总署税管中心(京津)负责农林、食品、药品、轻工、杂项、纺织类及航空器等商品。

税收征管中心的主要职责是按照商品和行业分工,对涉税申报要素的准确性进行验证和处置,重点防控涉及归类、价格、原产地等税收征管要素的税收风险。

3. 一次申报、分步处置

海关原来的通关流程是接受申报、审单、查验、征税、放行的"串联式"作业流程。全国海关通关一体化改革后,采用"一次申报、分步处置"的新型通关管理模式,在企业完成报关和税款"自主申报、自行缴税"(以下简称"自报自缴")手续后,安全准入风险主要在口岸通关现场处置,税收征管要素风险主要在货物放行后处置。

"分步处置"包含两个步骤。第一步,风险防控中心分析货物是否存在禁限管制、侵权、品名规格数量伪瞒报等安全准入风险并下达布控指令,由现场查验人员实施查验。对于存在重大税收风险且放行后难以有效稽(核)查或追补税的,由税管中心实施货物放行前的税收征管要素风险排查处置;需要在放行前验核有关单证,留存相关单证、图像等资料的,由现场验估岗进行放行前处置;需要实施实货验估的,由现场查验人员根据实货验估指令要求实施放行前实货验估处置。货物经风险处置后符合放行条件的可予放行。第二步,税收征管中心在货物放行后对报关单税收征管要素实施批量审核,筛选风险目标,统筹实施放行后验估、稽(核)查等作业。

4. 改革税收征管方式

税收征管方式的主要改革是实行"自报自缴"。

目前,企业可在办理海关预录入时自行选择是否"自报自缴"。企业未选择"自报自缴"模式的,进口货物仍按原有税收征管模式办理。

改革前的征税作业模式是海关接受企业申报后审核涉税要素,组织验估、查验等作业,企业按海关审核的税费缴纳后,海关放行货物。

实行"自报自缴"后,变为企业应当如实、规范填报报关单各项目,利用中国电子口岸 QP 预录入系统的海关计税(费)服务工具计算应缴纳的相关税费,并对系统显示的税费计算结果进行确认,连同报关单预录入内容一并提交海关;企业在收到海关通关系统发送的回执后,自行办理相关税费缴纳手续。货物放行后,海关根据风险分析对进出口企业、单位申报的价格、归类、原产地等税收征管要素进行抽查审核;必要时,海关实施放行前的税收要素审核。

5. 隶属海关功能化建设

对于隶属海关进行功能化建设,让不同的海关承担不同的任务,分别进行相关业务的处理,口岸型海关主要负责对货物进行通关现场监管,属地型海关主要负责对企业进行后续的稽查和信用管理,形成不同海关的协同监管。

此外,实施隶属海关功能化改造,全国海关各现场设文综合业务岗、现场验估岗,使海关所有业务现场可以像银行网点一样,"一窗通办"所有海关业务。

(二)通关一体化的优点

(1)企业便利申报,可以选择任意地点报关,消除了申报的关区限制。

(2)海关执法统一,在两个中心的处置下,全国通关的政策和规定在执行标准上更加一致。

(3)通关效率大大提高,口岸通关环节弱化海关验核,企业"自报自缴",通关手续前推(归类预裁定、预审价、原产地预确定)后移(加大通关后报关单批量复核和海关稽查的力度),使企业节约通关时间和通关成本。

任务二　海关业务制度

一、海关监管

(一)海关监管货物

海关监管货物分为一般进出口货物,保税货物,暂时进出口货物,特定减免税货物,过境、转运、通运货物以及其他未办结海关手续的进出境货物。其中最常见的是一般进出口货物、保税货物、暂准进出口货物和特定减免税货物。

(二)海关监管制度

对于不同类型的货物,适用不同的海关监管制度根据海关的监管规定,常用海关监管货物类型及监管要求见表1-8。

表1-8　海关监管货物类型及监管要求

监管方式	要求	
一般进口货物	进出境环节缴纳进出口税费并办结各项海关手续	可以直接在境内进行使用、销售的货物
一般出口货物		到境外生产、消费领域流通的出口货物
保税货物	经海关批准暂缓办理纳税手续进境,在境内储存、加工、装配后复运出境或转为进口的货物	
暂时进出口货物	为特定的目的进境或出境,按规定的期限原状复运出境或进境的货物	
特定减免税货物	海关根据国家政策规定,依法准予减税、免税进口的用于特定地区、特定企业,特殊用途的货物	
过境、转运、通运货物	由境外起运、通过中国境内继续运往境外的货物	
其他尚未办结海关手续的进出境货物	溢卸货物、误卸货物、退运货物、租赁货物、进出境修理货物、无代价抵偿货物等	

小贴士

过境、转运、通运货物的区别			
	起运地	运输工具	出境运输方式
过境货物		无论是否换装	陆路运输
转运货物	境外	通过境内设立海关的地点换装运输工具	不通过境内陆路运输
通运货物		原运输工具	不通过境内陆路运输

二、海关行政处罚

根据《海关法》规定，以走私物的品种、数量和逃税额为标准，走私情节严重的构成走私罪。认定和惩罚走私罪即追究刑事责任属于司法机关的职能，不在海关行政处罚范围内。

海关行政处罚的范围则包括不予追究刑事责任的走私行为（简称"走私行为"）和违反海关监管规定的行为（简称"违规行为"）以及法律法规规定由海关实施行政处罚的行为。

（一）处罚的范围

1. 走私行为

（1）《海关行政处罚实施条例》第七条规定的走私行为。违反《海关法》及其他有关法律、行政法规，逃避海关监管，偷逃应纳税款、逃避国家有关进出境的禁止性或者限制性管理，有下列行为之一的是走私行为。

①未经国务院或者国务院授权的机关批准，从未设立海关的地点运输、携带国家禁止或者限制进出境的货物、物品或者依法应当缴纳税款的货物、物品进出境的；

②经过设立海关的地点，以藏匿、伪装、瞒报、伪报或者其他方式逃避海关监管，运输、携带、邮寄国家禁止或者限制进出境的货物、物品或者依法应当缴纳税款的货物、物品进出境的；

③使用伪造、变造的手册、单证、印章、账册、电子数据或者以其他方式逃避海关监管，擅自将海关监管货品、物品、进境的境外运输工具，在境内销售的；

④使用伪造、变造的手册、单证、印章、账册、电子数据或者以伪报加工贸易制成品单位耗料量等方式，致使海关监管货物、物品脱离监管的；

⑤以藏匿、伪装、瞒报、伪报或者其他方式逃避海关监管,擅自将保税区、出口加工区等海关特殊监管区域内的海关监管货物、物品运出区外的;

⑥有逃避海关监管,构成走私的其他行为的。

(2)《海关行政处罚实施条例》第八条规定的按走私行为论处的行为。

①明知是走私进口的货物、物品,直接向走私人非法收购的。

注意此条款应当同时符合三个条件才能判定为"按走私行为论处":一是行为人必须明知收购的货物、物品是走私进口的货物、物品;二是行为人必须明知对方是走私人,并直接向走私人非法收购走私进口的货物、物品,如果不是直接收购而是经过更多的收购环节,则不能以走私行为论处;三是收购的行为是非法进行的。

②在内海、领海、界河、界湖,船舶及所载人员运输、收购、贩卖国家禁止或者限制进出境的货物、物品,或者运输、收购、贩卖依法应当缴纳税款的货物,没有合法证明的。

注意此条款必须符合四个条件。一是区域,行为人必须是在特定的区域,即在内海、领海、界河、界湖,如果是在内陆地区运输、收购、贩卖,则不是本项规定的以走私论处的行为;二是行为方式,即运输、收购、贩卖;三是运输、收购、贩卖的对象是国家禁止、限制进出境的货物、物品,或者是依法应当缴纳税款的货物;四是在上述特定区域运输、收购、贩卖上述货物、物品,没有合法证明。

上述两项以走私行为论处的行为虽不具有典型的走私特征,但这些行为与走私行为联系密切,为走私货物、物品提供了销售、流通渠道,成为完成走私的一个重要环节,其违法性质、危害后果与直接走私行为相近。因此,为严厉打击走私违法行为,将其按走私行为论处。

此外,《海关行政处罚实施条例》还规定:"与走私人通谋为走私人提供贷款、资金、账号、发票、证明、海关单证的,与走私人通谋为走私人提供走私货物、物品的提取、发运、运输、保管、邮寄或者其他方便的,以走私的共同当事人论处。"即以上行为也应包含在"走私行为"的范围内。

2. 违规行为

主要是违反海关关于进出境监管的具体要求、监管程序和监管手续,没有按照海关规定履行应尽的义务,执法实践中简称为"违规"行为。

根据《海关行政处罚实施条例》,违反海关监管规定的行为主要有以下几方面。

(1)违反国家进出口管理规定,进出口国家禁止进出口货物的;

(2)违反国家进出口管理规定,进出口国家限制进出口的货物或属于自动进出口许可管理的货物,进出口货物的收发货人向海关申报时不能提交许可证件的;

(3)进出口货物的品名、税则号列、数量、规格、价格、贸易方式、原产地、启运地、运抵地、最终目的地或者其他应当申报的项目未申报或者申报不实的;

(4)擅自处置监管货物,违规存放监管货物,监管货物短少灭失且不能提供正当理由的,未按规定办理保税手续,单耗申报不实,过境、转运、通运货物违规,暂时进出口货物违规的;

(5)报关单位违规(非法代理、行贿、未经许可从事报关业务、骗取许可);

(6)其他违法(中断监管程序、伪造、变造、买卖单证、进出口侵犯知识产权货物等)。

3. 走私行为与违规行为的区别

(1)主观故意不同。走私具有很强的主观目的性,其行为的目的在于偷逃国家应缴税款或逃避国家对进出境运输工具、货物、物品的禁止或限制性管制,并往往有针对性地采取各种伪装欺骗手法企图逃避海关监管;而违规行为在主观认识上通常表现为过失状态,没有很明确的追求逃税、逃证的主观目的性,通常也不会采取有针对性的欺骗手法来逃避海关监管。

(2)客观行为不同。走私是为了达到逃税、逃证的目的,通常会采取欺骗手法逃避海关监管,而且这种逃避海关监管的手法是行为人在明知或应知的条件下有针对性采取的;而违规行为一般都不会采取欺骗手法来掩饰自己的过失行为,其行为往往没有明确的逃税、逃证的针对性和目的性,发生的环节也多是在程序和手续方面不履行海关规定的义务。

(3)行为危害结果不同。走私行为侵害的主体是国家关于运输工具、货物、物品进出境税收和管制的实体性规定,通常会产生逃税、逃证的实质性危害。《海关行政处罚实施条例》规定的走私行为和以走私行为论处的行为都会直接产生逃税、逃证的结果;而违规行为侵害的是海关监管的程序、手续以及具体要求等进出境管理秩序。

走私与违规还有很多不同之处,但上述三个方面的区别是最基本、最直观且易于把握的。

4. 其他

除《海关法》规定的走私行为和违规行为由海关处理外,还包括其他法律、行政法规以及国务院的规范性文件规定由海关实施处罚的行为。

(三)处罚的方式

1. 对走私行为的行政处罚

(1)没收走私货物、物品及违法所得;

(2)罚款;

(3)没收专门用于走私的运输工具或者用于掩护走私的货物、物品;

(4)没收两年内三次以上用于走私的运输工具或者用于掩护走私的货物、物品;

(5)藏匿走私货物、物品的特制设备、夹层、暗格,应当予以没收或者责令拆毁;

(6)使用特制设备、夹层、暗格实施走私的,应当从重处罚;

(7)在海关注册的企业,构成走私犯罪或者一年内有两次以上走私行为的,海关可以撤销其注册登记。

2. 对违规行为的行政处罚

(1)警告;

(2)罚款;

(3)没收违法所得;

(4)暂停有关企业从事有关业务,撤销海关注册登记;

(5)未经海关注册登记从事报关业务的,予以取缔。

三、海关统计

(一)海关统计范围

《海关统计条例》规定,实际进出境并引起境内物质存量增加或减少的货物列入海关统计;进出境物品超过自用合理数量的列入海关统计。这表明列入我国海关统计范围的货物必须同时具备两个条件:一是跨越我国经济领土边界的物质商品流动,二是改变我国的物质资源存量。

根据联合国关于国际货物贸易统计的原则,我国将进出口货物分为列入海关统计的进出口货物、不列入海关统计的货物和不列入海关统计但实施单项统计的货物三类。

1. 列入海关统计的进出口货物

(1)以一般贸易、易货贸易、加工贸易、补偿贸易、寄售代销贸易等方式进出口的货物;

（2）保税区和保税仓库进出境货物；

（3）租赁期一年及以上的租赁进出口货物；

（4）边境小额贸易货物；

（5）国际间或国际组织间无偿援助、赠送的物资。

2. 不列入海关统计的货物和物品

（1）货物。

①过境货物、转运货物和通运货物；

②暂时进出口货物；

③用于国际收支手段的流通中的货币及货币用黄金；

④租赁期在一年以下的租赁货物；

⑤由于货物残损、短少、品质不良或者规格不符，而由该进出口货物的承运人、发货人或者保险公司免费补偿或者更换的同类货物；

⑥退运货物；

⑦中国籍船舶在公海捕获的水产品；

⑧中国籍船舶或者飞机在境内添装的燃料、物料、食品；

⑨中国籍或者外国籍的运输工具在境外添装的燃料、物料、食品以及放弃的废旧物料等；

⑩无商业价值的货样或者广告品；

⑪海关特殊监管区域之间、保税监管场所之间以及海关特殊监管区域或保税监管场所之间转移的货物；

⑫其他以有形实物方式进出境的服务贸易项下的货物；

⑬其他不列入海关统计的货物。

（2）物品。

①检测、修理物品；

②打捞物品；

③进出境旅客的自用物品（汽车除外）；

④我国驻外国和外国驻我国领事馆进出境的公务物品及领事馆人员的自用物品；

⑤其他不列入海关统计的物品。

（3）不列入海关统计但实施单项统计的货物。主要有加工贸易成品油形式出口复进口；进料加工转内销货物；来料加工转内销货物；加工贸易转内销设备；进料深加工结转货物；来料深加工结转货物；加工贸易结转设备；进料加工结转余料;来料加工结转余料;退运货物;加工贸易退运设备;进料加工复出口料件;来料加工复出口料件;保税区运往非保税区货物;非保税区运入保税区货物;保税区退区货物;保税仓库转内销货物;境内存入出口监管仓库资物;出口监管仓原退仓货物;出口加工区运往区外的货物;区外运入出口加工区的货物;保税物流园区运往区外的货物;区外运入保税物流园区的货物;保税物流中心(A、B 型)运往中心外的货物;从中心外运入保税物流中心(A、B 型)的货物;综合保税区运往区外的货物;区外运入综合保税区的货物;保税港区运往区外的货物;区外运入保税港区的货物;综合实验区经二线指定中报通道运往区外的货物;区外经二线指定申报通道运入综合试验区的货物;综合实验区内选择性征收关税的货物;保税维修货物;中哈霍尔果斯国际边境合作中心中方区域与境内中心外往来的货物;内地输往西部通道港方口岸区的水电;跨境运输的内贸货物;向海关申报的定制型软件、检测报告、蓝图及类似品;过境货物;其他需要实施海关单项统计的货物。为了更好地发挥海关统计在国民经济核算和海关管理中的作用,对于部分不列入海关统计的货物,海关可以根据管理需要对其实施单项统计,尽管其统计数值不列入国家进出口货物贸易统计的总值。

(二)海关统计项目

海关对进出口货物的统计项目包括品名及编码,数量、价格,经营单位,贸易方式,运输方式,进口货物的原产国(地区)、起运国(地区)、境内目的地,出口货物的最终目的国(地区)、运抵国(地区)、境内货源地,进出口日期,关别,海关总署规定的其他统计项目。

四、海关稽查

海关稽查是指海关自进出口货物放行之日起三年内或者在保税货物、减免税进口货物的海关监管期限内及其后的三年内,对与进出口货物直接有关的企业、单位的会计账簿、会计凭证、报关单证以及其他有关资料和有关进出口货物进行核查,监督其进出口活动的真实性和合法性。

(一)稽查对象及范围

1. 稽查对象

根据《海关稽查条例》第三条规定,海关对下列与进出口货物直接有关的企业、单位实施稽查。

(1)从事对外贸易的企业、单位,包括具备进出口业务经营权的专业对外贸易公司、工贸公司和有进出口业务经营权的企业、单位;

（2）从事保税加工业务的企业，包括承接来料加工业务的企业、承接进料加工业务的企业等；

（3）经营保税物流及仓储业务的企业；

（4）使用或者经营减免税进口货物的企业、单位；

（5）报关企业，包括专业从事报关服务的企业，经营对外贸易仓储、运输、国际运输工具或国际运输工具服务及代理等业务又兼营报关服务的企业；

（6）海关总署规定的从事与进出口货物直接有关的其他企业、单位。

上述企业、单位是海关稽查的对象亦称为被稽查人。

2. 稽查范围

根据《海关稽查条例实施办法》的规定，海关对被稽查人实施稽查，所涉及的进出口活动包括以下几点。

（1）进出口申报；

（2）进出口关税和其他税费的缴纳；

（3）进出口许可证件的交验；

（4）与进出口货物有关资料的记载、保管；

（5）保税货物的进口、使用、储存、加工、销售、运输、展示和复出口；

（6）减免税进口货物的使用、管理；

（7）转关运输货物的承运、管理；

（8）暂准进出境货物的使用、管理；

（9）其他进出口活动。

（二）稽查方式与稽查方法

1. 稽查方式

（1）常规稽查指海关根据关区的实际情况，以监督企业进出口活动，提高海关后续管理效能为目标，以中小型企业为重点，采取计划选取与随机抽取相结合的方式对企业展开的全面性稽查。

（2）专项稽查指海关根据关区的实际情况，以稽查企业各类问题，为税收和防范走私违法活动提供保障为目标，以风险程度较高或政策敏感性较强的企业或行业为重点，采用风险分析、贸易调查等方式，对某些企业或某些商品实施的行业式、重点式、通关式稽查。

（3）验证稽查指海关以验证企业的守法状况、贸易安全情况，动态监督企业进出口活动，规范企业内部管理，以促进企业守法自律为目标，对申请海关企业信用管理、认证企业实施的稽查。

2. 稽查方法

(1)查账法。查账法是最主要、最基本的方法。海关稽查人员根据会计凭证、会计账簿和财务报表等的内在关系,通过对被稽查人会计资料记录及其所反映的经济业务的稽核、检查,以核查被稽查人的进出口行为是否合法、规范。它以被稽查人的各种会计资料为稽查的直接对象。

(2)调查法。调查法是指海关稽查人员通过观察、询问、检查、比较等方式,对被稽查人的进出口活动进行全面综合的调查了解,以核实其进出口行为是否真实合法、规范的方法。

(3)盘存法。盘存法是指海关在检查进出口货物的使用状况时,通过盘点实物库存等方法,具体查证核实现金、商品、材料、在产品、产成品、固定资产和其他商品的实际结存量的方法。

(4)分析法。分析法是指海关利用现有的各种信息数据系统,充分依靠现代信息技术,对海关监管对象及其进出口活动全面综合统计、汇总,进行定量定性分析、评估,以确定被分析对象进出口活动的风险情况的基本方法。

(三)关检融合后"多查合一"工作制度

为贯彻党中央、国务院关于海关与检验检疫机构整合决策的部署,根据《全国通关一体化关检业务全面融合框架方案》,海关总署探索实施海关后续监管职责统一归口稽查部门管理及原检验检疫后续监管职责统一归口稽查部门管理的"多查合一"工作制度,整合后续监管职责任务,优化后续监管运行机制,提升后续监管效能。

1. 目标

整合关检后续监管职责,统筹外勤后续执法,调整机构设置,优化资源配置,稽(核)查任务归口实施,构建集约化、专业化的后续管理模式,建立与全国通关一体化相适应的高效运作机制,为提高通关效率和海关整体监管效能提供保障。

2. 原则

遵循依法行政与规范执法相结合、分工制约与防控风险相结合、人力资源与职责任务相结合的原则,确保执法过程集约、高效、统一、规范,推进关检后续监管功能与职责的全面深度结合。

3. 总体思路

(1)后续监管集约。后续监管集约指将后续涉企稽查、核查、对进入国内市场商品的抽查、进出口商品安全问题追溯调查、对企业遵守检验检疫法规状况的检查等后续执法,交由稽查部门实施。

(2)关检业务融合。关检业务融合指在全国通关一体化整体框架内,将原海关后续监管中的各类稽查、核查、贸易调查等,与原检验检疫的卫生检疫、动植物检验检疫、商品检验和食品安全等多条业务线下的后续监管作业项目进行全面融合。

(3)运行机制优化。运行机制优化指稽查部门对海关后续监管涉企执法检查,做到统一指令接收、统一组织实施、统一结果反馈、统一作业标准。

4. 主要任务

(1)将海关后续监管职责统一归口稽查部门管理。稽查部门是海关货物放行后涉企检查的归口管理部门,根据法律授权履行下列海关后续监管职责。

①企业稽查、减免税核查、保税核查、贸易调查;

②一般贸易涉税要素核查;

③统计核查、企业注册信息核对及其他国家海关机构外事协助核查等执法活动中的外勤核查职责。

走私个案开展的协查和执法互助仍由缉私部门负责。

(2)将原检验检疫后续监管职责统一归口稽查部门管理。稽查部门根据法律法规及海关总署相关规定统一履行下列检验检疫后续监管职责。

①对进入国内市场商品的抽查;

②进出口商品安全问题追溯调查;

③对企业遵守检验检疫法规状况的检查。

(3)整合优化运行机制。采用企业稽查、核查两种作业方式,统筹开展海关与原检验检疫后续监管工作,加强选、查、处各环节的分工协作,建立完善指令标准,统一规范稽(核)查作业的流程和标准,提高运行效率,提升后续监管整体效能。

①统一指令接收。海关总署各部门向海关总署"两中心"提交管理要求或指令建议,经"两中心"分析研判后,转化为稽(核)查指令。

直属海关各部门或隶属海关向本关区二级风险防控中心提交管理要求,经二级风险防控中心分析研判后,转化为稽(核)查指令或提交至海关总署风险防控中心经分析研判后,转化为稽(核)查指令建议。

海关总署和直属海关稽查部门可直接下发稽(核)查指令。

②统一组织实施。根据去繁就简的要求和实际情况,直属海关稽查部门受

理稽(核)查指令,统筹整合指令中的稽(核)查对象、承办单位、实施时间等要素,确定作业开展方式,下发至稽(核)查承办单位执行。原则上,涉及同一企业的多个稽(核)查事项的指令,应当整合为一个作业指令,在一个作业中统一实施多个项目的核查。

对于直属海关稽查部门接收的指令,风险要素复杂、数额较高、社会影响较大、安全准入和税收风险突出等情况一般按稽查方式开展作业,其他按核查方式开展作业。

涉及专业性较强的稽(核)查事项,稽查部门在作业过程中可以向指令发出部门提出协助需求或技术支持需求。指令发出部门无法解决的,应转交专业机构进行认定,专业机构应提供专业认定结果。必要时,根据稽查部门需求,专业机构可以参与作业。

③统一处置反馈。稽(核)查作业完成后,由直属海关稽查部门向指令发出部门统一反馈稽(核)查处置结论或作业结果。依托计算机系统实现对指令流转环节所涉及的各部门的自动反馈。

④统一作业标准。结合海关及原检验检疫后续监管工作特点,推进稽(核)查指令标准化、作业标准化、处置标准化、反馈标准化,对海关稽(核)查执法环节和内容进行全面梳理,形成标准化作业表单,明确执法标准和要求,嵌入稽查作业管理系统之中,促进统一规范执法。

五、知识产权海关保护

知识产权,概括地说指公民、法人或其他组织对其在科学技术和文学艺术等领域内,主要基于脑力劳动创造完成的智力成果所依法享受的专有权利,因此又称为智力成果权。

知识产权海关保护则指海关依法禁止侵犯知识产权的货物进出口的措施。

(一)保护模式

中国海关对知识产权的保护可以划分为"依申请保护"和"依职权保护"。

1. 依申请保护

依申请保护指知识产权权利人发现侵权嫌疑货物即将进出口时,向海关提出采取保护措施的申请,由海关对侵权嫌疑货物实施扣留的措施。由于海关对依申请扣留的侵权嫌疑货物不进行调查,知识产权权利人可以就有关侵权纠纷向人民法院起诉,所以依申请保护模式也被称作海关知识产权"被动保护"模式。

2. 依职权保护

依职权保护指海关在监管过程中发现进出口货物有侵犯在海关总署备案的知识产权的嫌疑时,主动中止货物的通关过程并通知有关知识产权权利人,并根据知识产权权利人的申请对侵权嫌疑货物实施扣留的措施。由于海关依职权扣留侵权嫌疑货物属于主动采取措施制止侵权货物进出口,而且海关还有权对货物的侵权状况进行调查和对有关当事人进行处罚,所以依职权保护模式也被称作海关对知识产权的"主动保护"模式。

知识产权权利人向海关申请采取依职权保护措施前,应当按照《知识产权海关保护条例》的规定,将其知识产权及其他有关情况向海关总署进行备案。

(二)申请扣留侵权嫌疑货物及提供担保

知识产权权利人发现侵权嫌疑货物即将进出口,或者接到海关就实际监管中发现进出口货物涉嫌侵犯在海关总署备案的知识产权而发出书面通知的,可以向货物进出境地海关提出扣留侵权嫌疑货物的申请,并按规定提供相应的担保。

1. 权利人申请扣留(海关依申请保护)

知识产权权利人发现侵权嫌疑货物即将进出口并要求海关予以扣留的,应当向货物进出境地海关提交申请书及相关证明文件。有关知识产权未在海关总署备案的,知识产权权利人还应当随附有关知识产权的证明文件和证据。

知识产权权利人发现侵权嫌疑货物即将进出口,请求海关扣留侵权嫌疑货物,应当在海关规定期限内,向海关提供相当于货物价值的担保。知识产权权利人提出的申请不符合规定或者未按规定提供担保的,海关应当驳回其申请并书面通知知识产权权利人。

2. 权利人接到海关通知的扣留申请(海关依职权保护)

海关对进口货物实施监管时发现进出口货物涉及在海关总署备案的知识产权且进出口商或者制造商使用有关知识产权的情况未在海关总署备案的,可以要求收发货人在规定期限内申报货物的知识产权状况和提交相关证明文件。

收发货人未按照有关规定申报货物知识产权状况和提交相关证明文件,或者海关有理由认为货物涉嫌侵犯在海关总署备案的知识产权的,海关应当中止放行货物并书面通知知识产权权利人。

知识产权权利人在海关书面通知送达之日起三个工作日内应予以回复。

(1)认为有关货物侵犯其在海关总署备案的知识产权并要求海关予以扣留的,向海关提出扣留侵权嫌疑货物的书面申请。其扣留申请办法与知识产权权利人发现侵权嫌疑的扣留申请相同。

（2）认为有关货物未侵犯其在海关总署备案的知识产权或者不要求海关扣留的，向海关书面说明理由。经海关同意知识产权权利人可以查看有关货物。

知识产权权利人在接到海关发现侵权嫌疑货物通知后，认为有关货物侵犯其在海关总署备案的知识产权并提出申请要求海关扣留侵权嫌疑货物的，应当按照以下规定（表 1-10）向海关提供担保。

表 1-10   依职权保护时应提交的担保金额

货值	担保金额
不足人民币 2 万	相当于货物价值的担保
人民币 2 万至 20 万元	相当于货物价值 50％的担保，不少于人民币 2 万元
超过人民币 20 万元	人民币 10 万元

3. 总担保

知识产权权利人根据规定请求海关扣留涉嫌侵犯商标专用权货物的，可以向海关总署提供总担保。

自海关总署核准其使用总担保之日起至当年 12 月 31 日，知识产权权利人在接到海关发现侵权嫌疑货物通知后，请求海关扣留涉嫌侵犯其已在海关总署备案的商标专用权的进出口货物的，除特殊情况外无须另行提供担保。

知识产权权利人申请使用总担保，应向海关总署提交知识产权海关保护总担保申请书，并随附已获准在中国大陆境内开展金融业务的银行出具的为知识产权权利人申请总担保承担连带责任的总担保保函和知识产权权利人上一年度向海关申请扣留侵权嫌疑货物后发生的仓储处置费的清单。

总担保金额应相当于知识产权权利人上一年度向海关申请扣留侵权嫌疑货物后发生的仓储、保管和处置等费用之和；知识产权权利人上一年度未向海关申请扣留侵权嫌疑货物或者仓储处置费不足人民币 20 万元的，总担保的保证金额为人民币 20 万元。

知识产权权利人未提出申请或者未提供担保的，海关将放行货物。

六、海关事务担保

海关事务担保是指与进出境活动有关的自然人、法人或者其他组织在向海关申请从事特定的经营业务或者办理特定的海关事务时，以向海关提交保证金、保证函等担保，承诺在一定期限内履行其法律义务的法律行为。

(一)适用范围

1. 一般适用

(1)当事人申请提前放行货物的担保。当事人申请提前放行货物的担保是指在办结商品归类、估价和提供有效报关单证等海关手续前,当事人向海关提供应缴纳税款相适应的担保,申请海关提前放行货物。

有下列情形之一的,当事人可以在办结海关手续前向海关申请提供担保,要求提前放行货物。

①进出口货物的商品归类、完税价格、原产地尚未确定的;

②有效报关单证尚未提供的;

③在纳税期限内税款尚未缴纳的;

④滞报金尚未缴纳的;

⑤其他海关手续尚未办结的。

国家对进出境货物、物品有限制性规定,应当提供许可证件而不能提供的,以及法律、行政法规规定不得担保的其他情形,海关不予办理担保放行。

(2)当事人申请办理特定海关业务的担保。当事人申请办理特定海关业务的担保是指当事人在申请办理内地往来港澳货物运输,办理货物、物品暂时进出境,将海关监管货物抵押或者暂时存放在海关监管区外等特定业务时,根据海关监管需要或者税收风险大小向海关提供的担保。

当事人申请办理下列特定海关业务的,按照海关规定提供担保。

①运输企业承担来往内地与港澳公路货物运输、承担海关监管货物境内公路运输的;

②货物、物品暂时进出境的;

③货物进境修理和出境加工的;

④租赁货物进口的;

⑤货物和运输工具过境的;

⑥将海关监管货物暂时存在海关监管区外的;

⑦将海关监管货物向金融机构抵押的;

⑧为保税货物办理有关海关业务的。

(3)税收保全担保。进出口货物的纳税义务人在规定的纳税期限内有明显的转移、藏匿其应税货物及其他财产迹象的,海关可以责令纳税义务人提供担保;纳税义务人不能提供担保的,海关依法采取税收保全措施。

(4)免于扣留财产的担保。有违法嫌疑的货物、物品、运输工具应当或者已经被海关依法扣留、封存的,当事人可以向海关提供担保,申请免于或者解除扣留、封存。

有违法嫌疑的货物、物品、运输工具无法或者不便扣留的,当事人或者运输工具负责人应当向海关提供等值的担保;未提供等值担保的,海关可以扣留当事人等值的其他财产。

有违法嫌疑的货物、物品、运输工具属于禁止进出境,或者必须以原物作为证据,或者依法应当予以没收的,海关不予办理担保。

法人、其他组织受到海关处罚,在罚款、违法所得或者依法应当追缴的货物、物品、走私运输工具的等值价款未缴清前,其法定代表人、主要负责人出境的,应当向海关提供担保;未提供担保的,海关可以通知出境管理机关阻止其法定代表人、主要负责人出境。

(二)其他适用

进口已采取临时反倾销措施、临时反补贴措施的货物应当提供担保的,或者进出口货物收发货人、知识产权权利人申请办理知识产权海关保护相关事务等,依照海关事务担保一般适用的规定办理海关事务担保。法律、行政法规有特别规定的,从其规定。

(三)担保的免除

《海关法》的有关条款规定,如其他法律、行政法规根据实践需要规定在特定情形下可以免除担保提前放行货物的,这种"免除担保"的特别规范优先于"凭担保放行"的一般规范。因此,在这种特别规范的适用范围内,因各种原因未办结海关手续的货物,可以免除担保而由收发货人先予提取或装运出境。但同时规定海关对享受免除担保待遇的进出口企业实行动态管理,当事人不再符合规定条件的,海关应当停止对其适用免除担保。

当事人连续两年同时具备通过海关验证稽查、年度进出口报关差错率在3%以下,没有拖欠应纳税款,没有收到海关行政处罚且在相关行政管理部门无不良记录、没有被追究刑事责任等行为,可以向直属海关申请免除担保,并按照海关规定办理有关手续。

(四)总担保

为了使进出口货物品种、数量相对稳定且业务频繁的企业免于反复办理担保,《海关事务担保条例》规定当事人在一定期限内多次办理同一类海关事务的,可以向海关申请提供总担保。

提供总担保后,当事人办理该类海关事务不再单独提供担保。同时规定,总担保的适用范围、保证金资金额、担保期限、终止情形等由海关总署规定。

可申请总担保的常见情形有以下三种情况。

(1)ATA 单证册项下暂准出口货物由中国国际商会统一向海关总署提供总担保。

(2)经海关同意知识产权权利人可以向海关提供总担保,总担保保证金资金额不得低于人民币 20 万元。

(3)为办理汇总征税业务由银行或非银行金融机构对纳税义务人在一定期间进出口货物应缴纳的海关税款和滞纳金提供单位税款总担保。

七、海关预裁定

海关预裁定是指海关在货物实际进出口前,应对外贸易经营者的申请,依据《中华人民共和国海关预裁定管理暂行办法》,对实际进出口活动有关的海关事务做出的具有普遍约束力的决定。

(一)适用范围

(1)进出口货物的商品归类:海关对其与拟进出口货物的商品编码进行归类,确定八位税则号列做出预裁定。

(2)进出口货物的原产地或者原产资格:对拟进出口货物是否具备享受优惠贸易协定税率或特惠税率的资格做出预裁定。

(3)进口货物完税价格相关要素、估价方法:海关根据拟进口的进口货物价格思否符合成交条件价格相关要素(包括特许权使用费、佣金、运保费、特殊关系)以及其他与审定完税价格有关的要素做出预裁定。

(4)海关总署规定的其他海关事务。

(二)程序

1. 申请

申请人应当是进口货物收货人或出口货物发货人,在货物拟进出口三个月前向其注册地直属海关提出预裁定申请。申请企业在海关注册时间少于三个月,或因不可抗力或政策调整原因造成申请时间距实际进出口时间少于三个月的,经直属海关批准,可在货物拟进出口三个月内提出预定申请。

申请人申请预裁定的,应当通过电子口岸提交中华人民共和国海关预裁定申请书(以下简称“预裁定申请书”)以及海关要求的有关材料。

一份预裁定申请书应当仅包含一类海关事务,如果申请人有多项海关事务要求裁定的,必须逐项申请。

2. 审查和受理

海关应当自收到预裁定申请书及相关材料之日起十日内审核决定是否受理该申请,制发中华人民共和国海关预裁定申请受理决定书或者中华人民共和国海关预裁定申请不予受理决定书。

申请材料不符合有关规定的,海关应当在决定是否受理前一次性告知申请人在规定期限内进行补正,制发中华人民共和国海关预成定申请补正通知书。补正申请材料的期间,不计入货物拟进出口三个月之前的期限内。

申请人应当在收到中华人民共和国海关预裁定申请补充材料通知书起五日内提交相关材料。申请人未在规定期限内提交材料进行补正的,视为未提出预裁定申请。

对于申请超出行政预裁定范围,申请人不具备资格的,未在规定时间内提出申请的,申请不符合有关规定要求的,申请与实际进出口活动无关的,海关规章、海关总署公告已经对申请预定的海关事务有明确规定的,申请人就同一事项已经提出预裁定申请并且被受理的,以及经海关认定不予受理的其他情形,海关有权不予受理。

海关自收到预裁定申请书及相关材料之日起十日内未做出是否受理的决定,也没有一次性告知申请人进行补正的,自收到材料之日起即视为受理。

申请人就海关对其做出的预裁定决定所涉及的事项,在有效期内不得再次申请预裁定。

3. 裁定

海关应当自受理之日起六十日内制发中华人民共和国海关预裁定决定书,并送达申请人,且自送达之日起生效。

项目情境解析

根据前述内容,A 公司进口货物中含有禁止进口固体废物,属于申报不实,构成"违反海关监管规定的行为"中的违反国家进出口管理规定,进出口国家禁止进出口货物的。

将海关《申报不实行政处罚决定书》部分内容摘录如下。

以上行为有海关进口货物报关单证、海关货物查验记录单、上海海关工业品与原材料检测技术中心鉴定报告、海关查问笔录、当事人书面陈述、情况说明等为证。

根据《中华人民共和国固体废物污染环境防治法》第七十八条第一款、《中华人民共和国行政处罚法》第二十七条第一款第(一)项之规定,对当事人作出如下行政处罚:科处罚款人民币 50 000 元。

当事人应当自本处罚决定书送达之日起 15 日内履行上述处罚决定。

当事人不服本处罚决定的,可自本处罚决定书送达之日起 60 日内向上海海关申请行政复议,或者自本处罚决定书送达之日起六个月内,直接向上海市第一中级人民法院起诉。

根据《中华人民共和国行政处罚法》第五十一条之规定,到期不缴纳罚款的,每日可以按罚款数额的百分之三加处罚款。

根据《中华人民共和国海关法》第九十三条、《中华人民共和国海关行政处罚实施条例》第六十条的规定,当事人逾期不履行处罚决定又不申请复议或者向人民法院提起诉讼的,海关可以将扣留的货物、物品、运输工具依法变价抵缴,或者以当事人提供的担保抵缴;也可以申请人民法院强制执行。

根据前述内容,B 公司伪报价格,偷逃应缴税款,已构成(1)《海关行政处罚实施条例》第七条规定的走私行为中:②经过设立海关的地点,以伪报方式逃避海关监管,运输依法应当缴纳税款的货物进境的,属于走私行为。

将海关《伪报价格构成走私行为案件行政处罚决定书》部分内容摘录如下。

以上行为有:海关进口货物报关单证、偷逃税款海关核定证明书、报关用发票、进口货物实际成交价格发票、外商折扣清单、中国驻日本大使馆领事部《领事认证》、日本法务局《公证书》、上海市人民检察院第一分院不起诉决定书、海关讯问笔录、查问笔录、询问笔录等为证。

根据《中华人民共和国海关法》第八十二条第一款第(一)项、第二款、《中华人民共和国海关行政处罚实施条例》第七条第(二)项、第九条第一款第(三)项之规定,对当事人作出如下行政处罚:没收走私货物。

因走私货物均已销售而无法没收,且当事人积极配合海关调查,根据《中华人民共和国行政处罚法》第二十七条第一款第(四)项、《中华人民共和国海关行政处罚实施条例》第五十六条之规定,追缴走私货物的价款人民币 1 345 125.21 元。

思考练习

一、填空题

1. 海关的四项基本任务是_____、_____、_____和_____。
2. 海关的组织机构设立为_____、_____、_____三级。
3. 海关行政强制包括_____和_____。

4. 海关知识产权保护中依职权保护的前提条件是_____。

5. 海关稽查方法中最主要、最基本的方法是_____。

二、单项选择题（不要答案）

1. 下列不属于海关监管对象的是（　　）。
　　A. 进出口货物　　　　　　　　　B. 进出境物品
　　C. 进出境运输工具　　　　　　　D. 进出境人员

2. 报关企业注册登记许可属于海关的（　　）。
　　A. 行政许可权　　　　　　　　　B. 税费征收权
　　C. 进出境监管权　　　　　　　　D. 行政强制权

3. 海关在调查走私案件时，经直属海关关长或其授权的隶属海关关长批准，可以查询案件涉嫌单位和涉嫌人员在金融机构、邮政企业的存款、汇款，属于海关的（　　）。
　　A. 检查权　　　　B. 查问权　　　　C. 查询权　　　　D. 稽查权

4. 下列不属于海关进出境监管权中检查权行使范围的是（　　）。
　　A. 进出境运输工具　　　　　　　B. 走私嫌疑人
　　C. 藏匿走私嫌疑货物的场所　　　D. 伪造的报关单据

5. 海关在法律规定的年限内，对企业进出境活动及与进出口货物有关的账务、记账凭证、单证资料等有权进行核查，是海关的（　　）。
　　A. 检查权　　　　B. 查验权　　　　C. 稽查权　　　　D. 查询权

6. （　　）是指海关在行政管理过程中，为制止违法行为、防止证据损毁、避免危害发生、控制危险扩大等情形，依法对公民人身自由实施的暂时性限制，或者对公民、法人或者其他组织的财物实施暂时性控制的行为。
　　A. 检查权　　　　B. 拘留权　　　　C. 行政强制措施　　D. 行政强制执行

7. 《海关法》规定我国海关实行集中统一管理的（　　）领导体制。
　　A. 平行　　　　　B. 垂直　　　　　C. 从属　　　　　D. 独立

8. 全国海关目前共有（　　）个直属海关。
　　A. 36　　　　　　B. 42　　　　　　C. 47　　　　　　D. 53

9. 下列行为中，（　　）是走私行为。
　　A. 申报时伪报品名，无证进口重点旧机电产品的
　　B. 擅自将海关监管年限内的减免税设备移作他用的
　　C. 明知是走私进口的货物，直接向走私人非法收购的
　　D. 进口属于自动进口许可证管理的货物，申报时不能提交自动进口许可证的

10. 下列情形中属于违反海关监管规定的行为有(   )。

    A. 进口货物未在规定的 14 日内向海关申报

    B. 明知是走私进口的货物、物品,直接向走私人非法收购的

    C. 属于国家限制进口重点旧机电产品,申报进口时虽已如实申报,但未能提交进口许可证的

    D. 出口加工区内企业伪造单证,擅自将免税进口设备售予区外的

三、多选题

1. 下列关于海关性质的表述,正确的是(   )。

    A. 海关是国家行政机关

    B. 海关是国务院直属机构

    C. 海关是享有立法权的立法机关

    D. 海关代表国家依法行使进出境监督管理权

2. 根据《海关法》的规定,我国海关的基本任务为(   )。

    A. 海关监管   B. 海关征税

    C. 查缉走私   D. 编制海关统计

3. 海关可以在海关监管区域内对(   )实施检查。

    A. 走私嫌疑人身体   B. 有走私嫌疑的运输工具

    C. 有藏匿走私货物嫌疑的场所   D. 进出境运输工具

4. 下列关于我国海关管理体制表述正确的是(   )。

    A. 海关总署是国务院的一个直属机构

    B. 国家在对外开放的口岸和海关监管业务集中的地点设立海关

    C. 海关的隶属关系,受行政区划的限制

    D. 海关依法独立行使职权

5. 下列属于海关行政强制措施的是(   )。

    A. 执行逮捕权   B. 预审权   C. 扣留财物   D. 封存货物

6. 走私与违规有很多不同之处,最基本、最直观并易于把握的区别主要在以下哪几个方面(   )。

    A. 主观故意不同   B. 客观行为不同

    C. 海关管理对象不同   D. 行为危害结果不同

7. 既适用于走私行为,也适用于违规行为的行政处罚形式是(   )。

    A. 警告   B. 罚款   C. 没收货物   D. 没收违法所得

四、判断题

1. 海关对进出境运输工具的检查不受海关监管区域的限制。   （   ）

2. 中华人民共和国海关是国家进出国境的监督管理机关。   （   ）

3. 根据《海关法》的规定，国务院设立海关总署，统一管理全国海关。   （   ）

4. 根据监管对象不同，海关监管制度可分为运输工具监管、货物监管和进出境
   人员监管三大制度体系。   （   ）

5. 出境动物及其产品、其他检疫物的生产、加工、存放单位，应经海关总署注册
   登记。   （   ）

6. 在法定期限内，对海关放行后的有关进出口货物、物品发现少征或者漏征税
   款的，海关有权依法进行补征、追征税款。   （   ）

7. 查验权是指海关有权对违反《海关法》或者其他有关法律、行政法规的嫌疑人
   进行查问，调查其违法行为。   （   ）

8. 个人违抗海关监管逃逸的，海关可以连续追至海关监管区和海关附近沿海沿
   边规定地区以外，将其带回。   （   ）

9. 缉私局既是海关总署的一个内设局，又是公安部的一个序列局，实行海关总
   署和公安部双重领导，以公安部领导为主。   （   ）

10. 海关行政强制措施是指海关在有关当事人不依法履行义务的前提下，为实
    现监督管理职能，依法强制当事人履行法定义务的行为。   （   ）

项目二 对外贸易管制

 学习目标

项目情境

小王是 2018 年应届毕业生,顺利找到了报关岗位的工作,单位为上海 YY 报关公司。2018 年 7 月,上海 YY 报关公司收到上海 XX 摩托车有限公司(统一社会信用代码:913100007XXX98223N)出口一批摩托车(商品编码:8711100010,监管条件代码:46Axy)的报关委托,本批货物为非加工贸易项下产品,预计出口时间为 2018 年 8 月初。

工作任务:

(1)核实该商品的 HS 编码,确认有无出口管制措施。

(2)根据任务(1),审核上海 XX 摩托车有限公司是否提供了充足的报关资料,资料上的数据是否相互一致。

📝 项目分解

从事报关工作,首先要掌握报关和报关单位的相关基本概念,在此基础上,掌握对外贸易管制制度以及不同产品适用的贸易管制措施,按照报关规范进行产品的进出口报关工作。为完成该项目的学习,具体可分解为四个任务,见图2-1。

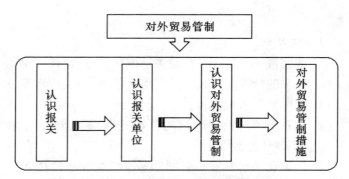

图 2-1 对外贸易管制的主要内容

任务一 认识报关

一、报关的含义

报关是指进出口货物收发货人、进出境运输工具负责人、进出境物品的所有人或者他们的代理人向海关办理运输工具、货物、物品进出境手续及相关海关事务的过程。

《海关法》规定:"进出境运输工具、货物、物品,必须通过设立海关的地点进境或出境。"因此,通过设立海关的地点进出境并办理规定的海关手续是运输工具、货物、物品进出境的基本规则,也是进出境运输工具负责人、进出口货物收发货人、进出境物品所有人应履行的一项基本义务。

小贴士

> **报关与通关**
>
> 　　在进出境活动中,我们经常使用"报关"和"通关"这两个概念,两者都是相对于运输工具、货物、物品进出境而言的。报关侧重从海关行政管理相对人的角度出发,指向海关办理进出境及相关手续;而通关既包括海关行政管理相对人向海关办理有关手续,也包括海关对进出境运输工具、货物、物品依法进行监督管理,核准其进出境的管理过程。

二、报关的分类

(一)按照报关的对象分类

按照报关的对象,报关可分为运输工具的报关,货物的报关和物品的报关三类。

(二)按照报关的目的分类

按照报关的目的,报关可分为进境报关和出境报关两类。

(三)按照报关的行为性质分类

按照报关的行为性质,报关可分为自理报关和代理报关两类。

(1)自理报关:指进出口货物收发货人自行办理报关业务。

(2)代理报关:指接受进出口货物收发货人的委托、代理其办理报关业务的行为,代理报关又分直接代理和间接代理两种类型。

①直接代理:直接代理是代理报关企业以委托人的名义(报关单中"境内收发货人"为委托人)进行报关。

②间接代理:间接代理是代理报关企业在进行报关的时候以自己的名义进行报关。间接代理只适用于经营快件业务的国际货物运输代理业务。

三、报关的形式

(一)有纸报关与无纸报关

有纸报关须在海关系统进行报关数据申报后,凭海关要求的报关文件去海关柜面交单,须由海关现场工作人员在系统内放行,凭海关加盖验讫章的报关文件才可提/送货。

　　无纸报关在海关系统申报后,海关可直接在系统中放行单证,放行后报关单位会收到系统回执(无纸化进/出口查验/放行通知书)。

　　有纸报关与无纸报关具有相同的法律效力,但无纸报关自动化操作程度高、通关速度快、成本低,是现在普遍采用的报关形式。

(二)口岸报关与一体化报关

　　口岸报关是指报关单位在货物的实际进出境的口岸海关报关。

　　一体化报关是指全国通关一体化改革后报关单位可以自主选择申报海关、按一体化模式报关。通关一体化模式下全国海关如同一关,可实现属地报关、口岸验放。

(三)逐票报关与集中报关

　　逐票报关是指每一批货物进出境时都要填制报关单向海关进行报关。

　　集中报关是指境内收发货人在经过备案后,在同一口岸多批次进出口规定范围内的货物,先以清单的形式申报货物进出口,在规定的期限内再以报关单集中办理海关手续的特殊通关方式。

(四)提前报关与运抵报关

　　提前报关是指先报关,后将货物运抵海关监管区域。运抵报关是指先将货物运抵海关监管区域,后报关。

任务二　认识报关单位

一、报关单位的含义及类型

　　报关单位是指依法在海关注册登记的境内进出口货物收发货人和报关企业。报关单位的类型如图 2-2 所示。

```
                    进出口货物收发货人 ┌ 有进出口经营权(有登记备案表)
                        (自理报关)  └ 无进出口经营权(无登记备案表,从事非贸易性活动)
报关单位 ┤
                    报关企业 ┌ 货运代理公司[可直接代理,也可间接代理(快件)]
                    (代理报关) └ 专业报关公司(只能直接代理)
```

图 2-2　报关单位的类型

二、报关单位的注册(备案)登记

根据全国海关通关一体化关检业务全面融合有关工作部署,海关总署公告2018年第143号(关于推进关检融合优化报关单位注册登记有关事项的公告)进一步简化和优化报关单位注册登记,相关规定如下。

(一)关于提交报关单位注册登记申请

自2018年10月29日起,企业在互联网上申请办理报关单位注册登记有关业务(含许可、备案、变更、注销)的,可以通过"中国国际贸易单一窗口"标准版(以下简称"单一窗口",网址:http://www.singlewindow.en/),"企业资质"子系统或"互联网＋海关"(网址:http://online.customs.gov.cn/),"企业管理"子系统填写相关信息,并向海关提交申请。申请提交成功后,企业需到所在地海关企业管理窗口提交申请材料。

(二)关于"报关单位情况登记表"

企业办理报关单位注册登记时应当提交加盖企业印章的"报关单位情况登记表"(格式见表2-1)。

(三)关于报关单位注册登记证书发放

自2018年10月29日起,对完成注册登记的报关单位,海关向其核发的"海关报关单位注册登记证书"自动体现企业报关、报检两项资质,原"出入境检验检疫报检企业备案表"和"出入境检验检疫报检人员备案表"不再核发。

表 2-1 报关单位情况登记表

统一社会信用代码					
经营类别		行政区划		注册海关	
中文名称					
英文名称					
工商注册地址				邮政编码	
英文地址					
其他经营地址					
经济区划				特殊贸易区域	
组织机构类型		经济类型		行业种类	

（续表）

企业类别		是否为快件 运营企业		快递业务经营 许可证号	
法定代表人 （负责人）		法定代表人（负 责人）移动电话		法定代表人（负 责人）固定电话	
法定代表人（负责 人）身份证件类型		身份证件号码		法定代表人（负 责人）电子邮箱	
海关业务联系人		海关业务联系人 移动电话		海关业务联系人 固定电话	
上级单位统一社会 信用代码		与上级单位关系		海关业务联系人 电子邮箱	
上级单位名称					
经营范围					
序号	出资者名称		出资国别	出资金额（万）	出资金额币制
1					
2					
3					

本单位承诺,我单位对向海关所提供的申请材料以及本表所填报的注册登记信息内容的真实性负责并承担法律责任。

（单位公章）

年　　月　　日

（四）关于信息查询

企业可以通过"单一窗口"或"互联网＋海关"查询本企业在海关的注册登记信息。

三、海关对报关单位的分类管理

海关总署令第 237 号（关于公布《中华人民共和国海关企业信用管理办法》的令）及 2018 年公告第 178 号（关于实施《中华人民共和国海关企业信用管理办法》有关事项的公告）规定了海关对报关单位的信用分类管理相关制度。

(一)AEO 制度

AEO(Authorized Economic Operator)是指中国海关经认证的经营者,也就是认证企业,AEO 制度是指中国海关对进出口报关活动相关企业进行 AEO 认证,依法开展与其他国家或者地区海关的 AEO 互认,并给予互认 AEO 企业相应通关便利措施。

申请认证的企业应当符合《海关认证企业标准》[海关总署公告 2018 年第 177 号(关于公布《海关认证企业标准》的公告)]。

《海关认证企业标准》分为一般认证企业标准和高级认证企业标准,海关对高级认证企业应当每 3 年重新认证一次,对一般认证企业不定期重新认证。重新认证前,海关应当通知企业,并且参照企业认证程序进行重新认证。对未通过重新认证的,调整企业信用等级。

企业向海关申请成为认证企业的,海关按照《海关认证企业标准》对企业实施认证。海关应当自收到企业书面认证申请之日起 90 日内做出认证结论。特殊情形下,海关认证时限可以延长 30 日。通过认证的企业,海关制发"认证企业证书";未通过认证的企业,海关制发"不予适用认证企业管理决定书"。未通过认证的企业 1 年内不得再次向海关提出认证申请。

认证企业被海关调整为一般信用企业管理的,1 年内不得申请成为认证企业。认证企业被海关调整为失信企业管理的,2 年内不得申请成为一般信用企业。高级认证企业被海关调整为一般认证企业管理的,1 年内不得申请成为高级认证企业。

(二)海关信用等级管理措施

海关根据报关单位的信用状况将报关单位认定为认证企业、一般信用企业和失信企业,按照诚信守法便利、失信违法惩戒原则,分别适用相应的管理措施,如表 2-2 所列。

表 2-2　不同管理类别企业的差别管理措施

企业类别	高级认证企业	一般认证企业	一般信用企业	失信企业	
原企业类别	AA 类企业	A 类企业	B 类企业	C 类企业	D 类企业
信用状况	信用突出	信用良好	信用一般	信用较差	信用很差
管理措施	适用通关使用措施		适用常规管理措施	适用严密监管措施	

海关根据社会信用体系建设有关要求,与国家有关部门实施守信联合激励和失信联合惩戒,推进信息互换、监管互认、执法互助(简称"三互")。

1. 一般认证企业适用的管理原则和措施

(1)进出口货物平均查验率在一般信用企业平均查验率的50%以下。

(2)优先办理进出口货物通关手续。

(3)海关收取的担保金额可以低于其可能承担的税款总额或者海关总署规定的金额。

(4)进出口货物平均检验检疫抽批比例在一般信用企业平均抽批比例的50%以下(法律、行政法规、规章或者海关有特殊要求的除外)。

(5)出口货物原产地调查平均抽查比例在一般信用企业平均抽查比例的50%以下。

(6)优先办理海关注册登记或者备案以及相关业务手续,除首次注册登记或者备案以及有特殊要求外,海关可以实行容缺受理或者采信企业自主声明,免予实地验核或者评审。

(7)海关总署规定的其他管理措施。

2. 高级认证企业适用的管理原则和措施

高级认证企业除适用一般认证企业适用的管理原则和措施外,还适用下列管理措施。

(1)进出口货物平均查验率在一般信用企业平均查验率的20%以下。

(2)可以向海关申请免除担保。

(3)减少对企业稽(核)查频次。

(4)可以在出口货物运抵海关监管区之前向海关申报。

(5)海关为企业设立协调员。

(6)AEO互认国家或者地区海关通关便利措施。

(7)国家有关部门实施的守信联合激励措施。

(8)因不可抗力中断国际贸易恢复后优先通关。

(9)进出口货物平均检验检疫抽批比例在一般信用企业平均抽批比例的20%以下(法律、行政法规、规章或者海关有特殊要求的除外)。

(10)出口货物原产地调查平均抽查比例在一般信用企业平均抽查比例的20%以下。

(11)优先向其他国家(地区)推荐食品、化妆品等出口企业的注册。

(12)海关总署规定的其他管理措施。

3. 失信企业适用的管理原则和措施

(1)进出口货物平均查验率在80%以上,平均检验检疫抽批比例在80%以上。

(2)不予免除查验没有问题企业的吊装、移位、仓储等费用。

(3)不适用汇总征税制度。

(4)除特殊情形外,不适用存样留像放行措施。

(5)经营加工贸易业务的,全额提供担保。

(6)提高对企业稽(核)查频次。

(7)国家有关部门实施的失信联合惩戒措施。

(8)海关总署规定的其他管理措施。

(三)报关单位信用状况的认定

申请认证的企业应当符合《海关认证企业标准》。

1. 一般信用企业

有下列情形之一的企业,海关认定为一般信用企业。

(1)首次注册登记或备案的企业。

(2)认证企业不再符合《海关认证企业标准》,并且未发生构成失信企业情形的。

(3)自被海关认定为失信企业之日起连续2年未发生构成失信企业情形的。

2. 失信企业

有下列情形之一的企业,海关认定为失信企业。

(1)有走私犯罪或者走私行为的。

(2)非报关企业1年内违反海关监管规定行为次数超过上年度报关单、进出境备案清单、进出境运输工具舱单等相关单证总票数千分之一且被海关行政处罚金额累计超过100万元的。

报关企业1年内违反海关监管规定行为次数超过上年度报关单、进出境备案清单、进出境运输工具舱单等相关单证总票数万分之五且被海关行政处罚金额累计超过30万元的。

(3)拖欠应缴税款或者拖欠应缴罚没款项的。

(4)未按照规定向海关提交"企业信用信息年度报告",被海关列入信用信息异常企业名录超过90日的。

(5)假借海关或者其他企业名义获取不当利益的。

（6）向海关隐瞒真实情况或者提供虚假信息，影响企业信用管理的。

（7）抗拒、阻碍海关工作人员依法执行职务，情节严重的。

（8）因刑事犯罪被列入国家失信联合惩戒名单的。

（9）企业有违反国境卫生检疫、进出境动植物检疫、进出口食品化妆品安全、进出口商品检验规定，被追究刑事责任的。

（10）海关总署规定的其他情形。

当年注册登记或者备案的非报关企业、报关企业，1年内因违反海关监管规定被海关行政处罚金额分别累计超过100万元、30万元的，海关认定为失信企业。

3. 终止认证的情形

申请认证期间，企业涉嫌走私被立案侦查或者调查的，海关应当终止认证。企业涉嫌违反海关监管规定被立案调查的，海关可以终止认证。企业在申请认证期间，涉嫌违反国境卫生检疫、进出境动植物检疫、进出口食品化妆品安全、进出口商品检验规定被刑事立案的，海关应当终止认证。

申请认证期间，企业被海关稽查、核查的，海关可以中止认证。中止时间超过3个月的，海关终止认证。

（四）报关单位信用等级的管理

（1）因企业信用状况认定结果不一致导致适用的管理措施相抵触的，海关按照就低原则实施管理。

（2）认证企业涉嫌走私、违反海关监管规定、违反国境卫生检疫、进出境动植物检疫、进出口食品化妆品安全、进出口商品检验规定被立案侦查或者调查的，海关可以暂停适用相应管理措施，海关暂停适用相应管理措施的，按照一般信用企业实施管理。

（3）企业因进口禁止进境的固体废物违反海关监管规定，被海关行政处罚的，1年内不得申请适用海关认证企业管理；已经适用认证企业管理的，海关应当向下调整企业信用等级。

（4）非当年注册登记或者备案的非报关企业、报关企业，上一年度无进出口业务，1年内因违反海关监管规定被海关行政处罚金额分别累计超过100万元、30万元的，海关将企业认定为失信企业。

（5）在海关备案的报关企业分支机构，其信用等级应当与所属报关企业信用等级保持一致，报关企业应当对其分支机构行为承担相应的信用管理责任。

（6）企业有分立合并情形的，海关对企业信用状况的认定结果按照以下原则做出调整。

1）企业发生存续分立，分立后的存续企业承继分立前企业的主要权利义务的，适用海关对分立前企业的信用状况认定结果，其余的分立企业视为首次注册登记或者备案企业；

2）企业发生解散分立，分立企业视为首次注册登记或者备案企业；

3）企业发生吸收合并，合并企业适用海关对合并后存续企业的信用状况认定结果；

4）企业发生新设合并，合并企业视为首次注册登记或者备案企业。

（五）企业信用等级查询

报关活动相关企业的信用等级，可以在"中国海关企业进出口信用信息公示平台"（http://credit.customs.gov.cn/）查询。首先，登录平台网站，输入企业名称，如图 2-3 所示。在弹出的初步信息窗口中点击企业名称，如图 2-4 所示。在弹出的界面的右上角显示了该企业的信用等级状况，如图 2-5 所示，也可点击"信用等级"按钮查看具体信息。

图 2-3　企业进出口信用信息公示平台查询界面

图 2-4　企业信用信息检索结果

图 2-5   企业信用信息详情

任务三   认识对外贸易管制

一、对外贸易管理制度概述

(一)含义

对外贸易管制是政府的一种强制性行政管理行为,是指一国政府为了国家的宏观经济利益、国内外政策需要以及履行所缔结或加入国际条约的义务,确立实行各种管理制度、设立相应管理机构和规范对外贸易活动的总称。

(二)我国对外贸易管制的基本框架和法律体系

1. 基本框架

我国对外贸易管制制度是一种综合管理制度,主要由以下制度构成。

(1)海关监管制度。海关监管制度是指海关运用国家赋予的权力,通过一系列管理制度与管理程序,依法对运输工具、货物、物品的进出境活动所实施的一种行政管理制度。

(2)关税制度。关税制度是指国家为征收关税颁布的海关法、关税条例、进出口税则等规定的总称。

（3）对外贸易经营者管理制度。我国对外贸易经营者的管理实行备案登记制。依法定程序在商务主管部门备案登记，取得对外贸易经营资格后，方可在国家允许的范围内从事对外贸易经营活动。

（4）进出口许可制度。进出口许可程度分为禁止进出口、限制进出口、自由进出口三个级别。

对于禁止进出口的货物或技术，我国实施了《禁止进口货物目录》《禁止出口货物目录》和《禁止进口、限制进口技术管理办法》等。

我国限制进口货物管理按照其管理方式划分为许可证件管理和关税配额管理。

除国家禁止、限制进出口的货物、技术外，其他货物、技术均属于自由进出口范围。国家对部分属于自由进口的货物实行自动进口许可管理，对自由进口的技术实行技术进出口合同登记管理。

（5）出入境检验检疫制度。我国出入境检验检疫制度包括进出口商品检验制度、进出境动植物检疫制度、国境卫生监督制度。对列入《出入境检验检疫机构实施检验检疫的进出境商品目录》（以下简称《法检目录》）以及其他法律法规规定需要检验检疫的货物进出口时，在办理进出口通关手续前，必须先办理报检手续。

（6）进出口货物收付汇管理制度。出口货物收汇管理和进口货物付汇管理采取的都是外汇核销形式。

（7）贸易救济制度。贸易救济制度包括反补贴措施、反倾销措施、保障措施。

2. 法律体系

对外贸易管制涉及的法律渊源只限于宪法、法律行政法规、部门规章、国际条约，不包括地方性法规、规章，也不包括各民族自治区政府的地方条例和单行条例。

（1）法律：例如《中华人民共和国对外贸易法》。

（2）行政法规：例如《中华人民共和国货物进出口管理条例》。

（3）部门规章：例如《货物进口许可证管理办法》。

（4）国际条约、协定：例如《关于消耗臭氧层物质的蒙特利尔协定书》。

二、对外贸易管理主要制度

（一）对外贸易经营者管理制度

国际贸易经营者是指依法办理工商登记或者其他执业手续，依照《中华人民共和国对外贸易法》和其他有关法律、行政法规、部门规章的规定从事对外贸易经营活动的法人、其他组织或者个人。

目前,我国对国际贸易经营者的管理,实行备案登记制。

为对关系国计民生的部分重要进出口商品实行有效的宏观管理,国家可以对部分货物的进出口实行国有贸易管理。属于进口国营贸易经营资格管理的货物有9种,包括小麦、玉米、大米、食糖、烟草、原油、成品油、化肥、棉花;属于出口国营贸易经营资格管理的货物也有9种,包括玉米、大米、钨及钨制品、锑及锑制品、煤炭、原油、成品油、棉花、白银。

(二)货物与技术进出口许可管理制度

进出口许可是国家对进出口的一种行政管理制度,是一种非关税措施,是世界各国管理进出口贸易的一种常见手段,在国际贸易中长期存在并广泛运用。

货物、技术进出口许可管理制度是我国进出口许可管理制度的主体,是国家国际贸易中极其重要的管理制度。其管理范围包括禁止进出口货物和技术、限制进出口货物和技术、自由进出口技术以及自由进出口中部分实行自动许可管理的货物。

1. 禁止进出口货物、技术管理

(1)禁止进口货物、技术管理。对列入国家公布禁止进出口目录及其他法律、法规明令禁止或停止进口的货物、技术,任何对外贸易经营者不得经营进口。我国相关法规规章公布的禁止进口的货物、技术(截至2019年2月)如表2-3所列。

表2-3 禁止进口货物、技术管理

类别	目录	具体商品和技术
货物	1. 列入《禁止进口货物目录》和《禁止进口固体废物目录》的商品	
	《禁止进口货物目录》第一批: (1)保护我国生态环境和生态资源; (2)为履行我国所缔结或者参加的与保护世界自然生态环境相关的国际条约协定公布的	(1)属于破坏臭氧层物质的四氯化碳; (2)犀牛角、麝香、虎骨(世界濒危物种)
	《禁止进口货物目录》第二批: 涉及生产安全、人身安全和环境保护的旧机电产品类	(1)旧压力容器类; (2)电器、医疗设备类; (3)汽车、工程及车船机械类

（续表）

类别	目录	具体商品和技术
货物	《禁止进口固体废物目录》：由原《禁止进口货物目录》第三、四、五批合并修订而成，涉及对环境有污染的 14 类 125 件固体废物	包括废动植物产品，矿渣矿灰及残渣，硅废碎料，废药物，杂项化学品废物，塑料废碎料及下脚料①，废橡胶和皮革，回收（废碎）纸及纸板，废纺织原料及制品，废玻璃，金属和金属化合物废物，废电池，废弃机电产品和设备及其未经分拣处理的零部件、拆散件、破碎件、砸碎件等，其他
	《禁止进口货物目录》第六批： (1)保护人的健康，维护环境安全； (2)履行"危险化学品和鹿特丹公约"和"有机污染物斯德哥尔摩公约"	(1)长纤维青石棉（属于须淘汰的落后产品）； (2)二噁英等
	2. 明令禁止进口商品	
	依据《进出境动植物检疫法》禁止进境的货物	(1)动植物疫情流行的国家和地区有关动植物及其产品和其他检疫物； (2)动植物病源（包括菌种、毒种等）害虫及其他有害生物、动物尸体、土壤； (3)带有违反"一个中国"原则内容的货物及其包装； (4)以氯氟烃物质为制冷剂、发泡剂的家用电器产品和以氯氟烃物质为制冷工质的家用电器用压缩机； (5)滴滴涕、氯丹； (6)莱克多巴胺和盐酸莱克多巴胺
	3. 其他	
	依据海关规章停止进口或不得进口的货物	(1)CFC-12 为制冷工质的汽车及 CFC-12 为制冷工质的汽车空调压缩机（含汽车空调）； (2)旧服装； (3)VII 因子制剂等血流制品； (4)氯酸钾、硝酸铵； (5)禁止进口和销售 100 瓦及以上普通照明白炽灯

（续表）

类别	目录	具体商品和技术
技术	依据《禁止、限制进口技术管理办法目录》有关规定，不得进口的技术	钢铁冶金、有色金属冶金、化工、石油炼制、石油化工、消防、电工、轻工、印刷、医学、建筑材料等技术

①来自生活源废塑料、废纸、废纺织原料、钒渣等 4 类 24 种，系 2017 年新增。

（2）禁止出口货物、技术管理。对列入国家公布禁止出口目录的以及其他法律、法规明令禁止或停止出口的货物、技术，任何对外贸易经营者不得经营出口。我国相关法规规章公布的禁止出口的货物、技术（截至 2019 年 2 月）如表2-4 所列。

表 2-4   禁止出口货物、技术管理

类别	目录	具体商品和技术
货物	1. 列入《禁止出口货物目录》的五批商品	
	第一批： (1)保护我国自然生态环境和生态资源； (2)为履行我国所缔结或者参加的与保护世界自然生态环境相关的国际条约和协定公布的	(1)四氯化碳、三氯三氟乙烷（属于破坏臭氧层物质）； (2)犀牛角、虎骨、麝香（世界濒危物种）； (3)发菜、麻黄草（有防风固沙作用）； (4)原木
	第二批： 保护我国匮乏的森林资源	木炭
	第三批： (1)保护人的健康，维护环境安全； (2)履行"危险化学品和鹿特丹公约"和"有机污染物斯德哥尔摩公约"	(1)长纤维青石棉（属于须淘汰的落后产品）； (2)二噁英等
	第四批： 天然砂	硅砂、石英砂；其他天然砂（对港、澳、台出口天然砂实行出口许可证管理）
	第五批： 森林凋落物和泥炭（无论是否经化学处理）	腐叶、腐根、树皮、树根等森林凋落物；沼泽（湿地）中，地上植物枯死、腐烂堆积而成的有机矿体

（续表）

类别	目录	具体商品和技术
	2. 明令禁止出口的商品	
货物	依据我国相关法规以及我国缔结或者参加的国际条约、协定的规定，不得出口的货物	（1）未定名或者新发现并有重要价值的野生植物； （2）原料血浆； （3）商业性出口的野生红豆杉及其部分产品； （4）劳改产品； （5）以氯氟烃物质为制冷剂、发泡剂的家用电器产品和以氯氟烃物质为制冷工质的家用电器用压缩机； （6）滴滴涕； （7）莱克多巴胺和盐酸莱克多巴胺
技术	依据《禁止、限制出口技术管理办法目录》有关规定，不得出口的技术	涉及渔、牧、农副食品加工、工业制造、测绘、集成电路制造、机器人制造、卫星应用、计算机网络、空间数据传输、中医医疗等几十项技术

此外，国家相关法规规定对涉及国家秘密、侵犯知识产权、丑化侮辱人格、违反"一个中国"原则的出口货物及其包装物、文物中的珍贵文物等禁止出口。

2. 限制进出口货物、技术管理

（1）限制进口管理制度。国家实行限制进口管理的货物、技术，必须依照国家有关部门规定取得国务院商务主管部门或者国务院其他相关部门的许可，方可进口。

目前，我国限制进口货物管理按照其限制方式划分为进口配额许可证管理、许可证件管理和关税配额管理如表 2-5 所列。

表 2-5　限制进口管理方式

限制方式	许可证管理	进口配额许可证管理	进口关税配额管理	其他许可证件管理
主管部门	商务部	生态环境部、商务部、海关总署	商务部、国家发展改革委	其他政府行政职能部门

（续表）

限制方式	许可证管理	进口配额许可证管理	进口关税配额管理	其他许可证件管理
管理方式	由商务部会同国务院其他有关部门制定并调整进口许可证管理目录，以签发许可证的方式对进口许可证管理目录的商品实行行政许可管理	由生态环境部、商务部、海关总署制定并调整《中国进出口受控消耗臭氧层物质名录》；由生态环境部、商务部有关部门公布年度进出口额度；于2014年3月1日起，由国家消耗臭氧层物质进出口管理机构对进口单位年度进出口配额指标内，进出口消耗臭氧层申请获准的，签发消耗臭氧层物质进出口审批单；进出口单位持审批单向商务主管部门申领进出口许可证	国家对部分商品的进口规定进口数量总额并制定关税配额税率。对外贸易经营者经国家批准取得关税配额证后允许按照关税配额税率进口，如超出限额则按照配额外税率征税进口。配额方式有全球配额和国别配额。例如2019年我国进口小麦关税配额总量为963.6万吨，玉米720万吨，大米532万吨	（1）濒危野生动植物种进口；（2）密码产品和含有密码技术的设备进口；（3）限制进口类可用作原料的固体废物进口；（4）进口药品；（5）美术品进口；（6）民用爆炸物品进口；（7）音像制品进口；（8）黄金及其制品进口；（9）农药进口；（10）兽药进口；（11）有毒化学品进口等
管理范围	（1）部分进口货物、技术；（2）12类重点旧机电产品；（3）两用物项和技术进口	公布于《中国进出口受控消耗臭氧层物质名录》（目前共六批）的消耗臭氧层物质	（1）部分进口农产品；（2）部分进口化肥	

（2）限制出口管理制度。国家实行限制出口管理的货物、技术，必须依照国家有关部门规定取得国务院商务部主管部门或者国务院其他相关部门的许可，方可出口。

目前,我国对于限制出口货物管理,按《货物进出口管理条例》规定,国家规定有数量限制的出口货物,实行配额管理;其他限制出口货物,实行许可证件管理。实行配额管理的限制出口货物,由国务院商务主管部门和国务院有关经济管理部门按照国务院规定的职责划分进行管理如表 2-6 所列。

表 2-6　限制出口管理方式

限制方式	配额管理	许可证件管理
主管部门	商务部及其他有关经济管理部门	商务部及其他政府职能部门
管理方式	国家通过行政管理手段对部分商品的出口,在一定时期内(1 年)以规定绝对数量的方式限制出口,主要有两种方式。 1. 出口配额许可证管理 由国家主管部门按申请者的需求并结合进出口的实绩、能力等条件,按效益、公正、公开和公平的原则进行分配;对获得配额的申请者发放各类配额证明。取得配额证明的申请者凭证明到商务主管部门申领出口许可证。(其中出口消耗臭氧层物质的配额管理同上述该物质的进口管理) 2. 出口配额招标管理 由国家主管部门,采取招标分配的原则,经中标获得配额者,发放配额证明,中标者凭配额证明到商务主管部门申领出口许可证	国家主管部门在一定时期内,根据国家政治、军事、技术、卫生、环保、资源保护等领域的需要,以及履行我国加入或缔结的有关国际条约的规定,对部分商品的出口签发出口许可证件来实现各类出口限制措施
管理范围	实行出口配额许可证管理的主要商品范围: (1)部分农产品出口; (2)部分活禽、畜出口; (3)部分资源性产品、贵金属出口; (4)消耗臭氧层物质(配额由生态环境部管理)。 实行出口配额招标管理的主要商品范围:部分我国生产且国际市场需求量较大的农副产品及资源性产品出口	(1)部分出口商品; (2)濒危物种出口; (3)两用物项和技术出口; (4)黄金及其制品出口等

3. 自由进出口货物、技术管理

除上述国家禁止、限制进出口货物和技术外的其他货物和技术,均属于自由进出口范围。自由进出口货物和技术的进出口不受限制,但基于监测进出口情况的需要,国家对部分属于自由进口的货物实行自动进口许可管理,对自由进出口的技术实行技术进出口合同登记管理。

(1)货物自动进口许可管理。自动进口许可管理是在任何情况下对进口申请一律予以批准的进口许可制度。这种进口许可实际上是一种在进口前的自动登记性质的许可制度,通常用于国家对这类货物的统计和监测目的,是我国进出口许可管理制度中的重要组成部分,也是目前被各国普遍使用的一种进口管理制度。

目前,我国自动进口许可管理包括自动进口许可证管理和非限制进口类固体废物管理两大类。进口属于自动进口许可管理的货物,进口经营者应当在办理海关报关手续前,向国务院主管部门或者国务院有关经济管理部门提交自动进口许可申请,然后凭相关部门发放的自动进口许可的批准文件,向海关办理报关手续。

(2)技术进出口合同登记管理。进出口属于自由进出口的技术,应当向国务院对外贸易主管部门或者其委托的机构办理合同备案登记。

(三)进出口货物收付汇管理制度

国家外汇管理局对包括经常项目外汇业务、资本项目外汇业务、金融机构外汇业务、人民币汇率生成机制和外汇市场等领域实施监督管理。

国家外汇管理局对企业的贸易管理方式由现场逐笔核销改为非现场总量核查。国家外汇管理局通过货物贸易外汇检测系统,全面采集货物进出口和外汇收支逐笔数据,定期比对、评估企业货物流与资金流总体匹配情况,一方面便利合规企业贸易外汇收支;另一方面对存在异常的企业进行重点监测,必要时实施现场核查。

(四)贸易救济制度

贸易救济措施主要有反补贴、反倾销和保障措施。反补贴和反倾销措施针对的是价格歧视的情况,保障措施针对的是进口产品激增的情况。

1. 反倾销措施

反倾销措施包括临时反倾销措施和最终反倾销措施。

(1)临时反倾销措施。初裁认定被指控商品存在倾销并由此对国内同类产业造成损害的,可以采取临时反倾销措施。

临时反倾销措施有两种形式,一是征收临时反倾销税,二是要求提供保证金、保函或者其他形式的担保。

临时反倾销措施实施的期限,自临时反倾销措施决定公告规定实施之日起,不超过 4 个月;在特殊情形下,可以延长至 9 个月。

(2)最终反倾销措施。对终裁决定确定倾销成立并由此对国内产业造成损害的,可以征收反倾销税。

征收反倾销税,由商务部提出建议,国务院关税税则委员会根据其建议做出决定,由商务部予以公告,海关自公告规定实施之日起执行。

2. 反补贴措施

反补贴措施分为临时反补贴措施和最终反补贴措施。

(1)临时反补贴措施。初裁决定确定补贴成立并由此对国内产业造成损害的,可以采取临时反补贴措施。临时反补贴措施的形式是用保证金或者保函作为担保。

临时反补贴措施实施的期限,自临时反补贴措施决定公告规定实施之日起,不超过 4 个月。

(2)最终反补贴措施。终裁决定确定补贴成立并由此对国内产业造成损害的,可以征收反补贴税。

征收反补贴税,由商务部提出建议,国务院关税税则委员会根据其建议做出决定,由商务部予以公告,海关自公告规定实施之日起执行。

3. 保障措施

保障措施分为临时保障措施和最终保障措施。

(1)临时保障措施。临时保障措施指在有明确证据表明进口产品数量增加,将对国内产业造成难以补救的损害的紧急情况下,进口国与成员国之间可不经磋商做出初裁决定,并采取临时保障措施。

临时保障措施的形式是提高关税。

临时保障措施的实施期限,自临时保障措施决定公告规定,自实施之日起不得超过 200 天,并且此期限计入保障措施总期限。

(2)最终保障措施。最终保障措施可以采取提高关税、数量限制和关税配额等形式。

保障措施的实施期限一般不超过 4 年,全部实施期限(包括临时保障措施期限)不得超过 10 年。

三、监管条件查询

要确定货物进出口时是否需要相关的许可证件，需要先查询商品的监管条件。

查询商品的监管条件有两个途径。一是纸质查询，即查询"企业报关实用手册"或进出口税则。二是网上查询，即通过登录相关的海关网站查询商品的监管条件，例如，可以登录通关网，通过"审报要素查询"功能（http://www.hscode.net/IntegrateQueries/QueryYS）来查询商品的监管条件代码。如图 2-6 所示，在"商品编码"栏输入 HS 编码，点击最右边的查询按钮进行查询中要素查询。

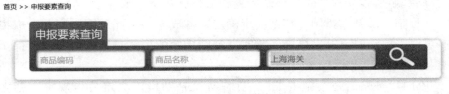

首页 >> 申报要素查询

图 2-6   通关网申报要置查询界面

鼠标滚动到页面的下方，可以看到查询结果有很多信息，如图 2-7 所示。把鼠标指针指向海关监管条件代码"S"，系统会提示这个代码的名称是"进出口农药登记证明"。

商品编码	2909309015				
商品名称	氟除草醚、乙氧氟草醚				
申报要素	0:品牌类型;1:出口享惠情况;2:成分含量;3:用途;4:GTIN;5:CAS;				
法定第一单位	千克	法定第二单位	无		
最惠国进口税率	5.5%	普通进口税率	30%	暂定进口税率	-
消费税率	-	出口关税率	0%	出口退税率	13%
增值税率	13%	海关监管条件	S	检验检疫类别	无
商品描述	氟除草醚、乙氧氟草醚				

图 2-7   查询结果

各监管证件的代码和名称详见表 2-7。

表 2-7　监管证件代码和名称表

代码	许可证或批文名称	代码	许可证或批文名称
1	进口许可证	O	两用物项和技术进口许可证
2	两用物项和技术进口许可证	P	固体废物进口许可证
3	两用物项和技术出口许可证	Q	进口药品通关单
4	出口许可证	R	进口兽药通关单
5	纺织品临时出口许可证	S	进出口农药登记证明
6	旧机电产品禁止出口	U	合法捕捞产品通关证明
7	自动进口许可证	V	人类遗传资源材料出口、出境证明
8	禁止出口商品	X	有毒化学品环境管理放行通知单
9	禁止进口商品	Z	赴境外加工光盘进口备案证明
A	检验检疫	b	进口广播电影电视节目带(片)提取单
B	电子底账	d	授外项目任务通知函
D	出/入境货物通关单(毛坯钻石用)	f	音像制品(成品)进口批准单
E	濒危物种允许出口证明书	g	技术出口合同登记证
F	濒危物种允许进口证明书	i	技术出口许可证
G	两用物项和技术出口许可证(定向)	k	民用爆炸物品进出口审批单
I	麻醉精神药品进出口准许证	m	银行调运人民币现钞进出境证明
J	黄金及黄金制品进出口准许证	n	音像制品(版权引进)批准单
L	药品进出口准许证	u	钟乳石出口批件
M	密码产品和设备进口许可证	z	古生物化石出境批件

任务四　对外贸易管制措施

一、进出口许可证管理

进出口许可证管理属于国家限制进出口管理范畴,分为进口许可证管理和出口许可证管理。商务部是全国进出口许可证管理的归口管理部门,负责制定进出口许可证管理办法及规章制度,监督、检查进出口许可证管理办法的执行情况,处罚违规行为。

(一)主管部门

商务部统一管理、指导全国各发证机构的进出口许可证签发工作。

商务部配额许可证事务局(以下简称商务部许可证局)、商务部驻各地特派员办事处(以下简称特派办)和商务部授权的地方主管部门发证机构,负责在授权内签发"中华人民共和国进口许可证"(以下简称进口许可证)、"中华人民共和国出口许可证"(以下简称出口许可证)。

(二)管理范围

1. 2019 年实行进口许可证管理的商品

我国 2019 年实行进口许可证管理的商品有重点旧机电产品和消耗臭氧层物质两类。其中,对重点旧机电产品实行进口许可证管理,对消耗臭氧层物质实行进口配额许可证管理,由商务部发证机构实行分级发证。

2. 2019 年实行出口许可证管理的商品

我国 2019 年对实行出口许可证管理的商品分别实行出口配额或出口许可证管理,具体如下。

(1)实行出口配额管理的货物。对外贸易经营者出口活牛(对港澳出口)、活猪(对港澳出口)、活鸡(对香港出口)、小麦、玉米、大米、小麦粉、玉米粉、大米粉、药料用麻黄草(人工种植)、煤炭、原油、成品油(不含润滑油、润滑脂、润滑油基础油)、锯材、棉花等货物的,凭配额文件申领出口许可证;出口甘草及甘草制品、蓢草及蓢草制品的,凭配额招标中标文件申领出口许可证。

(2)实行出口许可证管理的货物。对外贸易经营者出口活牛(对港澳以外市场)、活猪(对港澳以外市场)、活鸡(对香港以外市场)、牛肉、猪肉、鸡肉、天然砂(含标准砂)、矾土、磷矿石、镁砂、滑石块(粉)、萤石(氟石)、稀土、锡及锡制品、钨及钨制品、钼及钼制品、锑及锑制品、焦炭、成品油(润滑油、润滑脂、润滑油基础油)、石蜡、部分金属及制品、硫酸二钠、碳化硅、消耗臭氧层物质、柠檬酸、维生素 C、青霉素工业盐、白银、铂金(以加工贸易方式出口)、铟及铟制品、摩托车(含全地形车)及其发动机和车架、汽车(包括成套散件)及其底盘等货物的,需按规定申请取得出口许可证。

(三)报关规范

(1)进口许可证的有效期为一年,当年有效。特殊情况需要跨年度使用时,有效期最长不得超过次年 3 月 31 日,逾期自行失效。

(2)出口许可证的有效期最长不得超过 6 个月,且有效期截止时间不得超过当年 12 月 31 日。商务部可视具体情况,调整某些货物出口许可证的有效期。出口许可证应当在有效期内使用,逾期自行失效。

(3)进出口许可证一经签发,不得擅自更改证面内容。如需更改,经营者应当在许可证有效期内提出更改申请,并将许可证交回原发证机构,由原发证机构重新换发许可证。

(4)商务部各进出口许可证签证机构与海关对进出口许可证实施联网核查,许可证电子数据与许可证纸面证书同时作为海关验放许可证商品的依据,申报地海关在确认纸面证书与电子数据内容一致后核注许可证和验放货物,并将信息反馈至发证机构。

(5)进出口许可证实行"一证一关"(进出口许可证只能在一个海关报关)管理。一般情况下,进出口许可证为"一批一证"(进出口许可证在有效期内一次报关使用)。

为实施出口许可证联网核销,对不属于"一批一证"制的货物,出口许可证签发时应在备注栏内填注"非一批一证"。在出口许可证有效期内,"非一批一证"制货物可以多次报关使用,但最多不超过 12 次。12 次报关后,出口许可证即使尚存余额,海关也停止接受报关。

消耗臭氧层物质的出口许可证管理实行"一批一证"制,出口许可证在有效期内一次报关使用。

(6)对实行"一批一证"进出口许可证管理的大宗、散装货物,以出口为例,其溢装数量在货物总量 3% 以内的原油、成品油予以免证,其他货物溢装数量在货物总量 5% 以内的予以免证;对实行"非一批一证"制的大宗、散装货物,在每批货物出口时,按其实际出口数量进行许可证证面数量核扣,在最后一批货物出口时,应按该许可证剩余数量溢装上限,即 5%(原油、成品油溢装上限 3%)以内计算免证数额。

(7)以边境小额贸易方式出口配额管理的货物,由省级地方商务主管部门根据商务部下达的边境小额贸易配额和要求签发出口许可证。以边境小额贸易方式出口甘草及甘草制品、蔺草及蔺草制品、消耗臭氧层物质、摩托车(含全地形车)及其发动机和车架、汽车(包括成套散件)及其底盘等货物的,需按规定申领出口许可证。以边境小额贸易方式出口本款上述情形以外的目录所列货物的,免于申领出口许可证。

(8)铈及铈合金(颗粒<500 μm)、钨及钨合金(颗粒<500 μm)、锆、铍的出

口免于申领出口许可证,但需按规定申领《中华人民共和国两用物项和技术出口许可证》。

(9)我国政府对外援助项下提供的目录内货物不纳入出口配额和出口许可证管理。

(10)2019 年继续暂停对润滑油(海关商品编号 27101991)、润滑脂(海关商品编号 27101992)、润滑油基础油(海关商品编号 27101993)一般贸易出口的国有贸易管理。对外贸易经营者以一般贸易方式出口上述货物的,凭货物出口合同申领出口许可证。以其他贸易方式出口上述货物的,按商务部、发展改革委、海关总署公告 2008 年第 30 号的规定执行。

(11)加工贸易项下出口目录内货物的,按以下规定执行。

①以加工贸易方式出口属于配额管理的货物,凭配额文件、货物出口合同申领出口许可证。其中,出口甘草及甘草制品、蕛草及蕛草制品的,凭配额招标中标文件、海关加工贸易进口报关单申领出口许可证。

②以加工贸易方式出口属于出口许可证管理的货物,除另有规定以外,凭有关批准文件、海关加工贸易进口报关单和货物出口合同申领出口许可证。其中,申领润滑油、润滑脂、润滑油基础油等成品油出口许可证,需提交省级商务主管部门申请函;出口除润滑油、润滑脂、润滑油基础油以外的成品油的,免于申领出口许可证。

(12)为维护对外贸易秩序,国家对列入出口许可证管理目录内的部分货物实行指定出口报关口岸管理。企业出口该部分货物的,均须到指定的口岸报关出口。

①甘草出口的报关口岸指定为天津海关、上海海关、大连海关,甘草制品出口的报关口岸指定为天津海关、上海海关。

②天然砂出口(对台港澳地区)的报关口岸限定于企业所在省(自治区、直辖市)的海关。

③对镁砂、稀土、锑及锑制品等货物暂停实行指定口岸报关出口。

二、进口关税配额管理

关税配额管理属于限制进口,实行关税配额证管理,其主管部门为商务部和国家发展改革委。

2019 年我国实施关税配额管理的农产品有小麦、玉米、稻谷和大米、糖、羊毛及羊毛条、棉花,实施关税配额管理的工业产品为化肥(尿素、磷酸二铵、复合肥)。

(一)实行关税配额管理的农产品

农产品进口关税配额为全球关税配额,其主管部门为商务部及国家发展改革委。其中,糖、羊毛、羊毛条由商务部公布并由商务部授权机构负责办理本地区内申请,小麦、玉米、大米、棉花由国家发展改革委公布并由国家发展改革委授权机构负责受理本地区的申请。

"农产品进口关税配额证"实行"一证多批"制,自签发之日起 3 个月内有效,最迟不得超过当年 12 月 31 日。最终用户需分多批进口的,在有效期内,凭"农产品进口关税配额证"可多次办理通关手续,直至海关核注栏填满为止。对当年 12 月 31 日前从始发港出运,需在次年到货的,关税配额持有者需于当年 12 月 31 日前持装船单证及有效的《农产品进口关税配额证》到商务部委托机构申请延期,延期的《农产品进口关税配额证》有效期最迟不超过次年 2 月 28 日。

(二)实行关税配额管理的工业品

化肥进口关税配额为全球配额,商务部负责全国化肥关税配额管理工作,商务部的化肥进口关税配额管理机构负责管辖范围内化肥进口关税配额的发证、统计、咨询和其他授权工作。关税配额内化肥进口时,海关凭进口单位提交的"化肥进口关税配额证明",按配额内税率征税,并验放货物。

"化肥进口关税配额证明"有效期 3 个月,最迟不得超过当年 12 月 31 日。延期或者变更的,需重新办理,旧证撤销同时换发新证,并在备注栏中注明原证号。

三、两用物项和技术进出口许可证管理

为维护国家安全和社会公共利益,履行我国在缔结或者参加的国际条约、协定中所承担的义务,国家限制两用物项和技术进出口,对两用物项和技术实行进出口许可证管理。

(一)主管部门

商务部是全国两用物项和技术进出口许可证的归口管理部门。

商务部许可证局和受商务部委托的省级商务主管部门为两用物项和技术进出口许可证发证机构。

(二)管理范围

2019 年两用物项和技术进出口许可证管理目录,分为《两用物项和技术进口许可证管理目录》和《两用物项和技术出口许可证管理目录》两个部分(以下合并称"两用物项和技术进出口许可证管理目录"),如表 2-8 所列。

表 2-8   两用物项和技术进出口管理范围明细表

进口	出口
第一类:监控化学品(69 种),可作为化学武器的化学品、可作为生产化学武器前体的化学品、可作为生产化学武器主要原料的化学品等三类以及上述三类监控化学品的生产技术和专用设备; 第二类:易制毒化学品(48 种); 第三类:放射性同位素(10 种)	第一类:核出口管制清单所列物项和技术(159 种); 第二类:核两用品及相关技术出口管制清单所列物项和技术(204 种); 第三类:生物两用品及相关设备和技术管制清单所列物项和技术(144 种); 第四类:监控化学品管理条例名录所列物项(69 种,分类方式与进口监控化学品相同); 第五类:有关化学品及相关设备和技术出口管制清单所列物项和技术(37 种); 第六类:导弹及相关物项和技术出口管制清单所列物项和技术(186 种); 第七类:易制毒化学品,向全球出口(48 种),向缅甸、老挝、阿富汗等特定国家(地区)出口(17 种); 第八类:无人驾驶航空飞行器、飞艇等部分两用物项和技术(6 种)

(三)报关规范

(1)对以任何方式进口或出口两用物项和技术时以及过境、转运、通运列入"两用物项和技术进出口许可证管理目录"的商品,进出口经营者都应向海关提交有效的两用物项和技术进出口许可证,进出口经营者未向海关出具两用物项和技术进出口许可证而产生的相关法律责任由其自行承担。

两用物项和技术在境外与保税区、出口加工区等海关特殊监管区域、保税场所之间进出的,应向海关交验两用物项和技术进出口许可证;在境内与保税区、出口加工区等海关特殊监管区域、保税场所之间进出的,或者在上述海关监管区域、保税场所之间进出的两用物项和技术,经营者无须办理两用物项和技术进出口许可证。

(2)目录列明的物项和技术,不论该物项和技术是否在管理目录中列明海关商品编号,均应依法办理两用物项和技术进出口许可证。

(3)海关对进出口经营者进出口的货物是否属于两用物项和技术提出质疑,进出口经营者应按规定向相关行政主管部门申请进口或者出口许可,或者向商务主管部门申请办理不属于管制范围的相关证明。对进出口经营者未能出具两用物项和技术进口或者出口许可证或者商务部相关证明的,海关不予办理有关手续。

(4)根据有关行政法规的规定,出口经营者知道或者应当知道,或者得到国务院相关行政主管部门通知,其拟出口的物项和技术存在被用于大规模杀伤性武器及其运载工具风险的,无论该物项和技术是否列入"两用物项和技术进出口许可证管理目录",都应当申请出口许可,并按照本办法办理两用物项和技术出口许可证。

出口经营者在出口过程中,如发现拟出口的物项和技术存在被用于大规模杀伤性武器及其运载工具风险的,应及时向国务院相关行政主管部门报告,并积极配合采取措施中止合同的执行。

(5)两用物项和技术进口许可证实行"非一批一证"制和"一证一关"制;两用物项和技术出口许可证实行"一批一证"制和"一证一关"制。"非一批一证"制是指每证在有效期内可多次报关使用,但最多不超过 12 次,由海关在许可证背面"海关验放签注栏"内逐批核减数量;"一批一证"制是指每证只能报关使用一次;"一证一关"制是指每证只能在一个海关报关使用。

"一批一证"制的大宗、散装的两用物项在报关时溢装数量不得超过两用物项和技术出口许可证所列出口数量的 5%。"非一批一证"制的大宗、散装两用物项,每批进口时,按其实际进口数量进行核扣,最后二批进口物项报关时,其溢装数量按该两用物项和技术进口许可证实际剩余数量并在规定的溢装上限的 5% 内计算。

两用物项和技术进出口许可证有效期一般不超过 1 年,跨年度使用时,在有效期内只能使用到次年 3 月 31 日,逾期发证机构将根据原许可证有效期换发新证。

(6)两用物项和技术进出口许可证一经签发,任何单位和个人不得更改证面内容,如需对证面内容进行更改,进出口经营者应当在许可证有效期内向相关行政主管部门重新申请进出口许可,并凭原许可证和新的批准文件向发证机构申领两用物项和技术进出口许可证。

(7)两用物项和技术出口许可证实行联网核查管理,纸质许可证与许可证电子数据同时作为海关监管依据。

(8)两用物项和技术进口许可证证面的进口商、收货人应分别与海关进口货物报关单的经营单位、收货单位一致,两用物项和技术出口许可证证面的出口商和发货人应分别与海关出口货物报关单的经营单位、发货单位一致。

四、自动进口许可证管理

除国家禁止、限制进出口货物、技术外的其他货物、技术，均属于自由进出口范围。自由进出口货物、技术不受限制，但基于监测进出口情况的需要，国家对部分属于自由进口的货物实行自动进口许可证管理。

自动进口许可证管理是国家基于对这类货物的统计和监督需要而实行的一种在任何情况下对进口申请一律予以批准，具有自动登记性质的许可管理。

(一)主管部门

商务部是我国自动进口许可制度的管理部门。

商务部许可证局、各地特派办、地方发证机构及地方机电产品进出口管理机构负责自动进口许可证货物的管理和自动进口许可证的签发工作。

(二)管理范围

1. 自动进口许可证管理的商品范围

2019 实施自动进口许可证管理的货物包括两个管理目录。

(1)目录一。目录一包括由商务部发证的货物：牛肉、猪肉、羊肉、鲜奶、奶粉、木薯、大麦、高粱、大豆、油菜籽、植物油(棕榈液油、低芥子酸菜籽油等)、食糖、玉米酒糟、豆粕、烟草、二醋酸纤维丝束、原油、成品油、化肥、烟草机械、移动通信产品、卫星广播、电视设备及关键部件、汽车产品、飞机、船舶，共 26 类商品。

(2)目录二。目录二包括由商务部委托的省级地方商务主管部门或地方、部门机电办发证的货物：肉鸡、植物油(豆油、橄榄油等)、铜精矿、煤、铁矿石、铝土矿、成品油、氧化铝、化肥、钢材、工程机械、印刷机械、纺织机械、金属冶炼及加工设备、金属加工机床、电气设备、汽车产品、飞机、船舶、医疗设备，共 20 类商品。

2. 免于交验自动进口许可证的情形

进口列入《自动进口许可管理货物目录》的商品，在办理报关手续时须向海关提交自动进口许可证，但下列情形免于提交。

(1)加工贸易项下进口并复出口的(原油、成品油除外)；

(2)外商投资企业作为投资进口或者投资额内生产自用的(旧机电产品除外)；

(3)货样广告品、实验品进口，每批次价值不超过 5 000 人民币的；

（4）暂时进口的海关监管货物；

（5）进入保税区、出口加工区等海关特殊监管区域及进入保税仓库、保税物流中心的属于自动进口许可管理的货物；

（6）加工贸易项下进口的不作价设备监管期满后留在原企业使用的；

（7）国家法律法规规定其他免领自动进口许可证的。

（三）报关规范

（1）自动进口许可证有效期为 6 个月，但仅限公历年度内有效。

（2）自动进口许可证项下货物原则上实行"一批一证"管理，对部分货物也可实行"非一批一证"管理。目前对实行自动进口许可管理的货物（原油、燃料油除外），实施自动进口许可证通关作业无纸化，每份进口货物报关单仅适用一份自动进口许可证。

（3）对实行"一批一证"的自动进口许可证管理的大宗、散装货物，其溢装数量在货物总量 3% 以内的原油、成品油、化肥、钢材等四种大宗散装货物予以免证，其他货物溢装数量在货物总量 5% 以内的予以免证；对"非一批一证"的大宗、散装货物，每批货物进口时，按其实际数量核扣自动进口许可证额度数量，最后一批货物进口时，应按自动进口许可证实际剩余数量的允许溢装上限，即 5%（原油、成品油、化肥、钢材溢装上限 3%）以内计算免证数额。

（4）商务主管部门发证机构与各海关实施自动进口许可证联网核查，海关验核商务主管部门签发的自动进口许可纸面证书和自动进口许可电子数据，接受企业报关。

五、固体废物进口管理

（一）主管部门

生态环境部是进口废物的国家主管部门。申请和审批进口固体废物，按照风险最小化原则，实行"就近口岸"报关。

国家对进口可用作原料的同体废物的国内收货人及国外供货商实行注册登记制度。向中国出口可用作原料的固体废物的国外供货商和国内收货人，应当取得注册登记证书。

海关凭有效废物进口许可证及入境货物通关单办理通关手续。除另有规定外，进口固体废物不得办理转关手续（废纸除外）。

（二）管理范围

固体废物包括工业固态废物（在工业、交通等生产活动中产生的固体废物），城市生活垃圾（在城市日常生活中或者为城市日常生活提供服务的活动中产生的固态废物以及法律、行政法规规定视为城市生活垃圾的固态废物），危险废物（列入国家危险废物名录或者根据国家规定的危险物鉴别方法认定的具有危险特性的废物）以及液态废物和置于容器中的气态废物。

我国对进口废物分别实施禁止进口、限制进口、非限制进口三类管理。

(三)报关规范

不论以何种方式进口上述管理范围的固体废物，均须事先申领废物进口许可证。

(1)向海关申报进口列入《限制进口类可用作原料的废物目录》的废物，报关单位应主动向海关提交有效的废物进口许可证及其他有关单据；向海关申报进口列入《非限制进口类可用作原料的废物目录》的废物，报关单位应主动向海关提交有关单据。

(2)废物进口许可证当年有效，因故在有效期内未使用完的，企业应当在有效期届满 30 日前向发证机关提出延期申请。发证机构扣除已使用数量后重新签发固体废物相关许可证，并在备注栏中注明"延期使用"和原证号，且只能延期一次，延期最长不超过 60 日。

(3)固体废物相关许可证实行"一证一关"管理。一般情况下固体废物进口相关许可证为"非一批一证"制，在有效期内可以多次报关使用，由海关逐批签注核减进口数量，最后一批进口时，允许溢装上限为固体废物进口相关许可证实际余额的 3%；如要实行"一批一证"，应当同时在固体废物进口相关许可证备注栏内打印"一批一证"字样。

(4)海关与生态环境部对固体废物进口许可证纸面数据与废物进口许可电子数据对接，实施联网核查，并根据实际进口数量进行核销。

(5)对废金属、废塑料、废纸等重点管理废物进口，实施分类管理。进口时不得与其他非重点及不属于固体废物的货物混合装运于同一集装箱内；因特殊原因无法分装的，进口企业应在境外起运地装运前向口岸直属海关提出申请，报经海关总署批准后，须在具备监管条件的口岸现场或园区按类别进行分拣，并根据分拣后的状态，按规范要求逐项申报。对未按上述规定进口的固体废物，如无走私或违反海关监管规定的嫌疑，进口企业可办理直接退运。

(6)海关怀疑进口货物的收货人申报的进口货物为固体废物的，可以要求收货人进行固体废物属性检验，必要时，海关可以直接进行固体废物检验，并按照检验结果处理。收货人对检验结论有异议的，生态环境部会同海关总署指定专门鉴别机构对进口的货物、物品是否属于固体废物类别进行鉴别。

（7）由境外进入保税区、出口加工区、物流园区、保税港区等海关特殊监管区域和保税物流中心、保税仓库等海关保税监管场所，应向海关交验固体废物进口许可证；从海关特殊监管区域和保税监管场所进口到境内区外或者在海关特殊监管区域和场所之间进出的固体废物，无须办理固体废物进口相关许可证。

（8）海关特殊监管区域和保税监管场所不得以转口货物为名存放进口固体废物。

六、野生动植物种进出口管理

（一）主管部门

国务院林业、渔业管理部门是进出口野生动植物种的主管部门。

野生动植物进出口证书包括允许进出口证明书和物种证明，由国家濒管办或其办事处根据国家濒管办公布的管辖的区域核发。允许进出口证明书分两种，国家濒管办对应《进出口野生动植物种商品目录》保护物种管理范围，对进出口属于履行《濒危物种贸易公约》保护义务限制进出口的濒危野生动植物及其产品签发"濒危野生动植物种国际贸易公约允许进出口证明书"（以下简称"公约证明"）、对出口属于我国重点保护的野生动植物及其产品签发"中华人民共和国濒危物种进出口管理办公室野生动植物允许进出口证明书"（以下简称"非公约证明"）。国家濒管办对列入前述保护范围以外《进出口野生动植物种商品目录》中的其他野生动植物及其产品签发"非《进出口野生动植物种商品目录》物种证明"（以下简称"物种证明"）。

在境外与保税区、出口加工区等海关特殊监管区域、保税监管场所之间进出野生动植物及其产品的，申请人应当向海关交验允许进出口证明书或者物种证明。

在境内与保税区、出口加工区等海关特殊监管区域、保税监管场所之间进出野生动植物及其产品的，或者在上述海关特殊监管区域、保税监管场所之间进出野生动植物及其产品的，无须办理允许进出口证明书或者物种证明。

《濒危物种贸易公约》附录所列野生动植物及其产品需要过境、转运、通运的，不需申请核发野生动植物进出口证书。

（二）允许进出口证明书管理范围及报关规范

1. 管理范围

对列入《进出口野生动植物种商品目录》中属于《濒危物种贸易公约》成员

方应履行保护义务的物种和我国自主规定管理的野生动植物及其产品,包括含野生动植物成分的药品、食品,不论以何种方式进出口,均需事先申领允许进出口证明书。

2. 报关规范

(1)向海关申报进出口列入《进出口野生动植物种商品目录》中属于履行《濒危物种贸易公约》保护义务限制进出口的濒危野生动植物及其产品和出口属于我国重点保护的野生动植物及其产品的,经营者应当主动申报并同时提交有效的允许进出口证明书和其他单证,按照证书规定的种类、数量、期限完成进出口活动。

(2)经营者须在允许进出口证明书载明的进出口口岸办理报关手续;允许进出口证明书实行"一批一证"制度,有效期不得超过 180 天。

(三)物种证明适用范围及报关规范

1. 适用范围

对进出口列入《进出口野生动植物种商品目录》中适用允许进出口证明书管理以外的其他列入该目录的野生动植物及相关货物或物品、含野生动植物成分的纺织品,均须事先申领物种证明。

2. 报关规范

(1)物种证明由国家濒管办统一按确定格式制作,不得转让或倒卖。证面不得涂改、伪造。

(2)物种证明分为"一次使用"和"多次使用"两种。

①一次使用的物种证明有效期自签发之日起不得超过 180 天,多次使用的物种证明有效期不得超过 360 天。

②多次使用的物种证明只适用于同一物种、同一货物类型在同一报关口岸多次进出口的野生动植物及其产品。

(3)进出口企业必须按照物种证明规定的口岸、方式、时限、物种、数量和货物类型等进出口野生动植物,对于超越物种证明中任何一项许可范围的申报行为,海关均不予受理。

(4)海关对经营者进出口的商品或者物品是否为濒危野生动植物及其产品或者是否含有濒危野生动植物种成分提出质疑的,经营者应按海关的要求,向国家濒管办或其办事处申领物种证明;属于允许进出口证明书管理范围的,应申领允许进出口证明书。经营者未能出具证明书或物种证明的,海关不予办理有关手续。

（5）对进出境货物或物品包装或说明中标注含有《进出口野生动植物种商品目录》所列野生动植物成分的，经营者应主动如实向海关申报，海关按实际含有该野生动植物的商品进行监管。

七、进出口药品管理

进出口药品从管理角度可分为进出口麻醉药品、进出口精神药品、进出口兴奋剂及进口一般药品。

（一）主管部门

国家药品监督管理局是进出口药品的主管部门。

允许药品进口的口岸由国家药品监督管理局会同海关总署提出，报国务院批准。目前，国务院批准的允许进口药品的口岸有北京、天津、上海、大连、青岛、成都、武汉、重庆、厦门、南京、杭州、宁波、福州、广州、深圳、珠海、海口、西安、南宁 19 个城市所在地直属海关所辖关区口岸。

（二）麻醉药品和精神药品进出口管理范围及报关规范

1. 管理范围

进出口列入"麻醉药品和精神药品管制品种目录"的药品属于麻醉药品范围的包括鸦片、可卡因、大麻、海洛因及合成麻醉药类和其他易成瘾癖的药品、药用原植物及其制剂；属于精神药品范围的包括含精神药品标准品及对照品，如咖啡因、脱氧麻黄碱、复方甘草片等。

2. 报关规范

（1）向海关申报进出口麻醉药品和精神药品管理范围的药品，报关单位应主动向海关提交有效的麻醉药品或精神药品进出口准许证及其他有关单据。

（2）麻醉药品和精神药品进出口准许证仅限在该证注明的口岸海关使用，并实行"一批一证"制度，证面内容不得自行更改，如需更改，应到国家药品监督管理局办理换证手续。

（三）兴奋剂进出口管理范围及报关规范

1. 管理范围

进出口列入《兴奋剂目录》的药品，包括蛋白同化制剂品种、肽类激素品种、麻醉药品品种、刺激剂（含精神药品）品种、药品类易制毒化学品品种、医疗用毒性药品品种、其他品种七类。

2. 报关规范

(1)进出口列入《兴奋剂目录》的精神药品、麻醉品、医疗用毒性药品,进出口单位应按照药品进出口管理规定,申领相关许可证件,向海关办理通关验放手续。

(2)根据《蛋白同化制剂、肽类激素进出口管理办法》的相关规定,国家对蛋白同化制剂、肽类激素实行进出口准许证管理。

(四)一般药品进口管理范围及报关规范

1. 管理范围

(1)进口列入《进口药品目录》的药品;

(2)进口列入《生物制品目录》的药品;

(3)首次在中国境内销售的药品;

(4)进口暂未列入《进口药品目录》的原料药的单位,必须遵守《进口药品管理办法》中的各项有关规定,主动到各口岸药品检验所报验;

(5)进口两用物项许可证管理的易制毒化学品,且属《易制毒化学品管理条例》中第一类(可用于制毒的主要原料)中的药品,还应当提交药品监督管理部门出具的进口药品通关单。

2. 报关规范

(1)向海关申报进口列入管理目录中的药品,报关单位应主动向海关提交有效的进口药品通关单及其他单据。

(2)进口药品通关单仅限在该单注明的口岸海关使用,并实行"一批一证"制度,证面内容不得更改。

(3)目前,一般药品出口暂无特殊的管理要求。

八、其他货物进出口管理

(一)密码产品和含有密码技术的设备进口许可证管理

1. 主管部门

国家密码管理局是商用密码产品和含有密码技术设备进口的国家主管部门。

2. 管理范围

商用密码产品和含有密码技术的设备进口管理范围包括列入《密码产品和技术的设备进口管理目录》以及虽暂未列入目录但含有密码技术的进口商品。

3. 报关规范

对外贸易经营者进口列入《密码产品和技术的设备进口管理目录》的商品以及含有密码技术但暂未列入管理目录的商品,在组织进口前应事先向国家密码管理局申领密码进口许可证,凭此向海关办理通关手续。

(二)艺术品进出口管理

1. 主管部门

文化和旅游部是艺术品经营活动的主管部门。

2. 管理范围

艺术品进出口活动应当遵守国家有关法律、法规,其主要管理事项如下。

(1)纳入我国进出口管理的艺术品是指绘画作品、书法篆刻作品、雕塑雕刻作品、艺术摄影作品、装置艺术作品、工艺美术作品等及上述作品的有限复制品,不包括文物。

(2)禁止经营以下艺术品:走私、盗窃等来源不合法的艺术品;伪造、变造或者冒充他人名义的艺术品;除有合法手续、准许经营的以外,法律、法规禁止交易的以动物、植物、矿物、金属、化石等为材质的艺术品。

(3)个人携带、邮寄艺术品超过海关认定的自用、合理数量,海关要求办理进出口手续的,应当按对艺术品经营单位的规定办理审批文件。

3. 报关规范

(1)向海关申报进出口管理范围内的艺术品,报关单位应主动向海关提交有效的进出口批准文件及其他有关单据。

(2)艺术品进出口单位向海关提交的批准文件不得擅自更改。如需更改,应当及时将变更事项向审批部门申报,经审批部门批准确认后方可变更。

(3)同一批已经批准进口或出口的艺术品复出口或复进口,进出口单位可持原批准文件正本到原进口或出口口岸海关办理相关手续,文化行政部门不再重复审批。上述复出口或复进口的艺术品如与原批准内容不符,进出口单位应当到文化行政部门重新办理审批手续。

(三)音像制品进口管理

1. 主管部门

进口用于出版的音像制品以及进口用于批发、零售、出租等的音像制品成品,应当报主管部门进行内容审查,经审查批准并取得"进口音像制品批准单"

后方可进口,进口单位持"进口音像制品批准单"向海关办理进口报关手续。

2. 管理范围

(1)进口音像制品指从外国进口音像制品和进口用于出版、批发、零售、出租(包括利用信息网络出版)及其他用途的音像制品,包括录有内容的录音带、录像带、唱片、激光唱盘和激光视盘等。

(2)音像制品用于广播电视播放的,适用广播电视法律、行政法规。

(3)国家禁止进口的音像制品。

3. 报关规范

(1)向海关申报进口音像制品,报关单位应当主动申报并向海关提交有效的"进口音像制品批准单"及其他有关单据。

(2)"进口音像制品批准单"内容不得更改,如需更改,应重新办理。"进口音像制品批准单"一次报关使用有效,不得累计使用。其中,属于音像制品成品的,批准单当年有效;属于用于出版的音像制品的,批准单有效期为一年。

(3)在经批准进口出版的音像制品版权授权期限内,音像制品进口经营单位不得进口该音像制品成品。

(4)随机器设备同时进口及进口后随机器设备复出口的记录操作系统、设备说明、专用软件等内容的音像制品,无须申领"进口音像制品批准单",海关凭进口单位提供的合同、发票等有效单证验放。

(5)进口用于展览、展示的音像制品,由展览、展示活动主办单位提出申请,并将音像制品目录和样片报国家主管机关进行内容审查,海关按暂时进口货物管理。用于展览、展示的进口音像制品确需在境内销售、赠送的,在销售、赠送前,必须依照规定按成品进口重新办理批准手续。

(四)黄金及其制品进出口管理

1. 主管部门

中国人民银行是黄金及黄金制品进出口主管部门。

2. 管理范围

列入中国人民银行、海关总署联合发布的《黄金及其制品进出口管理目录》的黄金及其制品。

3. 报关规范

(1)中国人民银行根据国家宏观经济调控需求,可以对黄金及制品进出口的数量进行限制性审批。对黄金及制品进出口实行准许证制度。列入《黄金及其制品进出口管理目录》的黄金及制品进口或出口通关时,应当向海关提交中国人民银行及其分支机构签发的"黄金及其制品进出口准许证"。黄金及其制品进出口管理属于我国进出口许可管理制度中限制进出口管理范畴。

(2)进出口单位以下列贸易方式进出口黄金及制品的,应办理"黄金及其制品进出口准许证":一般贸易,加工贸易转内销及境内购置黄金原料以加工贸易出口黄金制品的,海关特殊监管区域、保税监管场所与境内区外进出口的,个人、法人或者其他组织因公益事业捐赠进口黄金及黄金制品的。

(3)通过加工贸易方式进出的,海关特殊监管区域、保税监管场所与境外之间进出的,海关特殊监管区域、保税监管场所之间进出的,以维修、退运、暂时进出境方式进出境的黄金及其制品免于办理"黄金及其制品进出口准许证"。

(五)民用爆炸物品进出口管理

1. 主管部门

工业和信息化部(以下简称工信部)为国家进出口民用爆炸物品的主管部门,负责民用爆炸物品进出口的审批;公安机关负责民用爆炸物品境内运输安全监督管理;海关负责民用爆炸物品进出口环节的监管。

2. 管理范围

管理范围包括用于非军事目的、列入我国《民用爆炸物品品名表》的各类工业炸药及其制品,工业雷管,民用爆炸器材等。

3. 报关规范

(1)企业进出口民用爆炸物品的,凭"民用爆炸物品进/出口审批单"向口岸海关办理进出口手续。报关单位应主动向海关提交有效的"民用爆炸物品进/出口审批单"及其他有关单据。"民用爆炸物品进/出口审批单"实行"一批一单"和"一单一关"管理。

(2)海关无法确定进出口物品是否属于民用爆炸物品的,由进出口企业将物品样品送交具有民用爆炸物品检测资质的机构鉴定,海关依据有关鉴定结论实施进出口管理。

(3)进出口企业申请退运民用爆炸物品时,应当向工信部办理进/出口审批手续。申请退运时需提交申请文件、退运保函、原《民用爆炸物品进/出口审批单》及相应报关单。工信部审核通过后核发《民用爆炸物品进/出口审批单》,其中"申请进/出口用途及理由"标明"退运货物"。退运报关时,海关对所退运的货物进行审核验放。

（4）民用爆炸物品在海关特殊监管区域或者保税监管场所与境外之间进出的，应当向海关提交"民用爆炸物品进/出口审批单"；民用爆炸物品在海关特殊监管区域或者保税监管场所与境内之间进出的，或者在海关特殊监管区域或者保税监管场所之间进出的，无须办理"民用爆炸物品进/出口审批单"。

（六）有毒化学品管理

进出口单位向海关申报进出口有毒化学品时应主动提交"有毒化学品进（出）口环境管理放行通知单"，进出口数量以"有毒化学品进出口环境管理放行通知单"所列数量为限，不允许溢装；"有毒化学品进出口环境管理放行通知单"实行电子数据联网核查，一份报关单对应一份通知单。

（七）农药进出口管理

农业农村部是国家农药进出口的主管部门。

"农药进出口登记管理放行通知单"实行"一批一证"管理，进出口一批农药产品，办理一份通知单，对应一份海关进出口货物报关单。通知单一式两联，第一联由进出口单位交海关办理通关手续，由海关留存，与报关单一并归档，第二联由农业农村部留存。

（八）兽药进口管理

兽药进口管理是指农业农村部依据《进口兽药管理办法》，对进出口兽药实施监督管理。

进口兽药实行目录管理，《进口兽药管理目录》由农业农村部会同海关总署制定、调整公布。企业进口列入《进口兽药管理目录》的兽药，应向进口口岸所在地省级人民政府兽医行政管理部门申请办理"进口兽药通关单"，进口单位进口时，需持"进口兽药通关单"向海关申报，海关按货物进口管理的相关规定办理通关手续。"进口兽药通关单"实行"一单一关"制，在30日有效期内只能一次性使用。

（九）水产品捕捞进口管理

农业农村部、海关总署对"合法捕捞产品通关证明"实行联网核查。农业农村部不再签发纸质版"合法捕捞产品通关证明"，有关单位向农业农村部申领"合法捕捞产品通关证明"，办结后，农业农村部授权的中国远洋渔业协会通知申请单位，并实时将"合法捕捞产品通关证明"电子数据传输至海关，海关凭电子数据接受企业报关。

申请"合法捕捞产品通关证明"时，应提交由船旗国政府主管机构签发的合法捕捞证明原件。如在船旗国以外的国家或地区加工的上述清单所列产品进入我国,申请单位应提交由船旗国政府主管机构签发的合法捕捞产品副本和加工国或者地区授权机构签发的再出口证明原件。

情境操作指导

一、核实对外贸易管制措施

上海 YY 报关公司的报关员小王首先核实了发货人提供的商品名称及商品编码情况,确认编码无误。该商品的监管代码为"46Axy",其中的"4"适用该批货物的出口申报,表明该批货物的出口申报需要向海关提供"出口许可证"。

另外,摩托车产品的出口企业需要获得资质认定。小王登录商务部网站,按"首页＞政策发布＞对外贸易管理"的路径找到了一条标题为"商务部 工业和信息化部 海关总署 国家认监委公告 2017 年第 84 号 公布 2018 年度符合申请汽车、摩托车、非公路用两轮摩托车及全地形车出口许可证条件企业名单"的公告,内容如图 2-8 所示。

商务部 工业和信息化部 海关总署 国家认监委公告2017年第84号 公布2018年度符合申请汽车、摩托车、非公路用两轮摩托车及全地形车出口许可证条件企业名单

来源：商务部对外贸易司 类型： 原创 分类：政策 2017-12-15 17:13

【发布单位】商务部 工业和信息化部 海关总署 国家认监委
【发布文号】公告2017年第84号
【发布日期】2017年12月11日

为做好汽车、摩托车产品出口管理工作,根据《商务部 工业和信息化部 海关总署 质检总局 国家认监委关于进一步规范汽车和摩托车产品出口秩序的通知》(商产发〔2012〕318号),商务部、工业和信息化部、海关总署、国家认监委审核确定了2018年度符合申领汽车和摩托车产品出口许可证条件的企业名单,现予以公布。

附件：1.2018年度符合申领汽车出口许可证条件企业名单
2.2018年度符合申领摩托车出口许可证条件企业名单
3.2018年度符合申领非公路用两轮摩托车及全地形车出口许可证条件企业名单

图 2-8　公告

打开"附件 2"链接的页面,小王核实确认上海 XX 摩托车有限公司具有申领摩托车出口许可证的条件,可以申领出口许可证。

二、审核资料数据

小王审查了上海 XX 摩托车有限公司提供的报关资料,着重检查了出口许可证内容与其他报关资料数据的一致性。在确认所有的报关材料齐全、数据准确后,向海关进行了申报。

出口许可证的内容如表 2-9 所列。

表 2-9　中华人民共和国出口许可证

EXPORT LICENCE OF THE PEOPLE'S REPUBLIC OF CHINA　　No. 7018173

1. 出口商: Exporter: 上海 XX 摩托车有限公司 (913100007XXX98223N)	3. 出口许可证号: Export licence No.: 18-XX-60138
2. 发货人: Consignor: 上海 XX 摩托车有限公司 (913100007XXX98223N)	4. 出口许可证有效截止日期: Export licence expiry date: 　　　年　　　月　　　日
5. 贸易方式: Terms of trade: 一般贸易	8. 进口国(地区): Country/Region of purchase: 西班牙
6. 合同号: Contract No.: SP2018056	9. 支付方式: Payment conditions: 信用证
7. 报关口岸: Place of clearance: 浦东海关	10. 运输方式: Mode of transport: 水路运输
11. 商品名称: Description of goods: XX 牌四冲程摩托车(排气量≤50cc)	商品编码: Code of goods: 8711100010

（续表）

12. 规格、等级 Specification	13. 单位 Unit	14. 数量 Quantity	15. 单位(USD) Unit price	16. 总值(USD) Amount	17. 总值折美元 Amount in USD
XS50Q-5	辆	16	430	6 880	6 880
18. 总计 Total	辆	16		6 880	6 880

19. 备注 Supplementary details	20. 发证机关签章 Issuing authority' stanp & sigrature 21. 发证日期 Licence date：　　　　年　　　月　　　日

思考练习

一、不定项选择题

1. 按照法律规定，下列不列入报关范围的是（　　　）。

    A. 进出境运输工具　　　　　　B. 进出境货物

    C. 进出境物品　　　　　　　　D. 进出境旅客

2. 首次注册的报关单位，其海关管理信用级别为（　　　）。

    A. 高级认证企业　　　　　　　B. 一般认证企业

    C. 一般信用企业　　　　　　　D. 失信企业

3. 关于报关单位的注册（备案）登记的描述，正确的有（　　　）。

    A. 企业在海关注册登记或者备案后，将同时取得报关报检资质

    B. 企业无须办理报关人员备案即可报关

    C. 进出口货物收发货人和报关企业在注册（备案）时提交的材料相同

    D. 企业可通过"单一窗口"向海关提交注册（备案）申请

4. 关于 AEO 认证的描述，正确的有（　　　）。

    A. 海关对高级认证企业应当每 3 年重新认证一次，对一般认证企业不定期
       重新认证

    B. 未通过认证的企业 1 年内不得再次向海关提出认证申请

C. 认证企业被海关调整为失信企业管理的,1年内不得申请成为一般信用企业

D. 高级认证企业被海关调整为一般认证企业管理的,1年内不得申请成为高级认证企业

5. 一般认证企业适用的管理原则和措施包括(　　　)。

A. 进出口货物平均查验率在一般信用企业平均查验率的 20%以下

B. 优先办理进出口货物通关手续

C. 可以向海关申请免除担保

D. 适用汇总征税制度

6. 自被海关认定为失信企业之日起连续(　　　)年未发生构成失信企业情形的才可认定为一般信用企业。

A. 半　　　　　　B. 1　　　　　　C. 2　　　　　　D. 3

7. 报关企业有下列情形之一的,海关认定为失信企业(　　　)。

A. 1年内违反海关监管规定行为次数超过上年度报关单等相关单证总票数万分之五或者被海关行政处罚金额累计超过 30 万元的

B. 未按照规定向海关提交"企业信用信息年度报告",被海关列入信用信息异常企业名录超过 90 日的

C. 向海关隐瞒真实情况或者提供虚假信息,影响企业信用管理的

D. 拖欠应缴税款或者拖欠应缴罚款的

8. 报关单位信用等级的管理措施包括(　　　)。

A. 因企业信用状况认定结果不一致导致适用的管理措施相抵触的,海关按照就低原则实施管理

B. 认证企业涉嫌违反海关监管规定被立案调查的,海关可以暂停适用相应管理措施,海关暂停适用相应管理措施的,按照一般信用企业实施管理

C. 在海关备案的报关企业分支机构,其信用等级应当与所属报关企业信用等级保持一致

D. 企业因进口禁止进境的固体废物违反海关监管规定,被海关行政处罚的,1年内不得申请适用海关认证企业管理

9. "一次申报、分步处置"的新型通关管理模式下,在企业完成报关和税款"自报自缴"手续后,安全准入风险和税收征管要素风险分别在(　　　)处置。

A. 口岸通关现场,货物放行后　　　B. 受理申报海关现场,货物放行后

C. 口岸通关现场,货物放行前　　　D. 受理申报海关现场,货物放行前

10. 某报关企业接到客户关于以一般贸易方式进口 GSM 数字式手持无线电话机(商品编码为 8517121019)有关监管政策的咨询,下列答复正确的是

（　　）。

A. 申请领密码产品和设备进口许可证,办理法定检验手续

B. 申领自动进口许可证,办理法定检验手续

C. 只需申领自动进口许可证

D. 禁止进口

二、查询商品的监管条件

请查询以下商品的监管条件,并说明进出口时需要向什么部门办理什么许可证件。

序号	商品编码	商品名称	监管条件
1	0105941000	超过 185 克改良种用鸡	
2	0203220010	冻带骨野猪前腿肉	
3	2710199100	润滑油	
4	2909110000	乙醚	
5	4401390000	锯末	
6	3926300000	塑料制家具	
7	6204520000	棉制女式裙子	
8	8456301010	数控放电加工机床	
9	8703223090	小轿车	
10	8516102000	即热式电热水器	

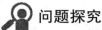 问题探究

2017 年 12 月 28 日,重庆通耀铸锻有限公司一票申报出口至美国的 19.93 吨车辆装配用件,在重庆海关隶属黔江海关办结相关手续,总价 27.33 万元,这是黔江海关正式开关当日办理的首票海关业务。

讨论 1:为什么会在重庆市黔江区设立海关?

讨论 2:黔江海关属于什么级别的海关?

项目三　国际货物运输

【知识目标】
1. 熟悉国际货物运输的基础知识。
2. 熟悉国际海上货物运输、航空货物运输的相关内容。
3. 理解班轮运输、集装箱业务、航空集中托运、中欧班列及多式联运的相关内容。
4. 掌握不同运输方式的主要运输线、口岸与运费计算。

学习目标

【能力目标】
1. 能根据客户需求选择适合的运输方式与运输线。
2. 能计算不同情况下的运费，并据此选择运输方案。

项目情境

新入职的国际报关与货运专业毕业生小王根据公司的新员工轮岗安排，到货运代理部门学习相关业务内容，恰好公司的客户发来了询价，经理让他一起参与讨论报价与方案。

传统的海运业务方面，新客户 A 公司有一笔家居产品订单需发货至德国汉堡，该客户也是初次出口该类产品，希望我们能在运输方式的选择上给出一些建议。

长期客户 B 公司有一批大宗防疫物资已经通过海运起运，初始目的地为洛杉矶，因美国当地需求发生变化，希望可以运至纽约，客户联系我们咨询后续运至纽约的方案及相关费用。

空运方面，由于疫情原因，国内出发的大量的国际航班取消，货运舱位供给不足，运力极度紧张，客户 C 公司的询价为出口医药产品，目的地为纽约。因为青岛至纽约没有直达航班，通常会采用汽运至北京再安排航班飞往纽约，但疫情期间因各方面的限制航班的航次减少了很多，航线已经出现严重的爆仓，原先几天就能安排上飞机的包裹，可能要等十几天，同时公路汽运的时效也受到影响，客户希望我们能给出一个可以尽快运抵目的地的可行性方案。

项目分解

该项目情境涉及运输方案与路径的选择,为了完成该项目我们需要国际货物运输多方面的知识储备,学习基础知识后,可将项目具体分解为以下 3 个方面。

(1)根据货物情况对运输方式进行合理选择;

(2)正确地计算运费;

(3)结合货物特性、客户需求、运费与运输时效等确定运输方案。

任务一　国际货物运输基础知识

一、国际货物运输的含义与特点

国际货物运输是货物在国家与国家、国家与地区之间的运输,是国际贸易的重要环节,从贸易的角度来说,国际货物运输也是一种无形的国际贸易。

国际货物运输可分为贸易物资运输和非贸易物资(如展览品、个人行李、办公用品、援外物资等)运输两种。由于国际货物运输主要是贸易物资的运输,所以国际货物运输通常也被称为国际贸易运输。

国际货物运输与国内货物运输相比具有环节多、关系人众多、时间性强、政治法律环境复杂、风险大等特点。

二、国际货物运输的构成

国际货物运输主要由国际运输的关系方、国际运输工具和国际运输方式三个方面构成。

(一)国际货物运输的关系方

1. 承运人(carrier)

承运人是指专门经营水上、铁路、公路、航空等客货运输业务的交通运输部门,如轮船公司、铁路或公路运输公司、航空公司等,它们一般都拥有大量的运输工具,为社会提供运输服务。

2. 货主(cargo owner)

货主指专门经营进出口商品业务的外贸部门或进出口商,多为国际贸易运输工作中的托运人(shipper)或收货人(consignee)。

3. 运输代理人(forwarder)

运输代理人指根据货主或承运人的要求,代办国际贸易货物运输业务的中间人,它们在承运人与货主之间起着桥梁作用。

目前,国际货物运输的代理人主要有货运代理,租船代理,船务代理,咨询代理等。以上各类代理之间的业务往往互相交错,如不少船务代理也兼营货运代理,有些货运代理也兼营船务代理等。

(二)国际货物运输工具

1. 包装工具

包装工具包括包装机械、充填包装机械、灌装机械、封口机械、贴标机械、捆扎机械、热成型包装机械、真空包装机械和其他机械。

2. 集装工具

集装工具主要有集装箱、托盘和集装袋等。

3. 运输工具

运输工具主要有汽车、火车、船舶、飞机和管道等。

4. 装卸搬运工具

装卸搬运工具主要有起重机械、装卸备运车辆、连续输送机械和散装机械等。

(三)国际运输方式

根据使用的运输工具的不同,国际货物运输主要分为海洋运输、铁路运输、航空运输、公路运输、邮包运输、管道运输、集装箱运输、大陆桥运输以及由各种运输方式组合而成的国际多式联运等方式。组织国际货物运输,必须正确选择运输方式和管理组织方式。

不同的运输方式各有特点,具体见表3-1。我们应根据进出口货物的性质、运量的大小、路程的远近、任务的缓急、成本的高低、装卸地的条件、法令制度与惯例、气候与自然条件以及国际社会与政治状态等因素来选择运输方式,以便高效、顺利地实现国际运输的目的。

表 3-1　不同运输方式比较

运输方式	优点	缺点	主要运输对象
水运 （海洋/内河）	1. 运量大 2. 成本低 3. 适于超长超宽笨重的货物运输	1. 运输速度慢 2. 港口装卸费用较高 3. 航运受天气影响大 4. 运输正确性和安全性较差	长途的低价值、高密度大宗货物，比如矿产品、大宗散装货、化工产品、远洋集装箱等。
铁路	1. 大批量货物能一次性有效运送 2. 运费负担小 3. 轨道运输，相对安全 4. 铁路运输网完善， 5. 可运达各地 6. 受自然和天气影响小，运输准时性较高	1. 近距离运输费用高 2. 不适合紧急运输需求 3. 由于需要配车编组，中途停留时间较长 4. 非沿线目的地需汽车转运 5. 装卸次数多，货损率较高	长途、大量、低价、高密度商品，比如采掘工业产品、重工业产品及原科、制造业产品及原科、农产品等。
民航	1. 运输速度快 2. 安全性高	1. 运费高 2. 重量、体积受限制 3. 可达性差 4. 受气候条件限制	高价、易腐烂或急需的商品
公路	1. 可以进行门到门运输 2. 适合于近距离运输，较经济 3. 使用灵活，可以满足多种需要 4. 输送时包装简单、经济	1. 装载量小 2. 长距离运输费用较高 3. 环境污染较严重 4. 燃料消耗大	短距离具有高价值的加工制造产品和日用消费品，比如纺织和皮革制品、橡胶和塑料制品、润滑金属产品、通信产品、零部件等
管道	1. 运量大 2. 安全可靠 3. 连续性强	1. 灵活性差 2. 建设投入大 3. 仅适用特定货物	石油、天然气、煤浆

情境项目解析

客户 A 公司需要我们给出运输方式上的建议，根据上表分析，货物为家居产品,密度较大,且适合集装箱运输,相对货值不高,从货物特性与运输成本角度考虑适合水运,也就是海洋运输。

三、国际货物运输对象

国际货物运输的对象就是国际货物运输部门承运的各种进出口货物,如原料、材料、工农业产品、商品以及其他产品等,它们的形态和性质各不相同,对运输、装卸、保管也各有不同的要求。可以从货物的形态、性质、重量、运量等不同角度对国际货物运输的对象进行简单的分类。

(一)从货物性质的角度分类

1. 普通货物

普通货物即没有特殊性质和运输需要特别注意的货物,可分为清洁货物、液体货物、粗劣货物等。

2. 特殊货物

特殊货物为具有某些特殊性质和运输过程中需要特别注意的货物,可细分为危险货物、冷藏货物、贵重货物、活的动植物、长大、笨重货物等。

按照港口收费规定和运价表规定,通常将单件重量为 5 吨以上的货物称为重件货物,将长度超过 12 米的货物视为长大件货物。

(二)从货物重量的角度分类

1. 重质货物

凡 1 吨重量的货物,如果体积小于 1 立方米,称为重质货物。

2. 轻泡货物

轻泡货物又称为体积货物,凡 1 吨重量的货物,如果体积大于 1 立方米,称为轻泡货物。

(三)从货物形态的角度分类

1. 包装货物

为了保证货物在装卸运输中的安全和便利,必须使用一些材料对它们进行适当的包装,这种货物叫作包装货物,通常可分为箱装货物、桶装货物、袋装货物、捆装货物等。

2. 裸装货物

裸装货物又称无包装货物。常见的有各种钢材、生铁、有色金属以及车辆和一些设备等。

3. 散装货物

在运输中，没有包装且一般无法清点件数的大批量低价货物，采用散装方式，以利于使用机械装卸作业进行大规模运输，降低运费。散装货物包括干质散装货物和液体散装货物，如煤炭、铁矿、磷酸盐、木材、粮谷、工业用盐、硫黄、化肥和石油等。

(四)从货物运量大小的角度分类

1. 大宗货物

大宗货物是指运量很大的同批(票)货物，如化肥、粮谷、煤炭等，占世界海运总量的 $75\%\sim80\%$。

2. 件杂货物

大宗货物以外的货物称为件杂货物，一般具有包装，可分件点数，约占世界海运总量的 25%，但在货价方面要占到 75%。

四、货物的丈量、衡重及积载因数

货物的重量和体积，是承托人之间计算运费的主要依据，也是港航方制定配积载和装卸货计划的重要依据。要确切地掌握货物的体积、重量，必须对货物进行正确的丈量和衡重。

(一)货物的丈量

货物的丈量，也称量尺，是指测算货物外形的体积。其体积的计算不是以货物的实际体积为依据，而是以货物在运输时对舱容的占用来确定。

货物的丈量体积是指货物外形最大处长、宽、高三个尺码组成的立方体的体积。即丈量体积＝最大长度×最大宽度×最大高度，此方法称为满尺丈量，俗称"逢大量"的方法。

(二)货物的衡重

货物衡重是指衡定货物重量的真实数据。

货物的重量是耗费船舶载重吨的主要因素，水运企业凭以收取运费、制定积载和装卸计划等。

货物的衡重工作通常使用的衡制有三种，一种是公制单位，这是国际上通用的重量单位，如吨，用 M/T 表示；一种是美制单位，美洲国家多使用，如短吨，用 S/T 表示；一种是英制单位，欧美国家多使用，如长吨，用 L/T 表示。

(三)货物的积载因数

货物积载因数是配积载工作中一个十分重要的数据。

货物积载因数(STOWAGE FACTOR,简写 S.F.)是指某种货物每一吨重量所具有的体积或在船舶货舱中正常装载时所占有的容积。前者为不包括亏舱的货物积载因数,俗称理论积载因数;后者为包括亏舱的货物积载因数。计算式分别为

1. 不包括亏舱的货物积载因数

$$S.F.=V/Q$$

式中,S.F.是货物的积载因数,V 是货物的量尺体积,Q 是货物的重量。

2. 包括亏舱的货物积载因数

$$S.F.'=W/Q$$

式中,S.F.$'$ 是货物的积载因数,W 是货物占用货舱的容积,Q 是货物的重量。

任务二   国际海上货物运输

世界上国际贸易货物有 2/3 以上是通过海上运输的。国际海上货物运输伴随着国际贸易而开展,其活动范围广阔、航行距离长、运输风险大,最适于承担运量大、运距长、对时间要求不紧、运费负担能力相对较低的货运任务,其经营活动要受到有关国际公约和各国法律的约束,也要受到国际航运市场的影响。

一、国际海运船舶营运方式

国际海上货物运输,按照船舶运营方式分为班轮运输和租船运输。

1. 班轮运输(liner transport)

班轮运输又称定期船运输,简称班轮(liner),是指船舶在固定航线上和固定港口之间按事先公布的船期表和运费率往返航行,从事客、货运输业务的一种运输方式。班轮运输比较适合于运输小批量的货物。

班轮运输具有以下特点。

(1)具有"四固定"的基本特点。即船舶按照固定的船期表,沿着固定的航线和港口往返运输,并按相对固定的运费率收取运费。

（2）具有"一计二不计"的特点。即运价内已包括装卸费用，货物由承运人负责配载装卸。船货双方不计算滞期费和速遣费。

（3）船货双方的权利、义务、责任、豁免等，以船方签发的提单条款为依据。

（4）班轮承运的货物品种、数量比较灵活，货运质量较有保证，且一般采取在码头仓库交接货物，故为货主提供了较便利的条件。

2. 租船运输（shipping by chartering）

租船运输又称不定期船运输，没有预定的船期表、航线、港口，船舶按租船人和船东双方签订的租船合同规定的条款完成运输服务。根据协议，船东将船舶出租给租船人使用，完成特定的货运任务，并按商定运价收取运费。

采用租船运输的货物主要是低价值的大宗货物，例如煤炭、矿砂、粮食、化肥、水泥、木材、石油等。一般都是整船装运，运量大，运价比较低，并且运价随市场行情的变化波动。

在租船运输中，货物的装卸费按船东和租船人的协商在租船合同中做出具体规定；此外还有约定期限的光船租船方式，船舶出租人提供的船舶不配备船员，在约定的期间内由租船人占有、使用和营运船舶，并向出租人支付租金。

二、海运航线和港口

1. 世界海上运输航线

海运航线是指船舶在两个或多个港口之间，从事海上旅客和货物运输的线路。

航线按船舶营运方式划分定期航线和不定期航线，定期航线又称班轮航线，主要装运杂货；不定期航线是临时根据货运的需要而选择的航线，船舶、船期、挂靠港口均不固定，是以经营大宗、低价货物运输业务为主的航线。

航线按航程的远近可分为近洋航线与远洋航线。

2. 港口

港口是水运的起点和终点，是船舶进出的水陆交接口岸，它既为海上运输服务，又为内陆运输服务。客货运输无论从船舶转入陆运工具，还是由陆运工具转入船舶，都离不开港口的服务工作。所以，一个现代化的港口，实际也是城市海陆空立体交通的总管，是"综合运输体系"的中心。

目前，世界上共有大小港口 3 000 多个，国际贸易港约 2 400 个，分属 145 个国家，其中吞吐量超过 1 亿吨的港口有 10 多个。

班轮运价表中载明的班轮定期或经常靠泊的港口称为基本港，大多是航线上较大的口岸,货载多而稳定。在计算运费时,只按基本运费率和有关附加费计收,不论是否转船,不收转船附加费或直航附加费。

国际上主要的港口有荷兰的鹿特丹(Rotterdam)、美国的纽约(New York)、新奥尔良(New Orleans)和休斯敦(Huston)、日本的神户(Kobe)和横滨(Yokohama)、比利时的安特卫普(Antwerp)、新加坡(Singapore)、法国的马赛(Marshalls)、英国的伦敦(London)等。

我国沿海现有大小港口 158 个,其中万吨级以上的深水泊位有 2 444 个。目前,我国对外开放的港口主要有大连港、秦皇岛港、天津港、烟台港、青岛港、南通港、连云港港、上海港、宁波港、温州港、福州港、黄埔港、湛江港、北海港、海口港等。

3. 近洋航线与港口

近洋航线是对本国各港口至邻近国家港口间的海上运输航线的统称。

我国习惯把亚丁港以东地区的亚洲向大洋洲的航线称为近洋航线。

我国外贸主要近洋航线有中国内地至港澳地区、朝鲜、日本、越南、菲律宾、新马泰、印度尼西亚、澳大利亚、新西兰、印度及巴基斯坦等。

(1)港澳线——到中国香港、澳门地区。

(2)新马线——到新加坡、马来西亚的巴生港(PORTKELANG)、槟城(PENANG)和马六甲(MALACEA)等港。

(3)暹罗湾线又称为越南、柬埔寨、泰国线——到越南海防、柬埔寨的磅逊和泰国的曼谷等港。

(4)科伦坡,孟加拉湾线——到斯里兰卡的科伦坡和缅甸的仰光、孟加拉国的吉大港和印度东海岸的加尔各答等港。

(5)菲律宾线——到菲律宾的马尼拉港。

(6)印度尼西亚线——到爪哇岛的雅加达、三宝垄等港。

(7)澳大利亚新西兰线——到澳大利亚的悉尼、墨尔本、布里斯班和新西兰的奥克兰、惠灵顿。

(8)巴布亚新几内亚线——到巴布亚新几内亚的莱城、莫尔兹比港。

(9)日韩线——到日本神户、大阪、名古屋、横滨和川崎,韩国釜山、仁川等港。

(10)波斯湾线,又称阿拉伯湾线——到巴基斯坦的卡拉奇、伊朗的阿巴斯、霍拉姆沙赫尔,伊拉克的巴士拉、科威特的科威特港、沙特阿拉伯的达曼。

4. 远洋航线与港口

远洋航线是指航程距离较远,船舶航行跨越大洋的运输航线。

我国习惯以亚丁港为界,把去往亚丁港以西,包括红海两岸和欧洲以及南北美洲广大地区的航线划为远洋航线。

我国外贸主要远洋航线有中国至地中海、西欧、北欧及波罗的海、北美、中南美、红海、东非、西非等航线。

(1)地中海航线——到地中海东部黎巴嫩的贝鲁特、的黎波里,以色列的海法、阿什杜德,叙利亚的拉塔基亚,地中海南部埃及的塞得港、亚历山大,突尼斯,阿尔及利亚的阿尔及尔、奥兰,地中海北部意大利的热那亚,法国的马赛,西班牙的巴塞罗那和塞浦路斯的利马索尔等港。

(2)欧洲航线——到比利时的安特卫普,荷兰的鹿特丹,德国的汉堡、不来梅,法国的勒弗尔,英国的伦敦、利物浦,丹麦的哥本哈根,挪威的奥斯陆,瑞典的斯德哥尔摩和哥德堡,芬兰的赫尔辛基等港。

(3)美国加拿大线——包括加拿大西海岸港口温哥华,美国西岸港口西雅图、波特兰、旧金山、洛杉矶,加拿大东岸港口蒙特利尔、多伦多,美国东岸港口纽约、波士顿、费城、巴尔的摩、波特兰和美国墨西哥湾港口的莫比尔、新奥尔良、休斯敦等港。美国墨西哥湾各港也属美国东海岸航线。

情境项目解析

学习了航线和港口知识之后,让我们来看一下客户 B 公司的需求——初始目的港为洛杉矶,根据前述内容,航行至洛杉矶(美西)与纽约(美东)的航线是不同的,集装箱班轮是按照固定的港口和航线行驶的定期船舶,也就是说,已经启航的行驶美西航线的船舶是无法直接调整把货物运送至美东港口纽约的,因此,该批货物需要先按原计划抵达洛杉矶,后续再利用其他运输方案运至纽约。至于是适用海运、公路还是铁路运输,待学习相关知识之后我们再来讨论。

三、班轮运输业务

1. 班轮运输的主要关系方

班轮运输中,通常会涉及班轮承运人、船舶代理人、无船承运人、货运代理人、托运人等有关货物运输的关系人。

(1)班轮承运人。班轮承运人即班轮公司,是运用自己拥有或者自己经营的船舶,提供国际港口之间班轮运输服务,并依据法律规定设立的船舶运输企业。

班轮公司应拥有自己的船期表、运价本、提单或其他运输单据。根据各国的管理规定,班轮公司通常应有船舶直接挂靠该国的港口。

世界上知名的班轮公司有马士基航运公司、中国远洋海运集团、地中海航运(MSC)、总统轮船(APL)、东方海外(OOCL)、长荣(Evergreen)、达飞(CMA)以及由日本三大航运公司日本邮船、商船三井、川崎汽船整合业务而成的Ocean Network Express(ONE)等,各班轮公司 LOGO 见图 3-1。

图 3-1　知名班轮公司 LOGO

(2)船舶代理人。船舶代理人是接受船舶经营人的委托,为船舶经营人的船舶及其所载货物或集装箱提供办理船舶进出港口手续、安排港口作业、接受订舱、代签提单、代收运费等服务,并依据法律规定设立的船舶运输辅助性企业。

(3)无船承运人(Non-vessel Operating Common Carrier,NVOCC)。无船承运人指经营无船承运业务的公司,是以承运人身份接受托运人的货载,签发自己的提单或者其他运输单证,向托运人收取运费,通过班轮公司完成国际海上货物运输,承担承运人责任,并依据法律规定设立的提供国际海上货物运输服务的企业。

根据我国有关法规规定,在中国境内经营无船承运业务应当在中国境内依法设立企业法人,办理提单登记,并交纳保证金,无船承运人应有自己的运价本。

无船承运人可以与班轮公司订立协议运价,以从中获得利益,但是,无船承运人不能从班轮公司那里获得佣金。

（4）货运代理人。国际货物运输代理简称"国际货运代理""货运代理"或"国际货代"，英文名称为 The Freight Forwarder 或 Forwarding Agent。

国际货运代理企业作为代理人从事国际货运代理业务，是指国际货运代理企业接受进出口货物收货人、发货人或其代理人的委托，以委托人名义或者以自己的名义办理有关业务，收取代理费或佣金的行为。

国际货运代理人本质上属于货物运输关系人的代理人，是联系发货人、收货人和承运人的货物运输中介人。

国际货运代理的传统地位是作为代理人，负责代发货人或货主订舱、保管货物和安排货物运输、包装、保险等，并代他们支付运费、保险费、包装费、海关税等，然后按整个费用的比例收取一定的代理手续费。上述所有的成本均由其客户承担，客户只有在提货之前全部付清上述费用，才能取得提货的权利。否则，国际货运代理对货物享有留置权，有权以某种适当的方式将货物出售，以此来补偿其所应收取的费用。

（5）托运人（shipper）。托运人是指与承运人订立海上货物运输合同并将货物交给承运人的人。

（6）收货人（consignee）。收货人是指根据提单或其他运输单证，有权向承运人提取货物的人，尽管收货人没有参与运输契约的签订，但同样是运输的当事人，可以依据提单或其他相关单证向承运人主张权利。

2. 船期表

班轮船期表（liner schedule）是班轮运输营运组织工作中的一项重要内容。班轮公司制定并公布班轮船期表有多方面的作用。首先是为了招揽航线途经港口的货载，既为满足货主的需要，又体现海运服务的质量；其次是有利于船舶、港口和货物及时衔接，以便船舶有可能在挂靠港口的短暂时间内取得尽可能高的工作效率；再次是有利于提高船公司航线经营的计划质量。

班轮船期表的主要内容包括航线，船名，航次编号，始发港、中途港、终点港的港名，到达和驶离各港的时间，其他有关的注意事项等。

3. 班轮运价与运费

（1）运价和运费的概念。运价是调节航运市场状态的关键因素，是平衡运力与运输需求关系的杠杆。航运资源的调节完全取决于航运市场运价机制的作用，班轮运价体现了班轮运输市场的供求关系。

运价（freight rate）是运输单位货物而付出的运输劳动的价格。海上运输价格,简称为海运运价。运输产品表现为货物的空间位移,所以,运价是运距的增函数。

运费(freight)是承运人根据运输合同完成货物运输后从托运人处收取的报酬。运费与运价的关系是运费等于运价与运量之积。即

$$F = R \times Q$$

式中,F 为运费;R 为运价;Q 为运量。

这是运费与运价基本关系的数学表达式。

(2)运价本。运价本(Tariff),也称费率本或运价表,是船公司承运货物向托运人据以收取运费的费率表的汇总,运价本主要由条款和规定、商品分类和费率三部分组成。按运价制定形式不同,运价本可以分为等级费率本和列名费率本。

等级费率本中的运价是按商品等级来确定的。同一等级的商品在同一航线或港口间运输时,使用相同的运价。这种运价的运价表附有"商品分级表(Scale of Commodity Classification)"。在计算运费时,首先根据商品的名称在"商品分级表"中查找该商品所属等级,再从该商品的运输航线或运抵港口的"等级费率表(Scale of Rates)"中查找该级商品的费率。随着集装箱运输的发展,货物等级差别越来越小,现在几个等级货物的运价基本或完全相同,商品的分类也趋于简单。

列名费率本,也称单项费率运价本,其中的运价是根据商品名称来确定的。对各种不同货物在不同航线上逐一确定的运价称为单项费率运价。按照货物名称和航线名编制的这种运价表也称作"商品运价表(Commodity Freight Rate Tariff)"。所以,根据货物名称和所运输的航线,即可直接查出该货物在该航线上运输的运价。

(3)班轮运费结构。班轮运费包括基本运费和附加运费两部分。基本运费是对任何一种托运货物计收的运费;附加运费则是根据货物种类或不同的服务内容,视不同情况而加收的运费,通常是由于特殊情况或者临时发生某些事件而加收的运费。附加运费可以按每一计费吨(或计费单位)加收,也可按基本运费(或其他规定)的一定比例计收。

(4)班轮计费标准。班轮运费的计费标准是指计算运费时使用的计算单位。根据我国的基本计量制度规定,我国的法定计量单位采用公制。在运费计算中,重量单位用"吨",体积单位用"立方米"。以1吨或1立方米为一计量单位。

在班轮运费的计收中,涉及的基本概念有运费吨、起码运费等。

运费吨,是计算运费的一种特定的计费单位。通常,取重量和体积中相对值较大的为计费标准,以便对船舶载重量和舱容的利用给予合理的费用支付。如某票货物重1.2吨,体积为15立方米,它的运费吨则按15吨计算。而另一票货物重8吨,体积为2.6立方米,它的运费吨则记为8吨。在运价表中,运费吨一般表示为 FT 或 W/M。需要说明的是,上述货物体积指货物的量尺体积。

起码运费,指以一份提单为单位最少收取的运费,承运人为维护自身的最基本收益,对小批量货物收取起码运费,用以补偿其最基本的装卸、整理、运输等操作过程中的成本支出。不同的承运人使用不同的起码运费标准,件杂货和拼箱货一般以1运费吨为起码运费标准,最高不超过5运费吨,班轮公司收取起码运费后不再加收其他附加费。

(5)班轮运费计算方法。

①拼箱货班轮运费的计算。通常,拼箱货班轮运费是由基本运费和各项附加运费组成的,其计算公式为

$$F = Fb + \sum S$$

式中,F 为运费总额,Fb 为基本运费额,$\sum S$ 为某一项附加费。

基本运费是货物的计费吨(重量吨或容积吨)与基本运价(费率)的乘积,附加运费通常是在基本运费基础上附加一定百分比得到,如燃油附加费10%,旺季附加费10%,则总的附加运费为基本运费的20%。

②从价运费情况下的计算。从价运费是按货物的 FOB 价格的某一百分比计算的。但是,某些贸易合同可能是以 CIF 价格成交的,所以,要将 CIF 价格换算为 FOB 价格。之后,再算出从价运费。

③集装箱班轮整箱货运费计算。整箱货的运费计算采用均一费率(Freight All Kinds:FAK)的标准计收运费。均一费率指按单位集装箱计收运费率,“均一费率(Freight All Kinds,FAK)”也称包箱费率,即对具体航线按货物等级及箱型、尺寸的包箱费率(box rate),或仅按箱型、尺寸的包箱费率而不考虑货物种类和级别计算运费。

采用均一费率计算集装箱运费时,只需要根据具体航线、货物等级以及箱型、尺寸所规定的费率乘以箱数即可。目前集装箱班轮运输中基本都是采用这种方法计收运费。

情境项目解析

初步将运输方式选定为海运之后,需要给 A 公司报价,根据其发来的货物

信息,该批货物共装运 2 个 40 尺集装箱,属于班轮整箱货。

经查询船公司报价,因疫情期间运力紧张,运费上涨,青岛海运到汉堡的 FAK 费率上涨近 40%,报价每 40 尺集装箱 2 500 美元;同时每箱需支付其他费用(包括码头操作费、船公司单证费、场站港杂费等)合计人民币 2 600 元。(1 美元≈7.027 人民币)

该批货物选用海运至汉堡的费用总额为

(每箱均一费率+其他费用)×2=(2 500+2 600/7.027)×2=5 740(美元)

选择该方案海运至汉堡时效为 37～40 天。

A 公司接到上述报价之后对上涨太多的海运费很不满意,同时又希望尽快将货物运抵以便周转资金,希望我们可以给出性价比更高的运输方案。随着我们进一步的学习,看看能否提出更好的方案吧!

四、国际集装箱运输业务概述

集装箱运输(container transport)是指以集装箱这种大型容器为载体,将货物集合组装成集装单元,以便在现代流通领域内运用大型装卸机械和大型载运车辆进行装卸、搬运作业和完成运输任务,从而更好地实现货物"门到门"运输的一种新型、高效率和高效益的运输方式。

(一)集装箱的定义与标准化

1. 集装箱的定义

集装箱(container)也称为"货柜"或"货箱"。根据国际标准化组织(ISO)的定义,它是一种运输设备,应具有如下条件。

(1)具有耐久性,其坚固强度足以反复使用;

(2)便于商品运送而专门设计的,在一种或多种运输方式中运输无须中途换装;

(3)设有便于装卸和搬运,特别是便于从一种运输方式转移到另一种运输方式的装置;

(4)设计时应注意到便于货物装满或卸空;

(5)内容积为 1 立方米或 1 立方米以上。

2. 集装箱标准化

为了便于计算集装箱数量,通常用 20 英尺的集装箱即 1 TEU 作为换算标准箱,并以此作为集装箱船载箱量、港口集装箱吞吐量、集装箱保有量等的计量单位。其相互关系为 40 英尺集装箱＝2 TEU,以此类推。图 3-2、图 3-3 分别为 20 和 40 英尺集装箱尺寸图。

外部尺寸			
长	宽	高	
20'-0"	8'-0"	8'-6"	
6.058 m	2.438 m	2.591 m	
内部尺寸			
长	宽	高	
19'-4 13/16"	7'-8 19/32"	7'-9 57/64"	
5.898 m	2.352 m	2.385 m	

图 3-2　20 英尺集装箱尺寸

外部尺寸			
长	宽	高	
40'-0"	8'-0"	8'-6"	
12.192 m	2.438 m	2.591 m	
内部尺寸			
长	宽	高	
39'-5 45/64"	7'-8 19/32"	7'-9 57/64"	
12.032 m	2.352 m	2.385 m	
重量限制			柜门内径	
总重	空柜重	货物净重	宽	高
67 200 lb	8 820 lb	58 380 lb	7'-8 1/8"	7'-5 3/4"
			2.343 m	2.280 m
30 480 kg	4 000 kg	26 480 kg	内容积(立方米)	内容积(立方尺)
			67.5	2 385

图 3-3　40 英尺集装箱尺寸

(二)集装箱标志

为了方便集装箱运输管理,国际标准化组织规定集装箱应在规定的位置上标出以下内容。

(1)第一组标记:箱主代码、顺序号和核对数。

箱主代码是集装箱所有者的代码,它由4位拉丁字母表示;前3位由箱主自己规定,并向国际集装箱局登记;第4位字母为U,表示海运集装箱代号。例如中国远洋运输(集团)公司的箱主代码为COSU。

顺序号为集装箱编号,按照国家标准(GBT 1836—2017)的规定,用6位阿拉伯数字表示,不足6位,则以0补之。

核对数用于计算机核对箱主号与顺序号记录的正确性。核对号一般位于顺序号之后,用1位阿拉伯数字表示,并加方框以醒目。

(2)核对号是由箱主代码的4位字母与顺序号的6位数字通过特有的方式换算而得。

(3)第二组标记:最大总重、自重、最大允许载货量及内容积。

①最大总重(max gross)又称额定重量,是集装箱的自重和最大允许载货量之和。最大总重单位用千克(kg)和磅(lb)同时标出。

②自重(tare)是集装箱的空箱重量。

③最大允许载货量(net)是集装箱最大装载货物的重量。

④内容积(capacity)是集装箱内部允许装载货物的最大体积。

(三)整箱货与拼箱货

在集装箱货物的流转过程中,其流转形态分为两种,一种为整箱货,另一种为拼箱货。

1. 整箱货

整箱货(FCL)是指由货方负责装箱和计数,填写装箱单,并加封志的集装箱货物,通常只有一个发货人和一个收货人。

2. 拼箱货

拼箱货(LCL)是指由承运人的集装箱货运站负责装箱和计数,填写装箱单,并加封志的集装箱货物,通常每一票货物的数量较少,因此装载拼箱货的集装箱内的货物会涉及多个发货人和多个收货人。承运人负责在箱内每件货物外表状况明显良好的情况下接受并在相同的状况下交付拼箱货。

(四)集装箱货物交接地点与方式

1. 集装箱货物的交接地点

货物运输中的交接地点是根据运输合同,承运人与货方交接货物、划分责任风险和费用的地点。

目前集装箱运输中货物的交接地点有集装箱堆场、集装箱货运站和其他双方约定的地点,业务中常称为"门(door)"。

集装箱堆场(container yard,CY)是交接和保管空箱(empty container)和重箱(loaded container)的场所,也是集装箱换装运输工具的场所。

集装箱货运站(container freight station,CFS)是拼箱货交接和保管的场所,也是拼箱货装箱和拆箱的场所。

集装箱堆场和集装箱货运站也可以同处于一处,常称为"场站"。

2. 集装箱货物的交接方式

在集装箱运输中,根据实际交接地点不同,集装箱货物的交接有多种方式,在不同的交接方式中,集装箱运输经营人与货方承担的责任、义务不同,集装箱运输经营人的运输组织的内容、范围也不同。较常使用的情况有以下 9 种。

(1)门到门(door to door)交接方式;

(2)门到场(door to CY)交接方式;

(3)门到站(door to CFS)交接方式;

(4)场到门(CY to door)交接方式;

(5)场到场(CY to CY)交接方式;

(6)场到站(CY to CFS)交接方式;

(7)站到门(CFS to door)交接方式;

(8)站到场(CFS to CY)交接方式;

(9)站到站(CFS to CFS)交接方式。

在实践中,如果承运人在集装箱堆场接受整箱货,是在箱体完好和封志完整的状况下接受,而在集装箱货运站交付拼箱货时,则是在箱内货物外表状况明显良好的情况下交付,因此 CY to CFS 明显使承运人的责任加重,所以目前已基本不存在。

因此,这 9 种海运集装箱货物交接方式中在实践中最主要的是 CY to CY,这是班轮公司通常采用的交接方式;还有 CFS to CFS,这是集拼经营人通常采用的交接方式。

(五)集装箱班轮货运流程

1. 订舱托运

货运代理人接受货主委托后,根据货主提供的有关贸易合同或信用证条款的规定,在货物出运之前一定的时间内,填制订舱委托书向船公司或其代理人申请订舱。

船公司或其代理人在决定是否接受发货人的托运申请时,会考虑其航线、船舶、港口条件、运输时间等方面能否满足运输的要求。

船方一旦接受订舱,就会着手编制订舱清单,并制作预配清单,分送集装箱码头堆场、集装箱空箱堆场等有关部门,并将据此安排办理空箱及货运交接等工作。

2. 提取空箱

在订舱后,货运代理人应提出使用集装箱的申请,船方会给予安排并发放集装箱设备交接单。凭设备交接单,货运代理人就可安排提取所需的集装箱。

在整箱货运输时,通常是由货运代理人安排集装箱卡车运输公司(实践中通常称为车队)到集装箱空箱堆场领取空箱。但也可以由货主自己安排提箱。无论由谁安排提箱,在领取空箱时,提箱人都应与集装箱堆场办理空箱交接手续,并填制设备交接单。

拼箱货运输往往是由货运代理人直接提取空箱,货主将货物送至货运代理人的货运站进行装箱作业。

3. 货物装箱

整箱货的装箱工作大多是由货运代理人安排进行,并可以在货主的工厂、仓库装箱或是由货主将货物交由货运代理人的集装箱货运站装箱。当然,也可以由货主自己安排货物的装箱工作。

无论是整箱货还是拼箱货,均由装箱人根据订舱清单的资料,核对场站收据和货物装箱的情况,填制集装箱货物装箱单。

4. 码头放关

由货运代理人或发货人自行负责装箱并加封志的整箱货,通过车队运至集装箱码头堆场,此时,托运人在货物出运前应办妥有关出口手续。

集装箱码头堆场在验收货箱后,即在场站收据上签字,并将签署的场站收据交还给货运代理人或发货人。这一过程在业务中俗称"放关",即码头核对集装箱的通关放行信息和集装箱装箱信息,如果核对没有问题,则码头将该集装箱配入船图,方可装船。集装箱装船后,货运代理人或发货人可以凭经签署的场站收据要求承运人签发提单。

在新的通关电子一体化制度下,各港口都有专用的信息系统连接海关、外轮代理公司和码头,对货物及船舶进行放行。

5. 换取提单

货运代理人或发货人凭经签署的场站收据,在支付了运费后(在预付运费的情况下),就可以向负责承运人或其代理人换取提单。发货人取得提单后,就可以去银行结汇。至此,集装箱货物出口运输流程结束。

6. 进口换单

集装箱货物运至目的港后,进口地收货人或其代理人可以凭出口国托运人寄交的提单至目的港承运人代理人处换取提货单,办理相关提货手续。

7. 进口提箱

货运代理人获得提货单并办理了海关商检等进口放行手续后,可以凭以向港口装卸区办理提箱手续,并负责将货物运至货主指定地点,将货物交付给货主。

8. 交还空箱

在进口提箱后,货运代理人在将货物交付给收货人后,还需将空箱回运至承运人指定地点,将空箱交还给承运人。

(六)集装箱运输相关单证

1. "场站收据"联单

场站收据联单是用来维系集装箱出口运输过程中不同当事人之间关系的一套单据,俗称"十联单",整个集装箱出口运输就是借助十联单的流转而进行的。传统十联单的核心单据为第五联、第六联、第七联——第五联是装货单,盖有船公司或其代理人的图章,是集装箱装卸作业区接受装货的指令,报关时海关查核后在此联盖放行章,船方凭以收货装船;第六联供港区在货物装船前交外轮理货公司,当货物装船时与船上大副交接;第七联在货物装上船后由集装箱码头堆场签章,返回船公司或其代理人,据以签发提单。

目前在新的通关电子一体化制度下,十联单涉及的信息多数也已经电子化,发货人、货代、船代、承运人等当事人均可利用本公司的接口登录海关与港口系统录入(如出口舱单)与查询(如集装箱运抵)等信息,传统纸质单据已经很少使用。

2. 集装箱预配清单

集装箱预配清单是船公司的内部管理单据,该清单格式及内容各船公司大致相同,一般有提单号、船名、航次、货名、件数、毛重、尺码、目的港、集装箱类型、尺寸和数量、装箱地点等,船公司箱管部门在货物订舱后,将该清单发给空箱堆存点,空箱堆存点据以向货主核发设备交接单以提空箱之用。

3. 集装箱设备交接单

集装箱设备交接单是集装箱进出港区、场站时,用箱人、运箱人与管箱人或其代理人之间交接集装箱及设备的凭证,兼有发放集装箱的凭证功能,所以它既是一种交接凭证,又是一种发放凭证,对集装箱运输特别是对箱务管理起着巨大作用。它在日常业务中被简称为"设备交接单"。在集装箱货物出口运输中,设备交接单主要是货主(或货运代理人)领取空箱出场及运送重箱装船的交接凭证。

4. 集装箱装箱单

集装箱装箱单根据已装进集装箱内的货物制作,是每个载货集装箱都需要的,详细记载每一个集装箱内货物的名称、数量等内容的唯一单据。因此,在以集装箱为单位进行运输时,集装箱装箱单是一张极其重要单据。集装箱装箱单的主要作用有。

(1)作为发货人、集装箱货运站与集装箱码头堆场之间货物的交接单证;

(2)作为向船方通知集装箱内所装货物的明细表;

(3)单据上所记载的货物与集装箱的总重量是计算船舶吃水差、稳定性的基本数据;

(4)在卸货地点是办理集装箱保税运输的单据之一;

(5)当发生货损时,是处理索赔事故的原始单据之一;

(6)卸货港集装箱货运站安排拆箱、理货的单据之一。

5. "交货记录"联单

"交货记录"联单的性质与杂货班轮流程中的"提货单"一样,仅仅是在其组成和流转过程方面有所不同。"交货记录"标准格式一套共五联:①到货通知书;②提货单;③费用账单(蓝);④费用账单(红);⑤交货记录。

任务三　国际航空货物运输

航空货运同其他的交通方式相比,有着鲜明的特点,这些特点与各种不同运输方式相比有运送速度快、破损率低、安全性好、空间跨度大、可节省生产企业的相关费用等优势,也有运价比较高、载量有限、易受天气影响劣势。

一、航空集中托运

1. 航空集中托运的概念

航空集中托运指集中托运商将多个托运人的货物集中起来作为一票货物交付给承运人,用较低的运价运输货物。货物到达目的站,由分拨代理商(Beak Bulk Agent)统一办理海关手续后,再分别将货物交付给不同的收货人。

2. 航空集中托运的文件

(1)分运单(House Air Waybill,HAWB)。代理人在进行集中托运货物时,首先从各个托运人处收取货物,在收取货物时,需要给托运人一个凭证,这个凭证就是分运单。

分运单表明托运人把货物交给了代理人,代理人收到了托运人的货物,所以分运单就是代理人与发货人交接货物的凭证,代理人可自己颁布分运单,不受航空公司的限制,但通常的格式还按照航空公司主运单来制作。在分运单中,托运人栏和收货人栏都是真正的托运人和收货人。

(2)主运单(Master Air Waybill,MAWB)。代理人在收取货物之后,进行集中托运,需要把来自不同托运人的货物集中到一起,交给航空公司,代理人和航空公司之间就需要一个凭证,这个凭证就是主运单。

航空主运单对于代理人和航空公司都非常重要,因为它承载了货物的最主要信息,还表明代理人是航空公司的销售代理人,可以在市场上销售航空公司的舱位。因此,主运单是代理人与承运人交接货物的凭证,同时又是承运人运输货物的正式文件。

在主运单中,托运人栏和收货人栏都是代理人。在中国只有航空公司才能颁布主运单,任何代理人不得自己印制颁布主运单。

一票集中托运货物的所有分运单都要装在结实的信封内附在主运单后,并在货运单"Nature and Quantity"栏内注明:"Consolidation as Per Attached

Manifest"(集中托运货物的相关信息附在随带的舱单中)。这又涉及另外一个文件即集中托运货物舱单(manifest)。

(3)集中托运货物舱单(manifest)。由于在主运单中,货物的品名是通过品名栏中注明的"Consolidation as Per Attached Manifest",并没有列出具体的货物品名,因此需要查询集中托运货物舱单,才能了解在这种主运单中有哪些分运单和货物。集中托运货物舱单的内容主要有各个分运单号,以及各个分运单中货物的运送目的地、件数、重量、体积等项目。

(4)识别标签。对于集中托运货物,要在每一件货物上贴上识别标签,在识别标签上要特别注明主单号和分单号。

3. 航空集中托运的货物

并不是所有的货物都可以采取集中托运的方式,集中托运对于货物的性质有一定的要求,其中下列货物不得以集中托运形式运输:贵重物品、活体动物、灵柩、骨灰、外交信袋、危险物品。

二、航空货物的运价与运费

货物的航空运费是指将一票货物自始发地机场运输到目的地机场所应收取的航空运输费用。一般地说,货物的航空运费主要由两个因素组成,即货物适用的运价与货物的计费重量。IATA(国际航空运输协会,简称"国际航协")根据运输的货物种类和运输起讫地点分类规定了不同的航空货物运价与运费计算方法。

同时由于飞机业务载运能力受飞机最大起飞全重和货舱本身体积的限制,因此货物的计费重量需要同时考虑其体积重量和实际重量两个因素。又因为航空货物运价的"递远递减"的原则,产生了一系列重量等级运价,而重量等级运价的起码重量也影响着货物运费的计算。

1. 航空货物运费计算中的基本知识

(1)基本概念。运价又称费率,是承运人对所运输的每一重量单位货物(千克或磅)所收取的自始发地机场至目的地机场的航空费用。航空运价一般以运输始发地的本国货币公布,有的国家视美元为当地货币,也会以美元代替其本国货币公布。

销售航空货运单所使用的运价应为填制货运单之日的有效运价,即在航空货物运价有效期内适用的运价。

航空运费是指航空公司将一票货物自始发地机场运至目的地机场所应收

取的航空运输费用。该费用根据每票货物所适用的运价和货物的计费重量计算而得。每票货物是指使用同一份航空货运单的货物。由于货物的运价是指货物运输起讫地点间的航空运价,航空运费就是指运输始发地机场至目的地机场间的运输货物的航空费用,不包括其他费用。

其他费用是指由承运人、代理人或其他部门收取的与航空运输货物有关的费用。在组织一票货物自始发地至目的地运输的全过程中,除了航空运输外,还包括地面运输、仓储、制单、国际货物的清关等环节,其他费用是提供这些服务的部门所收取的费用。

(2)计费重量(chargeable weight)。计费重量是指用以计算货物航空运费的重量。货物的计费重量或者是货物的实际毛重,或者是货物的体积重量,或者是较高重量分界点的重量。

实际毛重(actual gross weight)包括货物包装在内的货物重量,称为货物的实际毛重。由于飞机最大起飞全重及货舱①可用业载的限制,一般情况下,对于高密度货物,应考虑其货物实际毛重可能会成为计费重量。

体积重量(volume weight)按照国际航协规则,将货物的体积按一定的比例折合成的重量,称为体积重量。由于货舱空间体积的限制,一般对于低密度的货物,即轻泡货物,考虑其体积重量可能会成为计费重量。不论货物的形状是否为规则的长方体或正方体,计算货物体积时,均应以最长、最宽、最高的三边的厘米长度计算。长、宽、高的小数部分按四舍五入取整,体积重量的折算,换算标准为每6 000立方厘米折合1千克。即体积重量(千克,kgs)=货物体积/6 000立方厘米。

计费重量(chargeable weight)一般地,采用货物的实际毛重与货物的体积重量两者比较取高者,但当货物按较高重量分界点的较低运价计算的航空运费较低时,则此较高重量分界点的货物起始重量作为货物的计费重量。

国际航协规定,国际货物的计费重量以0.5千克为最小单位,重量尾数不足0.5千克的,按0.5千克计算;0.5千克以上不足1千克的,按1千克计算。

(3)最低运费(minimum charge)。最低运费是指一票货物自始发地机场至目的地机场航空运费的最低限额。货物按其适用的航空运价与其计费重量计算所得的航空运费,应与货物最低运费相比,取高者。

2. 国际航空货物运价体系

目前国际航空货物运价按制定的途径划分为协议运价和国际航协运价。

———————————

①　可用业载是指飞机执行任务时可装载的最大限额。

（1）协议运价。协议运价是指航空公司与托运人签订协议,托运人保证每年向航空公司交运一定数量的货物,航空公司则向托运人提供一定数量的运价折扣。目前航空公司使用的运价大多是协议运价。

（2）国际航协运价。国际航协运价是指国际航协（IATA）在运价资料上公布的运价。国际货物运价使用 IATA 的运价手册（TACT rates book）,结合并遵守国际货物运输规则（TACT rules）共同使用。

（3）现有定价遵照的原则。

①重量分段对应运价:在每一个重量范围内设置一个运价。以表 3-2 北京到首尔的运价表为例:

表 3-2   北京到首尔的运价表

重量分级（千克）	运价（元/千克,人民币）
N	24.95
45	19.00
100	16.17
300	14.38

"N"表示重量在 45 千克以下的运价是每千克人民币 24.95 元,也就是在 0～45 千克这个重量范围用的都是同一个运价 24.95 元。

②数量折扣原则。随着运输重量的增大,运价越来越低,这实际上是使用定价原则中的数量折扣原则,通过这个原则,保证飞机的舱位有充分的货物。从以上北京到首尔的运价就可以看出,45 千克的运价是 19.0 元,100 千克的运价是 16.17 元,300 千克的运价是 14.38 元,重量越大运价越低。

③运距的因素。这是一个基本因素,运距越长运价越高,这是因为运距越长,运输的消耗越大,因此运价越高。

④根据产品的性质分类。国际航协根据产品性质在普货运价的基础上分运价附加和运价附减,如对活体动物、骨灰、灵柩、鲜活易腐物品、贵重物品、急件等货物采取附加的形式,对书报杂志、作为货物运输的行李采取附减的形式。

3. 普通货物运价

普通货物运价（General Cargo Rate, GCR）,是指除了等级货物运价和指定商品运价以外的适合于普通货物运输的运价。

通常,普通货物运价根据货物重量不同,分为若干个重量等级分界点运价。例如,"N"表示标准普通货物运价（Normal General Cargo Rate）,是指 45 千克以下的普通货物运价(如无 45 千克以下运价时,N 表示 100 千克以下普通货物运价)。同时,普通货物运价还公布有"Q45""Q100""Q300"等不同重量等级分界点的运价。这里"Q45"表示 45 千克以上(包括 45 千克)普通货物的运价,依此类推。对于 45 千克以上的不同重量分界点的普通货物运价均用"Q"表示。

用货物的计费重量和其适用的普通货物运价计算而得的航空运费不得低于运价资料上公布的航空运费的最低收费标准(M)。

这里,代号"N""Q""M"在业务中,主要用于填制货运单运费计算栏中"RATE CLASS"一栏。

4. 指定商品运价

指定商品运价(Specific Commodity Rate,SCR),是指适用于自规定的始发地至规定的目的地运输特定品名货物的运价。

通常情况下,指定商品运价低于相应的普通货物运价。就其性质而言,该运价是一种优惠性质的运价。鉴于此,指定商品运价在使用时,对于货物的起讫地点、运价使用期限、货物运价的最低重量起点等均有特定的条件。

使用指定商品运价计算航空运费的货物,其航空货运单的"Rate Class"一栏,用字母"C"表示。

5. 等级货物运价

等级货物运价(class rate)是指在规定的业务区内或业务区之间运输特别指定的等级货物的运价。IATA 规定,等级货物包括活动物、贵重货物、书报杂志类货物、作为货物运输的行李、尸体、骨灰、汽车等。

等级货物运价是在普通货物运价基础上附加或附减一定百分比的形式构成,附加或附减规则公布在 TACT rules 中,运价的使用须结合 TACT rates books 一同使用。

通常附加或不附加也不附减的等级货物用代号(S)表示(S—Surcharged class rate)。附减的等级货物用代号(R)表示(R—Reduced class rate)。

【例 3-1】计算航空运费

Routing:Beijing, China(BJS) to Tokyo, Japan (TYO)

Commodity:Garments

Gross Weight:25.2 kgs

Dimensions:82 cm × 48 cm × 32 cm

经查该航线公布运价如下表。

重量分级（千克）	运价（元/千克，人民币）
M	230.00
N	37.51
45	28.13

（1）计算体积：82 cm×48 cm×32 cm＝125 952 cm^3

（2）计算体积重：125 952 cm^3÷6 000 cm^3/kg≈21.0 kgs

（3）毛重为 25.2 kgs，大于体积重 21 kgs，并且因为计费重量以 0.5 千克为最小单位，因此计费重量为 25.5 kgs

（4）因为计费重量＜45 千克，所以选用 N 级运价计算运费：

25.5×37.51＝956.51（元）

经计算运费大于 M（最小运费）230 元，因此可以确定该票货物空运费为 956.51 元。

航空运单运费栏填制如下表。

No. of Pieces	Gross Weight	kg Lb.	Rate Class	Commodity Item No	Chargeable Weight	Rate/ Charge	Total	Nature and Quantity of Goods (Incl dimensions or Volume)
1	25.2	K	N		25.5	37.5	956.51	GARMENTS DIMS：82 cm×48 cm×32 cm

【例 3-2】计算航空运费

Routing：Beijing, China（BJS）to Amsterdam, Holland（AMS）

Commodity：Tools

Gross Weight：38.6 kgs

Dimensions：101 cm ×58 cm×32 cm

经查该航线公布运价如下表。

重量分级（千克）	运价（元/千克，人民币）
M	320.00
N	50.22
45	41.53
300	37.52

（1）首先使用例 1 中的方法，计算实际重量体积可知应按毛重 38.6 千克计算运费，计费重量为 39 千克，适用运价为 N 级，运费为 39×50.22＝1 958.58（元）。

（2）尝试采用较高重量分界点（45 千克）的较低运价（41.53 元/千克）计算运费，45×41.53＝1 868.85（元）。

（3）两者比较，选费用较低的，因此可以确定该票货物空运费为 1 868.85 元。

航空运单运费栏填制如下表。

No. of Pieces	Gross Weight	kg Lb.	Rate Class	Commodity Item No	Chargeable Weight	Rate/ Charge	Total	Natureand Quantity of Goods (Incl dimensions or Volume)
1	38.6	K	Q		45.0	41.53	1 868.85	TOOLS DIMS: 101 cm×58 cm×32 cm

【例 3-3】计算航空运费

Routing：Shanghai, China (SHA) to Paris, France (PAR)

Commodity：TOYS

Gross Weight：5.6 kgs，

Dimensions：40 cm×28 cm×22 cm

经查该航线公布运价如下表。

重量分级（千克）	运价（元/千克，人民币）
M	320.00
N	50.37
45	41.43
300	37.90
500	33.42
1 000	30.71

（1）体积重＝40 cm×28 cm×22 cm÷6 000 cm³/kg＝4.11 kgs≈4.5 kgs。

（2）毛重＝5.6 kgs。

（3）毛重＝5.6 kgs＞体积重 4.5 kgs，因此计费重量＝6 kgs，N 级运价。

（4）运费＝6×50.37＝302.22（元）＜M（最低运费）。

（5）因此该票货物的航空运费应为 320 元。

航空运单运费栏填制如下表。

No. of Pieces	Gross Weight	kg Lb.	Rate Class	Commodity Item No	Chargeable Weight	Rate/Charge	Total	Natureand Quantity of Goods（Incl dimensions or Volume）
1	5.6	K	M		6	320.00	320.00	TOYS DIMS 40 cm×28 cm×22 cm

三、航空货运单

1. 航空货运单的含义与作用

航空货运单是由托运人或者以托运人的名义填制，是托运人和承运人之间在承运人的航线上运输货物所订立运输契约的凭证。

航空货运单通常包括有出票航空公司标志的航空货运单和无承运人任何标志的中性货运单两种。航空货运单既可用于单一种类的货物运输，也可用于不同种类货物的集合运输。既可用于单程货物运输，也可用于联程货物运输。航空货运单不可转让，属于航空货运单所属的空运企业。

航空货运单是托运人或其代理人所使用的最重要的货运文件，其作用如下。

（1）是承运人与托运人之间缔结运输契约的凭证；

（2）是承运人收运货物的证明文件；

（3）是运费结算凭证及运费收据；

（4）是承运人在货物运输组织的全过程中运输货物的依据；

（5）是国际进出口货物办理清关的证明文件；

（6）是保险证明。

我国国际航空货运单由一式十二联组成，包括三联正本，六联副本和三联额外副本。正本 1 交给出票航空公司，正本 2 给收货人，正本 3 给托运人。其中，正本 3 的托运人联，在货运单填制后，此联交给托运人作为托运货物及货物预付运费时交付运费的收据。同时，也是托运人与承运人之间签订的有法律效力的运输文件。

运单要求用英文大写字母打印,各栏内容必须准确、清楚、齐全,不得随意涂改。货运单已填内容在运输过程中需要修改时,必须在修改项目的近处盖章注明修改货运单的空运企业名称、地址和日期。修改货运单时,应将所有剩余的各联一同修改。

2.航空货运单的内容

航空货运单的主要栏目包括以下几方面。

(1)始发站机场(Airport of Departure)。需填写 IATA 统一制定的始发站机场或城市的三字代码。

1A:货运单号码(The Air Waybill Number)前 3 位为 IATA 统一编制的航空公司代码,如我国的国际航空公司的代码就是 999,后面是运单号。

(2)托运人(发货人)姓名、住址(Shipper's Name and Address):填写发货人姓名、地址、所在国家及联络方法。

(3)发货人账号:只在必要时填写。

(4)收货人姓名、住址(Consignee's Name and Address):应填写收货人姓名、地址、所在国家及联络方法。与海运提单不同,因为空运单不可转让,所以"凭指示"之类的字样不得出现。

(5)收货人账号:只在必要时填写。

(6)承运人代理名称和所在城市(Issuing Carrier's Agent Name and City)。

(7)代理人的 IATA 代号。

(8)代理人账号。

(9)始发站机场及所要求的航线(Airport of Departure and Requested routing):这里的始发站应与 1 栏填写的相一致。

(10)支付信息(Accounting Information):此栏只有在采用特殊付款方式时才填写。

(11)11A(C、E)、去往(To)分别填入第一(二、三)中转站机场的 IATA 代码。11B(D、F)、承运人(By)分别填入第一(二、三)段运输的承运人。

(12)货币(Currency):填入 ISO 货币代码。

(13)运费代号(CHGS Code):表明支付方式运费。

(14)运费及声明价值费(WT/VAL,weight charge/valuation charge):此时可以有两种情况:预付(PPD,Prepaid)或到付(COLL collect)。

(15)其他费用(Other):也有预付和到付两种支付方式。

(16)供运输用声明价值(Declared Value for Carriage):在此栏填入发货人要求的用于运输的声明价值。如果发货人不要求声明价值,则填入"NVD(No value declared)"。

(17)供海关用声明价值(Declared value for Customs):发货人在此填入对海关的声明价值,或者填入"NCV(No customs valuation)",表明没有声明价值。

(18)目的地机场(Airport of Destination):填写最终目的地机场的全称。

(19)航班及日期(Flight/Date):填入货物所搭乘航班及日期。

(20)保险金额(Amount of Insurance):只有在航空公司提供代理保险业务而客户也有此需要时才填写。

(21)运输处理注意事项处填制相应的代码票航空公司注意事项 Handling information:一般填入承运人对货物处理的有关注意事项,如"Shipper's certification for live animals(托运人提供活动物证明)"等。

(22)22A-22L 货物运价、运费细节。

①22A. 货物件数和运价组成点(No. of Pieces RCP,Rate Combination Point):填入货物包装件数。如 10 包即填"10"。

②22B. 毛重(Gross Weight):填入货物总毛重。

③22C. 重量单位:可选择千克(kg)或磅(lb)。

④22D. 运价等级(Rate Class):针对不同的航空运价共有 6 种代码,它们是M(Minimum,起码运费)、C(Specific Commodity Rates,特种运价)、S(Surcharge,附加等级货物运价)、R(Reduced,附减等级货物运价)、N(Normal,45 千克以下货物适用的普通货物运价)、Q(Quantity,45 千克以上货物适用的普通货物运价)。

⑤22E.商品代码(Commodity Item No.):在使用特种运价时需要在此栏填写商品代码。

⑥22F.计费重量(Chargeable Weight):此栏填入航空公司据以计算运费的计费重量,该重量可以与货物毛重相同也可以不同。

⑦22G.运价(Rate/Charge):填入该货物适用的费率。

⑧22H.运费总额(Total):此栏数值应为起码运费值或者是运价与计费重量两栏数值的乘积。

⑨22I.货物的品名、数量,含尺码或体积(Nature and Quantity of Goods incl.Dimensions or Volume)。

(23)其他费用(Other Charges):除运费和声明价值附加费以外的其他费用。根据 IATA 规则各项费用分别用三个英文字母表示。其中前两个字母是某项费用的代码,如运单费就表示为 AW(Air Waybill Fee)。第三个字母是 C 或 A,分别表示费用应支付给承运人(Carrier)或货运代理人(Agent)。

(24~26)分别记录运费、声明价值费和税款金额,有预付与到付两种方式。

(27~28)分别记录需要付与货运代理人(Due Agent)和承运人(Due Carrier)的其他费用合计金额。

(29)发货人的签字。

(30)签单时间(日期)、地点、承运人或其代理人的签字。

任务四　国际铁路货物运输

一、铁路货物运输

铁路货物运输是现代运输的主要方式之一,也是构成陆上货物运输的两个基本运输方式之一。它在整个运输领域中占有重要的地位,并发挥着愈来愈重要的作用。

铁路运输由于受气候和自然条件影响较小,且运输能力大及单车装载量大,在运输的经常性和低成本性占据了优势,再加上有多种类型的车辆,使它几乎能承运任何商品,几乎可以不受重量和容积的限制,而这些都是公路和航空运输方式所不能比拟的。

二、铁路口岸与对外运输通道

1. 铁路口岸

铁路口岸是供人员、货物、物品和交通工具直接出入国境(关境、边境)的铁路跨境通道场所。铁路口岸通常设有口岸联检大楼、海关监管仓库、停车场及集装箱堆场和其他服务设施。

铁路口岸中,除广州、郑州、哈尔滨等内陆口岸外,还包括国境站,即办理由一国铁路向另一国铁路移交或接受货物和机车车辆作业的车站,主要有满洲里、绥芬河、珲春、二连浩特、阿拉山口、丹东、图们、集安、凭祥和山腰等,分别与俄罗斯、蒙古、哈萨克斯坦、朝鲜和越南等国家铁路相连通,并通过上述国家实现与中亚和欧洲其他国家的货物联运(表3-3)。

由于两国铁路轨道宽度不同,进出口货物需要在国境站换装(见图3-4)后才能运送。

表 3-3　我国与邻国的边境铁路车站（国境站）

国界	我国站名	邻国站名	我国轨距(mm)	邻国轨距(mm)
中俄	满洲里	后贝加尔斯克		1 520
	绥芬河	格罗迭科夫		
	珲春	卡梅绍娃亚		
中蒙	二连浩特	扎门乌德		1 524
中哈	阿拉山口	多斯特克	1 435	1 520
中朝	丹东	新义州		1 435
	图们	南阳		
	集安	满浦		
中越	凭祥	同登		1 435/1 000
	山腰	老街	1 000	1 000

（来源：中国国际货运代理协会编《国际货运代理理论与实务（2020 版）精编本》，中国商务出版社 2020 年版，第 266 页。）

图 3-4　霍尔果斯换装线

2. 对外运输通道

（1）TCR（Trans China Route），贯穿中国东西两端，是通往中亚五国地区最直接、最经济的线路；通过的口岸是阿拉山口，霍尔果斯。

（2）TSR（Trans Siberia Route），俄罗斯西伯利亚大铁路，TCR 之前的亚欧

唯一路上通道,贯穿俄罗斯东西,从俄罗斯的最西段接入欧洲铁路网,从我们国家的满洲里口岸,可以进入这条通道,通常中国到俄罗斯的出口货物会通过满洲里口岸进入 TSR 运输到俄罗斯的各地。

（3）TMGR(Trans Mongolia Route),过境蒙古境的铁路,通常运输到蒙古的货物,会经过内蒙古的二连浩特口岸进入蒙古国境内,主要到站是乌兰巴托,当然 TMR 的另一个重要用途,是穿过蒙古国,进入俄罗斯,目前蒙古国也采取了运价下浮的政策以支持过境蒙古到俄罗斯的运输。

三、中欧班列

中欧班列是指按照固定车次、线路等条件开行,往来于中国与欧洲及一带一路沿线各国的集装箱国际铁路联运班列。

中欧班列铺划了西中东 3 条通道运行线:西部通道由我国中西部经阿拉山口/霍尔果斯出境,中部通道由我国华北地区经二连浩特出境,东部通道由我国东南部沿海地区经满洲里/绥芬河/出境。

2020 年 1 至 4 月份,中欧班列共开行 2 920 列、发送货物 26.2 万标箱,同比分别增长 24％、27％,综合重箱率 98％。其中,去程 1 638 列、14.8 万标箱,同比分别增长 36％、40％;回程 1 282 列、11.4 万标箱,同比分别增长 11％、14％。

✅ 情境项目解析

经过这个任务的学习,我们了解了中欧班列在运往欧洲的货物方面很有时效优势,那么客户 A 公司运往汉堡的货物,是否可以使用中欧班列运送呢?

经查询,因国家政策优惠,中欧班列郑州站的运费较有优势,郑州出发至汉堡的班列,报价每 40 尺集装箱 2 100 美元,自青岛至郑州的公路汽运约每 40 英尺集装箱 1 300 美元,合计(2 100＋1 300)×2＝6 800 美元,全程时效约 20 天。

前面核算过海运至汉堡的费用为 5 740 美元,经过比较,虽然班列的总费用仍然高出 1 000 多美元,但时效从 40 天提高到了 20 天,从时效角度考虑,性价比还是比较高的,因此我们将这个方案也提供给了客户。

最后客户选择了班列的方案,可以使货物提早运抵近 20 天,更有利于公司的资金周转,综合资金方面考虑,选择班列的综合成本是合适的。

因此,虽然常规中欧班列与海运相比费率较高,但当海运费上涨时,还是应该比较一下两者的价格与时效,为客户提供适合的方案。

任务五　国际多式联运

一、国际多式联运的含义

(一)定义

《联合国国际货物多式联运公约》对国际多式联运所做的定义,国际多式联运是指多式联运经营人按照多式联运合同,以至少两种不同的运输方式,将货物从一国境内接管的地点运到另一国境内的指定交货地点的运输方式。

国际多式联运不同于传统的联合运输,它是为了适应集装箱运输而发展起来的一种新型运输方式。这种运输形式的主体不再只是运输工具的拥有者,而更主要的是由多式联运经营人来承担,这种经营人可以没有运输工具,即所谓的契约承运人(contracting carrier)或称无船承运人(NVOCC)。在承运人责任制度上,它打破了传统上承运人的分段责任制度,而采用了由多式联运经营人对全段运输承担总责任的所谓"统一责任制",对维护货方利益提供了极大的保障。

(二)国际多式联运的特征

根据《多式联运公约》的规定,一项国际多式联运应当具备以下特征。

(1)多式联运经营人必须与货主签订多式联运合同。

(2)多式联运经营人必须对全程运输承担承运人的运输责任。

(3)必须是国际货物运输。

(4)必须签发多式联运单据,明确规定经营人对全部运输期间承担运输责任。

(5)必须使用两种或两种以上的运输方式进行不间断的运输。

二、国际多式联运经营人

多式联运是一项极其复杂的国际间货物运输的系统工程,涉及面广,环境复杂,必须有一个总负责人按照多式联运合同,进行全程运输的组织、安排、衔接和协调等管理工作,这个总负责人就是多式联运经营人。

《联合国国际货物多式联运公约》对多式联运经营人所下的定义,"多式联运经营人是指其本人或通过其代表订立多式联运合同的任何人,他是事主,不是发货人的代理人或代表,也不是参加多式联运承运人的代理人或代表,但负有履行合同的责任。"

从上述定义可以看出,多式联运经营人是订立多式联运合同并负有履行合同责任的人。由于多式联运是在国际间使用多种不同运输工具共同完成,不可能有一个多式联运经营人拥有全部运输工具,承担全部运输,因此在订立合同后,多式联运经营人往往把部分运输区段或全部运输区段的运输任务委托各区段实际承运人去完成,自己并不参加某区段实际的运输或不参加任何区段的实际运输。这种多式联运经营人与各区段实际承运人订立的分运输合同,不能改变多式联运经营人在多式联运合同中当事人的身份,各区段承运人只对多式联运经营人负责,而多式联运经营人必须对多式联运合同负责。

当多式联运经营人从发货人那里接管货物时起,其对多式联运合同的责任即开始,他必须按照合同,把货物从一国境内的接货地安全、完好、及时地运至另一国境内指定的交货地,如果货物在全程运输过程任何区段发生的过失、损害或延误交付,多式联运经营人均以本人身份直接向货主进行赔偿,即使货物的灭失、损害是某区段实际承运人灭失所致。

三、大陆桥运输

1. 大陆桥运输定义

大陆桥运输(land bridge transport)也称陆桥运输,是指使用横贯大陆的铁路、公路运输系统作为中间桥梁,把大陆两端的海洋连接起来,形成跨越大陆、连接海洋的运输组织形式。由于大陆桥起了两种运输方式之间的"桥梁"的作用,因此,人们从地理概念出发,形象地将这种海陆海联运中的铁路主干线和干线公路称为"大陆桥",从而通过大陆桥实现的海—陆—海联运称为大陆桥运输。

2. 常见的大陆桥运输路线

(1)西伯利亚大陆桥。西伯利亚大陆桥(Siberian Land Bridge,SLB)或称亚欧第一大陆桥,全长 1.3 万千米,东起俄罗斯东方港,西至俄芬(芬兰)、俄白(白俄罗斯)、俄乌(乌克兰)和俄哈(哈萨克斯坦)边界,过境欧洲和中亚等国家。

(2)新亚欧大陆桥。从中国东海岸的连云港和日照港等沿海港口到欧洲西海岸荷兰的鹿特丹就称作第二亚欧大陆桥,或者叫新亚欧大陆桥。新亚欧大陆桥于 1992 年开通,全长 10 870 千米,在中国境内长 4 131 千米,贯穿东、中、西部的江苏、山东、山西、安徽、河南、陕西、甘肃、新疆等省区;向东辐射日本、朝鲜、韩国等国家;向西途经中亚、西亚、中东、俄罗斯、东欧、中欧、西欧等 40 多个国家和地区。所经过的国家数占世界国家数的 22%,面积 3 970 万平方千米,占世界陆地面积的 26.6%,居住人口 22 亿,占世界人口的 36%。

(3)北美陆桥。北美地区的陆桥运输不仅包括大陆桥运输,而且还包括小陆桥运输(miniland bridge)和微桥运输(microland bridge)等其他运输组织形式。

情境项目解析

关于客户 B 公司的变更最终目的地的需求,我们提出了两个方案:方案一是在货物抵达洛杉矶之后,选择船公司的多式联运陆桥服务,全程由原船公司操作,经过铁路运至纽约。但疫情期间铁路运力也较紧张,时效无法保证,多数情况下还需中途运至芝加哥下线重组后继续由铁路运至纽约,需要 12 天以上,费用每 40 尺集装箱约 3 400 美元;另一方案是选择在洛杉矶提货,由我方代为安排运力使用公路汽运运至纽约,时效 7 天以内,费用约为每 40 英尺集装箱 6 000 美元;综合考虑之后,客户接受了汽运的方案,节省了运输时间,使运送的防疫物资更早地投入使用。

关于客户 C 公司的空运至纽约的需求,结合各方面因素,我们为客户提供了海空联运的方案——青岛至韩国仁川的班轮班次多且稳定,仁川直飞纽约的航班也能保持正常的频次,且从青岛出发到抵达纽约机场,全程仅需 2～3 天。虽然费率会比汽运至北京出发高出约 30%,但是因为时效方面巨大的优势,客户欣然选择了海空联运的方案。

思考练习

一、不定项选择题

1. 货物的量尺体积取(   )。

　　A. 货物外形平均长、宽、高的乘积　　　B. 货物外形最大处长、宽、高的乘积

　　C. 货物外形最小处长、宽、高的乘积　　D. 其他各项都不正确

2. 下列哪项单证是集装箱进出港区、场站时,用箱人、运箱人与管箱人或其代理人之间交接集装箱及其他机械设备的凭证,并兼有管箱人发放集装箱的凭证的功能(   )。

　　A. 交货记录　　　B. 提货单　　　C. 设备交接单　　　D. 场站收据

3. 下列货物中适合集装箱运输的货物是(   )。

　　A. 服装和玩具　　　　　　　　　B. 钢材卷板和钢结构货物

　　C. 矿石和煤炭　　　　　　　　　D. 超大件设备,如大型变压器

4. FAK 费率是指(   )。

　　A. 不同等级费率　　　　　　　　B. 均一费率

　　C. 重量/尺码选择费率　　　　　　D. 近洋航线费率

5. 以下包装中属于集合包装的形式是（　　　）。

    A. 纸箱　　　　　　　B. 托盘　　　　　　　C. 木箱　　　　　　　D. 编织袋

6. 国际航空运输中的一般轻泡货物，在计算计费体积时，以每（　　　）方厘米折合1千克计重。

    A. 5 000　　　　　　B. 6 000　　　　　　C. 8 000　　　　　　D. 4 000

7. 凡1吨重量的货物，如果体积小于（　　　）立方米，我们称为重质货物。

    A. 0.5　　　　　　　B. 1　　　　　　　　C. 2　　　　　　　　D. 3

8. 中欧班列铺划了西中东3条通道运行线，其中西部通道由我国中西部经（　　　）出境。

    A. 满洲里/绥芬河　　　　　　　　　　B. 二连浩特

    C. 珲春　　　　　　　　　　　　　　　D. 阿拉山口/霍尔果斯

9. 航空运输的特点有（　　　）。

    A. 速度快　　　　　　　　　　　　　　B. 安全准确

    C. 节省运杂费　　　　　　　　　　　　D. 不受气候影响

10. 空运一批120 kgs的普通货物，空运单一栏应填写（　　　）。

    A. M　　　　　　　　B. N　　　　　　　　C. R　　　　　　　　D. Q

11. 航空货运单的作用，除承运人与托运人之间缔结的运输契约的凭证和承运人收运货物的证明文件之外还有（　　　）。

    A. 运费结算凭证及运费收据

    B. 承运人在货物运输全过程中的依据

    C. 办理清关的证明文件

    D. 保险证明

12. 以下关于航空运价的表述正确的是（　　　）。

    A. 航空运价是指承运人对所运输的每一重量单位（千克或磅）货物所收取的自始发地机场至目的地机场的航空费用

    B. 运价所使用的货币一般以运输目的地的本国货币公布

    C. 以美元公布货物运价的国家视美元为当地货币

    D. 销售航空货运单所使用的运价应为填制货运单之日的有效运价即在航空货物运价有效期内适用的运价

13. 以下表述正确的是（　　　）。

    A. 班轮承运人是指运用自己拥有或者自己经营的船舶，提供国际港口之间班轮运输服务，并依据法律规定设立的船舶运输企业

    B. 船舶代理人是指接受船舶经营人的委托，为船舶经营人的船舶及其所载

货物或集装箱提供办理船舶进出港口手续、安排港口作业、接受订舱、代
签提单、代收运费等服务

C. 无船承运人(NVOCC)一般拥有自己的运价本,它们不能从班轮公司那
里获得佣金,一般赚取的是差价

D. 国际货运企业作为代理人身份从事国际货运代理业务时,可以签发运输
单证、履行运输合同并收取运费以及服务费

14. 以下表述正确的是(   )。

A. 整箱货(FCL)是指由货方负责装箱和计数,填写装箱单,并加封志的集
装箱货物,通常只有一个发货人和一个收货人

B. 拼箱货(LCL)是指由承运人在集装箱货运站(CFS)负责装箱和计数,填
写装箱单,并加封志的集装箱货物,装载拼箱货的集装箱内的货物会涉
及多个发货人和多个收货人

C. 集装箱货运站和集装箱堆场不能处于同一处

D. CY-CFS 这一交接方式明显使承运人负担加重,所以目前基本不存在这
种交接方式

15. 集装箱必须有相应的标志,以便海关或其他有关方面对它进行监督管理,这
些标志主要包括(   )。

A. 箱主代码、顺序号、核对数   B. 尺寸和类型代号

C. 额定重量和自定重量   D. 最大载重、载货容积

二、填空题

请在表格中填写港口名称及对应国家。

Rotterdam		
New York		
New Orleans		
Huston		
Kobe		
Yokohama		
Antwerp		
Singapore		
Marshalls		
London		

三、计算题

根据所给条件计算航空运费。

Routing：Beijing,China(BJS) to New York,USA(NYC)

Commodity：Electronics

Gross Weight：27 kgs

Dimensions：70 cm ×52 cm×36 cm

经查该航线公布运价如下表。

重量分级(千克)	运价(元/千克,人民币)
M	420.00
N	58.27
45	52.16

项目四 一般进出口货物报关

【知识目标】

1. 熟悉进出境报关涉及的基本概念。

2. 掌握进出口货物的基本报关程序。

3. 熟悉一般进出口货物监管特点。

学习目标

【能力目标】

1. 能根据情境设计进出境通关作业流程。

2. 能办理一般进出口货物报关的申报、缴税等基本通关业务。

3. 能配合海关的综合处置业务和查验业务。

项目情境

位于宁波市鄞州区的宁波 XYZ 进出口有限公司(统一社会信用代码913302121XXX62061A)以 CIF 宁波 USD590/吨的成交价格从印度尼西亚进口了一批除草剂(乙氧氟草醚)(HS 编码:2909309015)。装载该商品的运输工具将于 2018 年 10 月 22 日从北仑海关进境。宁波 XYZ 进出口有限公司委托宁波 YZ 报关公司向宁波海关办理进出口报关手续。

资料 1:商业发票(见表 4-1)。

资料 2:装箱单(见表 4-2)。

资料 3:提单(见表 4-3)。

资料 4:中国—东盟自贸区原产地证书(见表 4-4)。

工作任务:

(1)办理报关前的准备工作;

(2)办理进出口现场通关业务;

(3)办理后续通关业务。

表 4-1　商业发票

COMMERCIAL   INVOICE

TO：
NINGBO XYZ IMP.&EXP.CO.，LTD.

278 RENMIN ROAD，NINGBO

CHINA

Invoice No.：AN120405

Invoice Date：OCT.06，2018

S/C No：SC1234

S/C Date：AUG，15，2018

Letter of Credit No. BC57412

Issued by：BANK OF CHINA NINGBO BRANCH

Mark & Numbers	Description of Goods	Quantity	Unit Price	Amount
XYZ PO1234 NINGBO GMID213282	48 DRUMS GOAL 2XL HERBICIDE 55GL DRUM RH50495/ GMID213282	9984 LITRES	CIF NINGBO USD12.30/LITRE	USD122 803.20

TOTAL   9984 LITRES　　　　USD 122 803.20

TOTAL VALUE：SAY US DOLLARS ONE HUNDRED AND TWENTY-TWO

THOUSAND EIGHT HUNDRED AND THREE POINT TWENTY ONLY.

TOTAL PACKED IN 48 IRON DRUMS

TOTAL GROSS WEIGHT：11673.60KGS

ABC COMPANY

表 4-2　装箱单

PACKING LIST

TO：
NINGBO XYZ IMP.&EXP.CO.,LTD.　　　Invoice No.：<u>AN120405</u>
278 RENMIN ROAD,NINGBO　　　　　　Invoice Date：<u>OCT.06,2018</u>
CHINA　　　　　　　　　　　　　　　S/C No：<u>SC1234</u>

From：<u>JAKARTA</u>　　　　　　　　　To：<u>NINGBO</u>
Credit No.：<u>BC57412</u>　　　　Date of Shipment：<u>OCT.13,2018</u>

Mark & Numbers	C/No., Package	Quantity, Description of goods	G. Weight	N. Weight	Meas.
XYZ PO1234 NINGBO GMID213282	48 DRUMS	9984 LITRES GOAL 2XL HERBICIDE 55GL DRUM RH50495/GMID213282 208 L/DRUM 48 PALLETS 48 IRON DRUMS	KGS @243.20	KGS @221.70	CBM @0.208

TOTAL 11673.60KGS 10641.60KGS 9.984CBM

TOTAL：SAY FORTY-EIGHT IRON DRUMS ONLY

ABC COMPANY

表 4-3 海运提单

Shipper ABC COMPANY 345 ROCK STREET, JAKARTA, INDONESIA			B/L No.SLN123456	
Consignee TO ORDER				
Notify Party NINGBO XYZ IMP.&.EXP.CO.,LTD. 278 RENMIN ROAD, NINGBO CHINA				
Pre-Carriage By	Place of Receipt			
Ocean VesselVoy. No. VICTORY/109E	Port of Loading JAKARTA			
Port of Discharge NINGBO	Place of Delivery			
Marks &. Nos. Container No./Seal No.	Number&.Kind Of Packages	Description of Goods	Gross Weight (KGS)	Measurement (CBM)
XYZ PO1234 NINGBO GMID213282	48 PALLETS 48 DRUMS	GOAL 2XL HERBICIDE 55GL DRUM RH50495/GMID213282 SAID TO CONTAIN ON BOARD OCT.13,2018 xxxx	11 673.60	9.984 0
Total No. Containers Or Packages(In Words):	SAY TOTAL FORTY-EIGHT IRON DRUMS ONLY			
Forwarding Agent References			Laden on Board the vessel	
			Place and Date of B(S)/LIssue JAKARTA OCT,13,2018	
Freight and Charges FREIGHT PREPAID			No. of Original B/L Issued THREE(3)	

表 4-4   中国—东盟自贸区原产地证书

1.Goods consigned from (Exporter's business name and address,country) ABC COMPANY 345 ROCK STREET,JAKARTA INDONESIA			Reference No.: 001899MDN2018 **ASEAN-CHINA FREE TRADE AREA PREFERENTIAL TARIFF CERTIFICATE OF ORIGIN** (Combined declaration ande certificate)		
2.Goods consigned to (Consignee's name,address country) NINGBO XYZ IMP.& EXP.CO.,LTD 278 RENMIN ROAD,NINGBO CHINA			FROM E Issu INDONESIA (COUNTRY) See Overleaf Notes		
3.Means of transport and route (as far as known): Departure date: OCT.13,2018 Vessel's name /Aircraft etc. VICTORY/109E Port of loading: NINGBO,CHINA FROM JAKARTA INDONSESIA TO BINGBO CHINA BY SEA			4.For offical use: ☐Preferentatial Treatment Given ☐Preferentatial Treatment Not Given (Please state Reasons) Signature of Authorised Signatory of the Importing party		
5.Item number 1	6.Marks and numbers on packages XYZ PO1234 NINGBO GMID213282	7.Number and kind of packages; description of goods FORTY-EIGHT(48)DRUMS OF GOAL 2XL HERBICIDE RH50495/GMID213282 HS CODE: 2909.3090.15	8.Origin criterion (See Notes Overleaf) "WO"	9.Gross weight or other quantity and value(FOB) 9 984lITRES USD 121 303	10.Number and date of invoice AN120405 OCT.06,2018
11.Declaration by the exporter: The undersigned hereby declares that the above details and statement are correct,that all the goods were produced in INDONESIA (Country) and that they comply with the origin requirements specified for those goods in the Generalized Systrm of Preference for the goods exported to CHINA (Importing country) JAKARTA,OCT.09,2018 Place and date,signature of authorized signatory			12.Certification: It is hereby certified,on the basis of control carried out that the declaration by the exporter is corret. JAKARTA,OCT.09,2018 Place and date,signature and stamp of authorized body		

项目分解

　　进出口货物的报关程序按时间先后可以分为三个阶段：前期阶段、进出境阶段、后续阶段。保税加工货物和特定减免税货物有前期阶段［手（账）册设立或申领征免税证明等］和后续［手（账）册核销或解除监管等］阶段，一般进出口货物的报关程序只有进出境阶段，这个阶段的报关工作内容包括申报前作业、通关作业、放行后作业三部分，见图4-1。

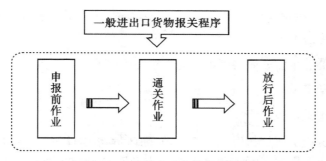

图 4-1　一般进出口货物报关程序

任务一　申报前作业

申报前作业的工作流程如图 4-2 所示。

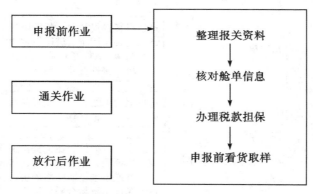

图 4-2　申报前作业工作流程

一、整理报关资料

我国境内收发货人可自理报关,或委托专业报关企业代理报关。报关企业在报关之前需要整理委托方提交的报关资料,以便做好报关的准备工作。

(一)接单

1. 签收报关资料

在签收委托方提供的报关资料时,需要有专人签署,并做好资料的登记工作,做好内部工作交接。

2. 签订委托报关协议

代理报关业务需要向海关提交委托报关协议。

(二)理单

1. 确认货物信息

报关人员应确认货物信息完整,以便确认货物的 HS 编码和申报要素。若货物信息不全应根据实际需要催促委托方及时补充。在涉及知识产权保护的货物时,还需要委托方提供知识产权授权书。

2. 检查报关资料

在理单环节,报关资料合格的标准是齐全、有效、一致。齐全是指单证资料的种类、单证的内容符合报关要求。

报关所需的单证可以分为报关单和随附单证两大类。随附单证包括基本单证和特殊单证两种,详见图 4-3。

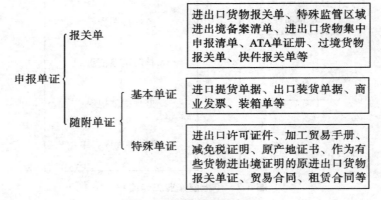

图 4-3　报关单证的类型

有效是指相关的证明、证件、批件、加工贸易登记手册等的抬头与其他单据的抬头一致,在有效期之内使用,符合法律法规的规定。

一致是指各资料之间"单单一致"和"单证一致"。报关人员应检查报关资料的内容,若发现资料内容互相矛盾,应催促委托方及时修正并确认。

3. 确认适用的监管制度

进出境货物的监管类型可以分为"一般进出口货物""特定减免税货物""保税加工或保税物流货物""暂准进出境货物""过境、转运、通运货物"等,不同的监管类型对应不同的海关监管制度。根据货物的贸易背景、货物流向和委托方提供的报关资料,报关人员应确认进出境货物适用的海关监管制度。

(三)制单和复核

制单和复核的内容,详见本书项目五(报关单填制)的相关内容。

 小贴士

一般进出口货物的特点

　一般进出口货物是指在进出境环节缴纳了应征的进出口税费并办结了所有必要的海关手续,海关放行后不再进行监管,可以直接进入生产和消费领域的进出口货物。

　一般进出口货物具有以下特点。

　(1)在进出境环节要缴纳进出口税费。"进出境环节"是指进口货物办结海关手续以前、出口货物已向海关申报但尚未装运离境时,处于海关监管之下的状态。在这一环节,进口货物的收货人、出口货物的发货人应当按照海关法和其他有关法律、法规的规定,向海关缴纳关税、海关代征税及其他费用。

　(2)进出口时要提交相关的许可证件。货物进出口受国家法律、行政法规管制并需要申领进出口许可证件的,进出口货物收发货人或其代理人应当向海关提交相关的进出口许可证件。

　(3)海关放行即办结海关手续。海关放行即意味着海关手续已经全部办结,海关不再监管,货物可以在关境内自由流通或运往境外。

二、核对舱单信息

装载货物的运输工具进出境需要由舱单传输人向海关申报舱单信息。舱单传输人包括运输工具负责人、无船承运业务经营人、货运代理企业、船舶代理企业、邮政企业、国际快件经营人等。

报关行申报的进出境货物信息涉及的运输工具名称、件数、集装箱等,必须与舱单信息保持一致,否则发送报关单以后会被海关退单。因此,报关人员需要确认舱单已经成功申报,并且报关资料的信息与舱单信息保持一致。如果不一致,应先请委托方确认舱单和货物信息后再修改报关资料中的错误信息。

小贴士

舱单的种类

原始舱单指舱单传输人向海关传输的反映进境运输工具装载货物、物品或者乘载旅客信息的舱单。

预配舱单指反映出境运输工具预计装载货物、物品或者乘载旅客信息的舱单。

装载舱单指反映出境运输工具实际配载货物、物品或者载有旅客信息的舱单。

登录海关总署网站,在首页的"在线服务"点击"在线查询",然后选择"新舱单信息查询",在弹出页面中输入口岸关区代码、运输方式、进出境标志、提/运单号等后可查询舱单数据,见图 4-4。

图 4-4   舱单信息查询页面

三、办理税款担保

(一)汇总征税适用范围

2015 年 7 月起,海关总署面向全国海关推广汇总征税业务。所有海关注册登记收发货人均适用汇总征税模式("失信企业"除外)。

(二)汇总征税办理手续

有汇总征税需求的企业,向注册地直属海关关税职能部门提交税款总担保(以下简称"总担保")备案申请,总担保应当依法以保函等海关认可的形式;保函受益人应包括企业注册地直属海关以及其他进出口地直属海关;担保范围为担保期限内企业进出口货物应缴纳的海关税款和滞纳金;担保额度可根据企业税款缴纳情况循环使用。

(三)汇总征税模式下海关管理

报关单申报之后,当无布控查验等海关要求事项的汇总征税报关单担保额度扣减成功后,海关即放行。企业应于每月第 5 个工作日结束前,完成上月应纳税款的汇总电子支付。税款缴库后,企业担保额度自动恢复。

汇总征税模式下,海关进出口货物收发货人在一定时期内多次进出口货物的应纳税款实施汇总征税。汇总征税改变了以往"逐票审核、先税后放"的征管模式。企业在进口货物通过时,凭借商业银行出具的保函,便可以不再"逐票缴税",而是先提货,再按月集中缴税。

(四)报关人员的操作

汇总征税模式下,报关人员需要先核实报关单境内收发货人的信用等级,确认符合海关的要求,督促境内收发货人提供合格的银行保函或保证金,然后向属地直属海关办理汇总征税备案。备案完成之后,在担保额度内企业可实现"先放后税"。

四、申报前看货取样

为确定进口货物的货物信息和归类等,进口货物的收货人经海关同意,可以在申报前查看货物或者提取货样,需要依法检验的货物,应当在检验合格后提取货样。如果货物进境已有走私违法嫌疑并被海关发现,海关将不同意看货取样;同时,只有在通过外观无法确定货物的归类等情况下,海关才会同意收货人提取货样;收货人放弃行使看货取样的权利所产生的法律后果(如申报不符),由收货人自己承担。

任务二 通关作业

通关作业包括电子申报、缴纳税费、配合海关综合处置、配合海关查验、提取/装运货物等,具体工作流程见图4-5。

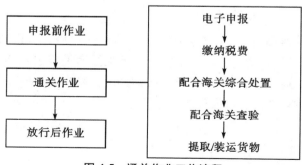

图4-5 通关作业工作流程

一、电子申报

(一)预录入

1. 登录申报平台

关检融合申报之后,报关行需要登录单一窗口选择申报地子系统后,进行电子申报。

另外,也可以通过"互联网+海关"(http://online.customs.gov.cn/)登录申报系统,选择"货物通关"进行申报,如图 4-6 所示。

图 4-6 "互联网+海关"首页

2. 预录入报关单

登录之后,根据前面已经复核过的报关单草单的内容,逐项输入报关数据。在检查录入的数据与报关单草单一致后暂存报关单。

(二)申报

当报关工作准备就绪,等货物运抵海关监管区之后,就可以在单一窗口发送报关单,完成进出口货物的电子申报。也可根据海关规定在确认舱单数据已提前向海关申报后、货物运抵前提前申报,海关提前办理单证审核及税费征收,待货物实际到港后办理查验及放行。

小贴士

货物进出境的申报期限

进口货物的申报期限为自装运货物的运输工具申报进境之日起 14 日内（从运输工具申报进境之日的次日开始算，下同）。

出口货物的申报期限为货物运抵海关监管区后、装货的 24 小时以前，在这个时间未完成报关手续的货物将无法按期装运出境。

经电缆、管道或其他特殊方式进出境的货物，进出口货物的收发货人或其代理人应当按照海关的规定定期向指定的海关申报。

进口货物的收货人未按规定期限向海关申报的，由海关按《海关法》的规定征收滞报金。

进口货物自装载货物的运输工具申报进境之日起超过 3 个月仍未向海关申报的，货物由海关按照《海关法》的规定提取变卖处理。对不宜长期保存的货物，海关可以根据实际情况提前处理。

（三）查看审核结果

报关单位发送报关单之后，对于符合条件的，海关接受申报，向企业发送"接受申报"回执；对于不符合条件的，系统自动退单，发送"退单"回执。

在有纸报关的情况下，进出口货物的收发货人或其代理人完成电子申报后，自海关发出"现场交单"或"放行交单"电子信息之日起 10 日内，持打印的纸质报关单，备齐规定的随附单证并签名盖章，到货物所在地海关提交书面单证，办理相关海关手续。

（四）补充申报

进出口货物向海关申报后未办结海关手续前，海关可以要求进出口货物的收发货人或受委托报关企业补充申报。在此期间，进出口货物的收发货人或受委托报关企业认为有必要补充申报的，海关可以接受其补充申报，并按报关单修改程序办理，同时应要求其提供书面说明。

补充申报一般是为了确定完税价格、商品归类、原产地而进一步提供资料。

二、缴纳税费

在前期办理过"汇总征税"备案的企业，不需要每票货物都办理缴税。未办理"汇总征税"的企业，可以在申报环节中的"业务事项"栏选择"自报自缴"，一次性完成报关、计税、缴纳。

(一)"自报自缴"模式下企业申报流程

(1)通过预录入系统如实、规范录入报关单涉税要素及各项目数据。

(2)利用预录入系统的海关计税(费)服务工具计算应缴纳的相关税费。

(3)对系统显示的税费计算结果进行确认,连同报关单预录入内容一并提交至海关(进出口企业、单位需在当日对税费进行确认,不予确认的,可重新申报)。

(4)收到海关通关系统发送的回执后,自行办理相关税费缴纳手续。

(二)"自报自缴"的税款支付方式

进出口企业选择"自报自缴"模式向海关申报的,收到海关通关系统发送的受理回执后,自行办理相关税费缴纳手续。可选择的税款支付方式包括以下几种。

1.电子支付

选择电子支付/电子支付担保模式的进出口企业、单位登录电子支付平台查询电子税费信息并确认支付。现场海关收到银行的实扣成功回执后,海关系统自动核注税费,若无查验则系统自动触发放行。

2.柜台支付

选择柜台支付模式的进出口企业、单位在收到申报地海关现场打印的纸质税款缴款书后,到银行柜台办理税费缴纳手续,之后将银行盖章的税款缴款书第一联送交海关验核。

"自报自缴"模式下,纸质税款缴款书上注明"自报自缴"字样,该税款缴款书属于缴税凭证,不具有海关行政决定属性。

3.汇总支付

选择汇总征税模式的,海关通关系统自动扣减相应担保额度后,进出口企业、单位按汇总征税相关规定办理后续手续。

(三)企业主动披露违规行为的处理

"自报自缴"模式下,进出口企业、单位主动向海关书面报告其违反海关监管规定的行为并接受海关处理,经海关认定为主动披露的,海关从轻或者减轻处罚;违法行为轻微并及时纠正,没有造成危害后果的,不予行政处罚。

对于主动披露并补缴税款的,经企业申请,海关可以减免税款滞纳金。

(四)滞报与滞报金的计算

企业采用"汇总征税"时,有滞报金等其他费用的,应在货物放行前缴清。

1.判断申报日期及有无滞报

申报日期是指申报数据被海关接受的日期。

(1)先以电子数据报关单申报,后提交纸质报关单,或者仅以电子数据报关单方式申报的,申报日期为海关计算机系统接受申报数据记录的日期。电子数据报关单经检查被计算机退回的,视为海关未接受申报,进出口货物收发货人应按要求修改后重新申报,申报日期为海关接受重新申报的日期,海关已接受的电子数据报关单经人工审核后需要修改的,进出口货物收发货人应当按规定修改并重新发送,但申报日期仍为海关原接受申报的日期。

(2)先以纸质报关单申报,后补报电子数据,或者仅以纸质报关单方式申报的,申报日期为海关工作人员在报关单上做登记处理的日期。

如果进口货物的申报日期超过申报期限,则构成滞报,海关将对收货人征收滞报金

2.计算滞报金

滞报金是海关对未在法定申报期限内向海关申报进口货物的收货人采取的依法加收属经济制裁性质的款项。

(1)滞报天数。进口货物滞报金按日计征,征收的天数(就是滞报天数)要看计征的起始日和截止日情况。

一般情况:计征起始日为运输工具申报进境之日起第15日,但计征起始日如果刚好是法定节假日或休息日,则顺延至其后第一个工作日。截止日为海关接受申报之日。起始日和截止日均计入滞报期间。

特殊情况一:进口货物收货人在向海关传送报关单电子数据后,未在规定期限或核准的期限内提交纸质报关单,海关予以撤销电子数据报关单处理,进口货物收货人因此重新向海关申报并产生滞报的,滞报金的征收以运输工具申报进境之日起第15日为计征起始日,以海关重新接受申报之日为截止日。

特殊情况二:进口货物收货人申请并经海关核准必须撤销原电子数据报关单时,收货人重新申报并产生滞报的,滞报金的征收以撤销原电子数据报关单之日起第15日为计征起始日,以海关重新接受申报之日为截止日。

特殊情况三:进口货物因收货人自装载货物的运输工具申报进境之日起超过3个月仍未向海关申报,被海关提取变卖处理后,收货人申请发还余额时,海关征收滞报金,以运输工具申报进境之日起第15日为起始日,以该3个月期限的最后一天为截止日。

(2)滞报金的计算。滞报金的日征收金额为进口货物完税价格的0.5‰,以

人民币"元"为计征单位,不足人民币 1 元的部分免征(如果计算结果包含小数,则舍弃小数)。滞报金的起征点为人民币 50 元。

计算公式如下:

进口货物滞报金＝进口货物完税价格×0.5‰×滞报天数

【例 4-1】滞报金计算

A 公司以完税价格 USD55000 进口零配件,船舶于 2012 年 6 月 22 日(周五)向海关申报进境,7 月 9 日该公司向海关办理申报手续。按我国《海关法》的有关规定,海关应对该公司的滞报行为征收多少滞报金?(当时的美元汇率:1 美元＝6.39 元人民币)

分析:计征起始日为运输工具申报进境之日起第 15 日,即 7 月 7 日(星期六)。这一天为休息日,顺延至其后第一个工作日,因此起始日应为 7 月 9 日。截止日为海关接受申报之日,即 7 月 9 日(星期一),因此,滞报天数共计 1 天

结论:滞报金＝55 000×6.39×0.5‰×1＝175.725 元。但由于不足 1 元的部分免征,因此 A 公司应缴纳滞报金 175 元。

【例 4-2】滞报天数计算

某公司进口一批货物,3 月 1 日(星期二)货物运输工具申报进境,25 日办理报关手续,则滞报天数为几天?

分析:

计征起始日:3 月 1 日＋15 天＝3 月 16 日。

截止日:3 月 25 日。

结论:滞报天数＝3 月 25 日－3 月 16 日＋1 天＝10 天。

【例 4-3】滞报天数计算

某公司进口一批货物,9 月 22 日货物运输工具申报进境,当年国庆假期是 10 月 1 日到 10 月 7 日。该公司于假期后第一天 10 月 8 日办理了报关手续,则滞报天数为几天?

分析:

计征起始日:9 月 22 日＋15 天＝10 月 7 日。这一天属于休息日,应顺延到其后的第一个工作日 10 月 8 日并将之作为计征起始日,而 10 月 8 日也为截止日。

结论:滞报天数＝1 天。

【例 4-4】滞报天数计算

运载进口货物的运输工具 5 月 9 日(星期三)申报进境,收货人 5 月 15 日向

海关传送报关单电子数据,海关当天受理申报并发出现场交单通知。收货人于5月27日提交纸质报关单时,发现海关已于5月26日撤销电子数据报关单,遂于5月30日重新向海关申报,海关当天接受申报并发出现场交单通知,收货人5月31日提交纸质单证。则滞报天数为几天?

分析:

计征起始日:5月9日+15天=5月24日。

截止日:5月30日。

结论:滞报天数=5月30日-5月24日+1天=7天。

三、配合海关综合处置

海关接受申报、企业完成税款缴纳之后,可能未出现任何海关处置而直接放行,也可能会出现各种情形的海关处置,报关单位应配合完成。

(一)放行前改单、删单

海关接受申报以后,报关单及随附单证的内容不得修改,申报也不得撤销。但是有以下正当理由的,经海关同意,申报人可以修改申报内容或者撤销申报后重新申报。

1. 进出口货物收发货人或其代理人要求修改或撤销

进出口货物收发货人或其代理人要求修改或撤销的情形包括以下几种。

(1)出口货物放行后,由于装运、配载等原因造成原申报货物全部或部分退关、变更运输工具的。

(2)进出口货物在装载、运输、存储过程中因溢短装、不可抗力的灭失、短损等原因造成原申报数据与实际货物不符的。

(3)由于办理退补税、海关事务担保等其他海关手续需要修改或者撤销报关单数据的。

(4)根据贸易惯例先行采用暂时价格成交、实际结算时按商检品质认定或国际市场实际价格付款方式需要修改申报内容的。

(5)已申报进口货物办理直接退运手续,需要修改或者撤销原进口货物报关单的。

(6)由于计算机、网络系统等方面的原因导致电子数据申报错误的。

(7)由于报关人员操作或者书写失误造成所申报的报关单内容有误的。

修改或撤销申报时必须提交的单据包括:"进出口货物报关单修改/撤销申请表"(见表4-5);海关所需面单(根据提示填写相应内容)、情况说明;报关单

（圈出错误之处，写上正确的内容）；其他海关要求针对不同修改内容的资料等。

2. 海关发现报关单需要进行修改或撤销

海关发现报关单需要进行修改或撤销而进出口货物收发货人或其代理人未提交申请的，海关应当通知进出口货物收发货人或其代理人，在收发货人或其代理人确认修改/撤销内容后，由海关对报关单进行修改或撤销（海关不能直接修改或撤销）。

3. 改单、删单注意事项

（1）因修改或者撤销进出口货物报关单导致需要变更、补办进出口许可证件的，进出口货物收发货人或其代理人应当向海关提交相应的进出口许可证件。

（2）由于进出口货物的收发货人或其代理人的申报错误构成违反海关法的，海关可以对进出口货物的收发货人或其代理人进行处罚。对其中违反海关监管规定的，进出口货物的收发货人或其代理人接受海关处罚后，可以申请修改申报内容或者撤销申报后重新申报。对其中构成走私、海关做出没收货物处罚的，不允许修改申报内容或者撤销申报后重新申报。

表 4-5　进出口货物报关单修改/撤销表

编号：　海关〔　年〕　号

报关单编号			报关单类别	□进口 □出口
经营单位名称			具体事项	□修改 □撤销
报关单位名称				
修 改 / 撤 销 内 容				
报关单数据项		项号	原填报内容	应填报内容
重点项目	商品编号			
	商品名称及规格型号			
	币制			
	单价			
	总价			
	原产国（地区）/最终目的国（地区）			
	贸易方式（监管方式）			
	成交方式			

（续表）

其他项目			

修改或者撤销原因：

☐出口货物放行后，由于装运、配载等原因造成原申报货物部分或者全部退关、变更运输工具的；

☐进出口货物在装载、运输、存储过程中因溢短装、不可抗力的灭失、短损等原因造成原申报数据与实际货物不符的；

☐由于办理退补税、海关事务担保等其他海关手续需要修改或者撤销的；

☐根据贸易惯例先行采用暂时价格成交、实际结算时按商检品质认定或者国际市场实际价格付款方式需要修改申报内容的；

☐已申报进口货物办理直接退运手续时，需要修改或者撤销原进口货物报关单的；

☐由于计算机、网络系统等方面的原因导致电子数据申报错误的；

☐由于报关人员操作或者书写失误造成所申报的报关单内容有误的。

其他需要说明的情况：

兹声明以上理由和内容无讹，随附证明资料真实有效，如有虚假，愿承担法律责任。

单位印章
年　　月　　日

海关意见：

　　海关印章

年　　月　　日

✦ 小案例

申报错误的处理

　　某公司有一票货物被海关退单，显示数量申报错误，提供的报关资料是276 pcs，报关单为7 pcs，金额是380 000，金额没有申报错误。这种情况能改吗？有罚金吗？

　　分析：本案中的申报错误属于报关人员操作或书写失误造成申报差错。由于金额没有错误，可以认为没有走私违规或者其他违法嫌疑，因此可以按规定申请改单。

　　申报错误可能导致海关行政处罚，《中华人民共和国海关行政处罚实施条

例》第十五条规定:

进出口货物的品名、税则号列、数量、规格、价格、贸易方式、原产地、启运地、运抵地、最终目的地或者其他应当申报的项目未申报或者申报不实的,分别依照下列规定予以处罚,有违法所得的,没收违法所得。

(1)影响海关统计准确性的,予以警告或处 1 000 元以上 1 万元以下罚款。

(2)影响海关监管秩序的,予以警告或处 1 000 元以上 3 万元以下罚款。

(3)影响国家许可证件管理的,处货物价值 5% 以上 30% 以下罚款。

(4)影响国家税款征收的,处漏缴税款 30% 以上 2 倍以下罚款。

(5)影响国家外汇、出口退税管理的,处申报价格 10% 以上 50% 以下罚款。

(二)办理海关事务担保

1. 申请提前放行货物的担保

在确定货物的商品归类、估价和提供有效报关单证或者办结其他海关手续前,收发货人要求放行货物的,海关应当在其提供与其依法应当履行的法律义务相适应的担保后放行。

国家对进出境货物、物品有限制性规定,应当提供许可证件而不能提供的以及法律、行政法规规定不得担保的其他情形,海关不予办理担保放行。

2. 办理特定海关业务的担保

特定海关业务的担保包括货物、物品暂时进出境业务的担保,货物进境修理和出境加工的担保,租货物进口的担保,将海关监管货物暂时存放在海关监管区外的担保等。

3. 涉案担保

有违法嫌疑的货物、物品、运输工具应当或者已经被海关依法扣留、封存的,当事人可以向海关提供担保,申请免予或者解除扣留、封存。

有违法嫌疑的货物、物品、运输工具无法或者不便扣留的,当事人或者运输工具负责人应当向海关提供等值的担保;未提供等值担保的,海关可以扣留当事人等值的其他财产。

法人、其他组织受到海关处罚,在罚款、违法所得或者依法应当追缴的货物、物品、走私运输工具的等值价款未缴清前,其法定代表人、主要负责人出境的,应当向海关提供担保。

4. 知识产权海关保护相关事务担保

(1)扣留侵权货物的担保。知识产权权利人请求海关扣留侵权嫌疑货物的,应当向海关提供不超过货物等值的担保,用于赔偿可能因申请不当给收货人、发货人造成的损失,以及支付货物由海关扣留后的仓储、保管和处置等费用。

(2)收发货人反向担保。涉嫌侵犯专利权货物的收发货人认为其进出口货物未侵犯专利权的,可以在向海关提供货物等值的担保金后,请求海关放行其货物。

(三)配合海关实施现场验估

现场验估是海关与货主或其代理人关于单证流、信息流的当面交流与沟通,有时这种交流与沟通还需要对货物进行实际查验后进行。它适用于一般情况下难以确定归类和价格的报关单,其比例在实际通关中较低。

围绕确定进出口货物所适用的关税税率、确定税则号列、审定完税价格的需要,验估基本要求包括"单证一致性"和"单货一致性"审核两部分,以"单货一致性"审核为主。

企业在收到税管中心的通知后,应根据通知中留下的关员联系方式及时与关员进行沟通与联系,认真准备相关的单证材料并尽快到通关现场验估岗位递交有关书面材料,出示有关工作证件、委托书等。若接到验估员现场验货通知,应到查验现场配合海关查验,对海关发出的"质疑通知书"应及时签收,并及时对海关提出的质疑进行书面答复,逾期视为自动放弃有关权利。海关要求就有关价格资料进行磋商时,应准备好资料,及时到验估岗位进行价格磋商。

💡 小贴士

海关行政处罚与救济措施

海关行政处罚是指海关根据法律授予的行政处罚权力,对公民、法人或者其他组织违反海关法律、行政法规,依法不追究刑事责任的走私行为和违反海关监管规定的行为,以及法律、行政法规规定由海关实施行政处罚的行为所实施的一种行政制裁。

海关行政处罚的基本形式包括警告,罚款,没收违法所得,暂停给当事人某项权利、终止当事人的某项权利,行政拘留,收缴。

有处罚就有救济。也就是说,行为人受到处罚,同时应具有救济手段。海关行政处罚中的救济手段包括行政申诉(向做出处罚决定的海关或其上级海关提出)、行政复议(向其上级海关提出)、行政诉讼(向人民法院提出)和行政赔偿(向有赔偿义务的海关提出)。

(四)其他

在海关接受申报之后、放行货物之前,报关人员可能还需要办理一些其他的海关处置事务,如退补税、许可证件人工核扣、滞报金和滞纳金的缴纳或减免等。

四、配合海关查验

海关查验是指海关为确定进出口货物收发货人向海关申报的内容是否与货物的真实情况相符,或者为确定商品的归类、价格、原产地等,依法对货物进行实际核查的行政执法行为。

(一)了解海关查验原因

海关查验需要消耗一定的时间,如果货物存在申报问题,查验关员会将货物转海关其他岗位进一步处置,这会影响进出口货物的正常运转。因此,进出口货物的收发货人都不愿意遇到查验。但通常海关会设置一定的查验率,以下几种原因会导致货物被海关查验。

1. 随机布控

海关查验占比最大的一个因素是电脑抽查,这个是随机布控,没有原因。

2. 现场审单布控

由现场海关接单关员进行布控,一般来说,提供单证与申报不符、单证上有疑点等问题更容易被布控。

3. 风险部门布控

由风险监控部门进行布控,这个部门的主要职责是下达查验指令,原因非常复杂,而且属于保密性质。

4. 验估查验

现场验估作业有时会需要实货验估,海关关员会转为现场实货查验。

(二)接收查验通知

海关在决定对某批申报的货物进行查验时,一般会发送书面的"海关查验通知单"(图 4-7),申报人应及时接收并查看查验通知单上的具体内容。

海关查验通知单

海关编号：222920XXXXXXXXXXXX

XXX报关有限公司：

你单位于X年X月X日申报的货物，经审核现决定实施查验，请联系港务等相关部门做好准备，于___月___日派员配合海关查验。

特此通知。

运货方式	水路运输（2）			提运单号 NYKS2363369XXX	
存货地点	船交办（2229）			申报毛重（KG）2737	
包装种类	纸箱（2）	申报件数391		申报净重（KG）2346	
序号	商品编号	商品名称	数量	重量	总值
1	7616999000	铝盖（非工业用品）	150 144PCS	2346千克	37236.83美元

联系人：　　　　　　　　联系电话：

经办官员：2235XX

签收人：

航交办（2229）
X 年 X 月 X 日

图 4-7　海关查验通知单

（三）确定查验时间和地点

收到海关查验通知单以后，报关单位应确定查验时间和地点。

1. 查验时间

申报人在签收海关查验通知单时，应与海关约定查验的时间。查验时间一般约定在海关正常工作时间内。但是在一些进出口业务繁忙的口岸，海关也可应进出口货物的收发货人或其代理人的要求，在海关正常工作时间以外安排查验作业。

2. 查验地点

查验地点应当在海关监管区内，在海关发送的查验通知单中有说明，一般也就是存货地点。但如果因货物易受温度、静电、粉尘等自然因素影响，不宜在海关监管区内实施查验，或者因其他特殊原因需要在海关监管区外实施查验的，经货物的收发货人或其代理人申请，海关可派人员到海关监管区以外的地方查验货物，但要按规定收取费用。

（四）配合查验

查验方式为彻底查验或抽查，查验方法为人工查验和设备查验。人工查验时，海关可以只查验外形，也可以开箱查验。

海关查验货物时,进出口货物的收发货人或其代理人应当先到口岸海关办理查验手续,然后陪同查验关员(一般有两位关员)一起到现场办理查验工作,做好如下工作。

(1)负责按照海关要求搬移货物,开拆包装以及重新封装货物资料。

(2)预先了解和熟悉所申报货物的情况,如实回答查验人员的询问及提供必要的资料。

(3)协助海关提取需要做进一步检验、化验或鉴定的货样,收取海关出具的取样清单。

(4)查验结束后,认真阅读查验人员填写的"海关进出境货物查验记录单"。

查验记录准确清楚,对查验结论没有异议的,配合查验的报关人员审阅后应即签名确认。如报关人员不签名的,由海关查验人员在查验记录中予以注明,并由货物监管场所经营人签名证明。

进出口货物收发货人或其代理人对海关查验结论有异议时,可提出复验要求,经海关同意后,海关可以对已查验货物进行复验,即第二次查验。此外,海关认为有必要时也可以实施复验。

经海关通知查验,进出口货物收发货人或其代理人届时如果未到场或进出口货物有违法嫌疑时,海关可以径行开验。

(五)支付查验费用

海关查验会产生一些额外费用,但这些费用不是由海关收取,而是码头收取的吊柜费、拆柜费等费用,因为是海关查验才有此费用,所以码头一般把这些费用称为海关查验费,而且码头会开具正规发票。这些查验费是由境内收发货人支付的,收发货人可以向货代索取这些证明文件,如果货代无法提供,可以拒绝支付查验费。

 小贴士

查验后可能转缉私科处理的几种情形

1. 重量不符,超过允许误差范围

毛重是报关过程中非常重要的数据,有些工厂装箱单中的重量是估算的而没有过磅,也有的工厂在装柜时少装或多装了却没有及时更改装箱单中的数据,导致申报重量和实出货重量不一致。当重量正负超过500千克时可能会转缉私科处理。

2. 品牌问题

有些工厂负责人员不知道品牌在出口过程中的重要性,认为是工厂的厂牌,不是什么名牌,就没有填到装箱单里面;或者知道是名牌,但是没有提供品牌授权给工厂的生产授权书;或者因为交货匆忙,将品牌写错或者误发货物……总之品牌问题在查验时可能会造成严重的问题。

3. 箱数问题

海关在检查货物的时候,往往不会去数集装箱中有多少件货物,却会根据报关单上的数据清点箱数。一般情况下申报出口1 000箱,但是实际出口950箱,通常不会有问题;但如果申报950箱,实际装了1 000箱,在查验时就会出问题,会有走私嫌疑。

4. 漏报、虚报、瞒报

很多工厂一个集装箱往往会装几款产品,有可能是杂货,存在很多品名。工厂觉得货物很杂,有时候疏于统计,少写了某一个或几个品名,或装柜的时候有些原本没有计划出口的产品临时加了进去,但没有提供给报关行,导致实际货物和真实货物不一样。这种情况导致转缉私科的最多,海关极有可能觉得是在漏报甚至是虚报、瞒报,通常会产生很严重的后续问题。

5. 礼品问题

有时候工厂为了表示感谢或受人委托在集装箱里面装一些礼品或样品给客户,但是没有告知报关行。这种情况下一旦遇到查验,尤其是当赠送的礼品是品牌产品时,就会出现问题了。

五、提取/装运货物

(一)接收海关放行信息

海关现场放行是指海关接受进出口货物的申报,审核电子数据报关单或纸质报关单及随附单证,查验货物,征收税费或接受担保以后,对进出口货物做出结束海关进出境现场监管决定,允许进出口货物离开海关监管现场的工作环节。报关单位通过申报系统查询获知海关放行之后,就可以提取/装运货物了。

报关单位接收海关放行信息的形式有以下两种。

(1)在"无纸通关"模式下,海关做出放行决定时,通过计算机将海关决定放行的信息发送给进出口货物的收发货人或其代理人和海关监管货物保管人。进出口货物的收发货人或其代理人从计算机上自行打印海关通知放行的凭证,凭以提取进口货物或将出口货物装运到运输工具上离境。

(2)在"有纸通关"模式下,海关在进口货物提货凭证(如提货单)或者出口货物装货凭证(如装货单)上签盖海关放行章,进出口货物的收发货人或其代理人签收进口提货凭证和出口装货凭证,凭以提取进口货物或将出口货物装运到运输工具上离境。

(二)凭电子放行信息提取/装运货物

通关一体化作业改革后,海关会将放行信息同时发送给报关单位和货物存放的监管场所经营人,进出口企业提取/装运货物时直接凭电子放行信息办理,不需要提供纸质的放行凭证。

任务三　放行后作业

货物放行后,一般还有一些可能需要处理的事项,企业应配合海关办理相关手续或自行处理相关事务。常见的放行后作业工作事项见图4-8。

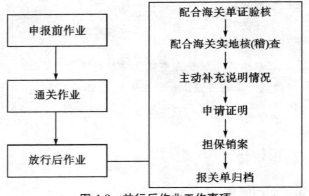

图4-8　放行后作业工作事项

一、配合海关单证验核

根据"一次申报、分步处置"的通关流程,海关对企业申报的价格、归类、原产地等税收征管要素的抽查审核主要在货物放行后进行。税收征管中心通过批量审核发现需要修撤单、退补税或补充申报、价格磋商等情况的,一般会通过企业所在地海关综合业务部门联系企业,企业应配合海关完成相关手续。

二、配合海关实地核(稽)查

海关认为在安全准入或税收征管方面存在风险的,海关核(稽)查部门会联系企业实施核(稽)查作业,企业应配合海关完成相关工作。

三、主动补充说明情况

货物放行后企业自行发现存在差错或其他需要向海关补充说明情况的,可主动联系海关说明相关情况、办理相关手续。对符合"主动披露"情形的,海关按有关原则进行处置。

四、申请证明

在进出口货物结关以后,报关单位视情况需要可以向海关申请签发有关的海关证明。

(一)申请或打印报关单证明联

2015年5月1日(含)以后出口的货物,海关不再签发纸质出口货物报关单证明联(出口退税专用),并同时停止向国家税务总局传输出口货物报关单证明联(出口退税专用)相关电子数据,改由海关总署向国家税务总局传输出口报关单结关信息电子数据。

自2013年9月16日起,海关不再为国家外汇管理局分支局(以下简称外汇局)核定的货物贸易外汇管理A类企业(以下简称A类企业)提供纸质报关单收、付汇证明联。A类企业办理货物贸易外汇收付业务,按规定须提交纸质报关单的,通过中国电子口岸自行以普通A4纸打印报关单证明联(出口收汇或进口付汇用)并加盖企业公章。对于外汇局核定的货物贸易外汇管理B类和C类企业,海关仍按现行做法为其提供纸质报关单收、付汇证明联。

(二)申请进口货物证明书

对进口汽车,摩托车等,报关员应当向海关申请签发"进口货物证明书",进口货物收货人凭以向国家交通管理部门办理汽车、摩托车的牌照申领手续。其他进口货物如需申领"进口货物证明书",收货人或其代理人也可以向海关提出申请。收货人应自进口货物放行之日起3年内向海关提出签发证明书申请。

进口汽车、摩托车整车证明书实行"一车一证"管理,即一辆汽车或摩托车仅签发一份证明书,证面签注内容获取自进口货物报关单和收货人向海关提交的补充数据;其他进口货物证明书实行"一批一证"管理,即一份进口报关单仅签发一份证明书。

五、担保销案

保证金/保证函的销案是指担保人在担保期内履行了事先承诺的义务,凭有关证明向海关要求退还已缴纳的保证金或注销已提交的保证函,以终止所承担义务的海关手续。

担保人向业务现场提出保证金销案申请,应填写"退转保金保函申请书",并随附足以证明已完成担保事项的书面单证、材料,现场海关审核后进行相应的销案操作。

六、报关单证归档

(一)企业存储报关单证范围

企业存储报关单证是指进出口货物收发货人或其代理人在通关过程中及结关后,无须向海关递交并由企业保管的报关单及随附单证。

应列入企业保管的报关单及随附单证范围如下。

(1)进出口货物报关单和进出境备案清单;

(2)《中华人民共和国海关进出口货物申报管理规定》(海关总署令第103号)第二十七条指出单证包括合同、发票、装箱清单、载货清单(舱单)、提(运)单、代理报关委托书/委托报关协议、进出口许可证件、电子或纸质《加工贸易手册》等随附单证;

(3)其他应随报关单归档的单证。

(二)管理要求

(1)企业应建立报关单证档案管理制度,指定专人负责报关单证档案管理工作,对理单、归档、调阅、移交、销毁等环节实施有效管理。

(2)海关在结关后向存单企业发送待理单信息(顺势留存除外),企业应在5个工作日内完成理单归档,并及时将理单归档信息反馈给海关;企业对电子报关单证理单时,应按海关认可的方式进行加签处理。

(3)涉及报关单证移交海关保管的,企业应于接到交单通知后2个工作日内到现场海关办理报关单证移交手续,企业应留存电子报关单证备份或纸质报关单证复印件,并在系统内或纸质档案上备注说明。

(4)如企业保管的报关单与海关保管的报关单不一致,应以海关保管的为准。

(5)存单企业所存的报关单证档案保存期为5年。

(6)存单企业应接受海关的指导和培训,积极配合海关开展报关单证档案安全检查,及时整改安全隐患。存单企业不具备存单条件时,应及时移交注册地海关保管。

(7)存单企业如有遗失、伪造、变造单证档案或未经海关批准擅自对外调阅、复印、贩卖单证档案信息等行为，影响海关监管和报关单证档案管理安全的，海关应责令其限期整改；情节严重的不再享受企业存单和通关无纸化便利；构成犯罪的依法追究刑事责任。

小贴士

报关单证扫描作业指导书

某公司的《报关单证扫描作业指导书》要点有四项。

(1)现场扫描：现场专职报关单证扫描人员利用专业扫描设备，将当天通关业务的全套单据扫描，电子留存。

(2)电子留存导入系统：定期将所有电子数据传递给公司，导入单证管理查询系统归档。

(3)管理监控：质控部门通过报关系统核对电子扫描单证是否齐全，抽查是否存在个别单证遗漏扫描，并跟踪补全过程。

(4)单证电子查询：单证管理查询系统可提供调取查阅历史单证的功能，并直接打印扫描件。

情境操作指导

一、进口申报

(一)办理报关委托

宁波 XYZ 进出口有限公司委托宁波 YZ 报关公司代理报关的"代理报关委托书和委托报关协议"，如图 4-9 所示。

(二)明确申报地点和申报期限

由于装载该商品的运输工具将于 2018 年 10 月 22 日(星期一)申报进境，卸货港为宁波北仑港，宁波 YZ 报关公司决定向宁波海关进行申报，并明确申报截止日期为 11 月 5 日。

(三)确定申报所需材料

由于进口商品是农药产品，宁波 YZ 报关公司需要查询商品的监管条件，以确定该商品是否需要进口批件。宁波 YZ 报关公司最终确认"乙氧氟草醚"的监管证件代码为"s"，这个监管证件代码的意思是要求申报时收货人或其代理人提交"进出口农药登记证明"。因此，宁波 YZ 报关公司在确认宁波 XYZ 进出口有限公司已办理进口农药登记手续并获得了编号为 JK2018003128 的"进出口农药登记证明"后,着手办理进口申报手续。

(四)填制报关单并进行电子数据申报

根据宁波 XYZ 进出口有限公司提供的资料,宁波 YZ 报关公司需要逐一核实进口报关单各栏内容。填写好的进口报关单内容见图 4-10。

报关单的内容确定后,宁波 YZ 报关公司于 10 月 23 日将报关单电子数据包括随附单证录入计算机,进行电子数据申报,并被宁波海关计算机系统接受。

代理报关委托书和委托报关协议

代理报关委托书

编号:312012xxxxxxxxxx

宁波 YZ 报关公司:

我单位现　A　(A 逐票、B 长期)委托贵公司代理 A 等相关事宜(A 报关查验、B 垫缴税款、C 办理海关证明联、D 审批手册、E 核销手册、F 申办减免税手续、G 其他)。详见《委托报关协议》。
我单位保证遵守《海关法》和国家有关法规,保证所提供的情况真实、完整、单货相符。否则,愿承担相关法律责任。
本委托书有效期自签名之日起至 x 年 x 月 x 日止。

委托方(盖章):
宁波 XYZ 进出口有限公司

法定代表人或其授权签署"代理报关委托书"的人(签字)
2018 年 X 月 X 日

委托报关协议

为明确委托报关协议具体事项和各自责任,双方经平等协商签订协议如下:

委托方	宁波 XYZ 进出口有限公司	被委托方	宁波 YZ 报关公司	
主要货物名称	除草剂	*报关单编号	No.	
HS 编码	2909309015	收到单证日期	2018 年 X 月 X 日	
进出口日期	2018 年 10 月 22 日	收到单证情况	合同☑	发票☑
提单号	SLM123456		装箱清单☑	提单☑
贸易方式	一般贸易		加工贸易手册☑	许可证件☑
原产地/货源地	印度尼西亚		其他:进出口农药登记证明一份,中国-东盟自贸区原产地证一份	
传真电话	0574-3456XXXX	报关收费	人民币:元	
其他要求:		承诺说明:		
背面所列通用条款是本协议不可分割的一部分,比本协议的签署构成了对背面条款的体同意。		背面所列通用条款是本协议不可分割的一部分,比本协议的签署构成了对背面条款的体同意。		
委托方义务签章: 经办人签章:XXX 联系电话:0674-3456XXXX		委托方义务签章: 经办人签章:XXX 联系电话:0674-3456XXXX		

(白联:海关留存黄联;被委托方留存红联;委托方留存)中国报关协会监制

图 4-9　代理报关委托书

预录入编号：					海关编号：　　　（宁波海关）	
境内收货人（913302121XXX62061A） 宁波 XYZ 进出口有限公司	进境关别（3104） 北仑海关		进口日期 20181022	申报日期	备案号	
境外发货人 ABC COMPANY	运输方式（2） 水路运输		运输工具名称及航次号 VICTORY/109E	提运单号 SLN123456	货物存放地点 宁波北仑港海关仓库	
消费使用单位（913302121XXX62061A ） 宁波 XYZ 进出口有限公司	监管方式（0110） 一般贸易		征免性质（101） 一般征免	许可证号	启运港（IDN081） 雅加达	
合同协议号 SC1234	贸易国（地区）（IDN） 印度尼西亚		启运国（地区）（IDN） 印度尼西亚	经停港（IDN081） 雅加达	入境口岸（380101） 宁波北仑港港区	
包装种类（92/39） 再生木托/铁桶	件数 48	毛重（千克） 11 673.60	净重（千克） 10 641.60	成交方式（1） CIF	运费	保费　　杂费
随附单证及编号 随附单证1：进出口农药登记证明编号：JK2018003128；原产地证书编号：<02>001899MDN2018 随附单证2：合同；发票；进出口农药登记证明；委托报关协议（电子）						
标记唛码及备注 XYZ/PO1234/NINGBO/GMID213282		集装箱标箱数及号码：1；COSU5072313				

项目	商品编号	商品名称及规格型号	数量及单位	单价/总价/币制	原产国（地区）	最终目的国（地区）	境内目的地	征免
1	2909309015	除草剂 2XL 4|3|成分 24%乙氧氟草醚 用途除草剂|CAS 号 42874-03-3	10641.60 千克 9984 升	12.30 122 803.20 美元	印度尼西亚 （IDN）	中国 （CHN）	（33029/330212） 宁波其他/鄞州区	照章征税 （1）

特殊关系确认：否	价格影响确认：否	支付特权权使用费确认：否		自报自缴：是	
报关人员 兹申明对以上内容承担如实申报、依法纳税之法律责任 申报单位： 申报单位（签章）	报关人员证号	电话	海关批注及签章		

图 4-10　中华人民共和国海关进口货物报关单

二、缴纳税款

经查询得知乙氧氟草醚的最惠国税率为 5.5％，东盟协定税率为 0，增值税税率为 16％，没有消费税，适用的美元汇率为 1 美元＝6.756 8 元人民币。

由于收货人提供的材料包括中国—东盟自贸区原产地证书且进行了有效的原产地申报，该批货物进口时应当按"从低适用税率"的原则计算税费，因此进口关税税率为 0。

税费的核算过程如下：

进口完税价格＝122 803.20×6.756 8＝829 756.66（元）

应征进口关税税额＝进口完税价格×进口从价税税率＝0

增值税组成计税价格＝进口完税价格＋关税税额＋消费税税额
　　　　　　　　　＝829 756.66（元）

增值税应纳税额＝增值税组成计税价格×增值税税率
　　　　　　　　＝829 756.66×16％＝132 761.07（元）

公司应纳税款总额＝关税税额＋消费税税额＋增值税税额
　　　　　　　　＝132 761.07（元）

宁波 YZ 报关公司确认系统显示的税费金额与自己核算的结果一致，继而完成税费的电子支付。

三、配合查验

在电子申报后,宁波 YZ 报关公司收到了海关签发的"海关查验通知单"。在约好查验地点和时间后,公司派出一名报关员携带相关资料,到口岸海关办理了查验手续,并配合海关进行了查验,如实回答了海关查验关员的询问。查验结束后,报关员认真阅读了查验关员填写的"海关进出境货物查验记录单",认为查验记录准确清楚,即进行了签名确认。

四、提取货物

宁波 YZ 报关公司在系统中查到海关对该批货物"已放行"后,通知货运代理企业凭海关放行的信息到货物进境地的港区提取进口货物。之后,宁波 YZ 报关公司还在货物结关之后向海关申请签发了"进口货物报关单(付汇证明联)"等必要的海关证明,交给宁波 XYZ 进出口有限公司,最终完成了该笔进口货物的报关手续。

思考练习

一、不定项选择题

1. 运载进口货物的运输工具于 6 月 2 日(星期六)申报进境,收货人于 6 月 18 日(星期一)向海关申报,当天被海关接受,滞报期应为(   )。

    A. 0 天   B. 1 天   C. 2 天   D. 3 天

2. "自报自缴"的税款支付方式包括(   )。

    A. 电子支付   B. 柜台支付   C. 汇总支付   D. 现金支付

3. 进出口货物的收发货人或其代理人完成电子申报后,自海关发出"现场交单"或"放行交单"信息之日(   )日内,持打印的纸质报关单,备齐规定的随附单证并签名盖章,到货物所在地海关提交书面单证,办理相关海关手续。

    A. 7   B. 10   C. 14   D. 15

4. 某公司于 7 月 2 日以电子数据报关单形式向海关申报,经检查被计算机退回后,7 月 5 日该公司按要求修改并重新申报,并于当时被海关计算机系统接受。该笔业务的申报日期为(   )。

    A. 7 月 2 日   B. 7 月 3 日   C. 7 月 4 日   D. 7 月 5 日

5. 某公司于 7 月 2 日以电子数据报关单形式向海关申报,被海关计算机系统接受,但在 7 月 3 日经海关人工审核后发现需要修改申报数据。7 月 5 日该公司按要求修改后重新申报,7 月 6 日海关人工审核后接受申报数据。该笔业务的申报日期为(　　)。

    A. 7 月 2 日　　　　B. 7 月 3 日　　　　C. 7 月 5 日　　　　D. 7 月 6 日

6. 下列关于申报前看货取样的规定,错误的是(　　)。

    A. 进口货物的收货人经海关同意,可以在申报前查看货物或者提取货样

    B. 需要依法检验的货物,应当在检验合格后提取货样

    C. 如果货物进境已有走私违法嫌疑并被海关发现,海关将不同意看货取样

    D. 由于收货人未看货取样而导致商品归类申报错误,收货人不承担申报不符的责任

7. 以下不属于一般进出口货物的特征的是(　　)。

    A. 如果是限制进出口的货物,进出口时要提交相关的许可证件

    B. 在进出境环节要缴纳进出口税费

    C. 报关程序分为前期阶段、进出境阶段、后续阶段

    D. 海关放行即办结海关手续

8. 在进出境报关过程中,对(　　)的担保不属于特定海关业务的担保。

    A. 暂时进出境货物　　　　　　　　B. 有归类争议的货物

    C. 进境修理货物　　　　　　　　　D. 进口租赁货物

9. 进出口货物的收发货人或其代理人在收到海关的查验通知后,应当(　　)。

    A. 与海关的查验部门确定查验的具体地点和具体时间

    B. 派人到查验现场配合海关查验

    C. 若发现因为海关关员的责任造成被查验货物损坏的,可以向海关提出赔偿要求

    D. 如实回答查验关员的询问及提供必要的资料

10. 进口货物因收货人自装载货物的运输工具申报进境之日起超过(　　)仍未向海关申报,货物由海关依《海关法》规定提取做变卖处理。

    A. 14 日　　　　B. 1 个月　　　　C. 3 个月　　　　D. 6 个月

11. 海关已放行的出口货物因故没有装上预订的船舶,货主重新订舱后报关单位填报报关单时,需要修改的栏目是(　　)。

    A. 商品编号　　　B. 运输工具名称　　C. 提运单号　　　　D. 运输方式

12. 向海关申报进口一批药品时,必须提供的单证包括(　　)。

    A. 装箱单　　　　　　　　　　　　B. 进口药品通关单

    C. 商业发票　　　　　　　　　　　D. 商品预归类决定书

13. 进出口货物收发货人或其代理人配合海关查验时,应当(　　)。

    A. 按照海关要求搬移货物,开拆包装并重新封装货物

B. 如实回答查验人员的询问及提供必要的资料

C. 协助海关提取需要做进一步检验、化验或鉴定的货样

D. 认真阅读查验人员填写的"海关进出境货物查验记录单"

二、实务操作题

河南某公司出口一批毛制男式西服套装到欧洲,委托上海 XX 报关公司办理报关,并将报关资料寄给了上海 XX 报关公司。上海 XX 报关公司负责接单的工作人员认真做了报关资料的登记工作,并检查了报关资料。

请回答下列问题。

1. 在接单、理单环节,检查报关资料是否合格的标准是什么?

2. 理单人员发现收到的报关资料上的装运件数与舱单不一致,应如何处理?

3. 报关人员复核填写好的报关单草单时发现集装箱规格为一个标准 20 尺柜,但装箱单表明货物总体积为 45 立方米,那么可能存在的问题是什么?

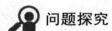 **问题探究**

某外商投资经营企业使用其投资总额内资金进口设备数台。运载该货物的运输工具于 4 月 5 日(星期四)申报进境。收货人于 4 月 19 日向海关申报并被海关计算机系统接受,申报进口的货物名称为"立式数控车床"(商品编码为 8458911090,适用进口关税税率为 5%)。海关审单时对申报货物的编码有疑义,在 4 月 23 日实施查验时发现该批货物应为"立式加工中心"(商品编码为 8457101000,适用进口关税税率为 9.7%)。因此,海关认为该企业"申报不实",要求该企业修改该批货物的商品编码并重新申报,并对其进行了处罚。

问题 1:按海关审定的商品编码,该批货物的监管条件是什么? 收货人进口申报时应提交哪些材料?

问题 2:收货人进口申报的最迟日期是哪天? 收货人的申报日期是哪天? 有无滞报?

问题 3:对于海关认定的"申报不实",该企业面临什么样的处罚? 如何办理报关单的修改? 如果该企业对此认定及相应的处罚不服,可以采用哪些救济渠道?

项目五　报关单填制

【知识目标】
1. 了解报关单的含义、类型、法律效力、填制一般要求。
2. 掌握进出口货物报关单各栏目的填制规范。
【能力目标】
1. 能根据原始单据正确运用填制规范,填制进出口货物报关单。
2. 能根据原始单据正确运用填制规范,审核进出口货物报关单。

学习目标

项目情境

上海 XX 模具有限公司(913101151234567890)于 2018 年 8 月进口一批全自动金属成型放电加工机,货物于 2018 年 8 月 1 日运抵口岸,当日向洋山港区(关区代码 2248)办理进口申报手续,保险费率为 0.3%。

工作任务:

(1)检查报关资料;

(2)根据所给资料,填制、审核报关单。

项目分解

为了完成该项目的学习,具体可分解为以下四个任务。

(1)认识报关单填报规范;

(2)录入报关单关务数据;

(3)录入报检单检务数据;

(4)核对审核报关单。

报关单填报相关操作的工作流程如图 5-1 所示。

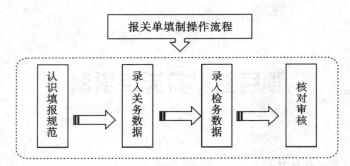

图 5-1　报关单填报操作流程

任务一　认识报关单填报规范

一、报关单的含义

根据《海关法》规定："进口货物的收货人、出口货物的发货人应当向海关如实申报,交验进出口许可证件和有关单证。"其中一份重要的单证即报关单。报关单是指进出口货物的境内收发货人或其代理人,按照海关规定格式对进出口货物的实际情况做出书面申请,以此要求海关对其货物按适用的海关制度办理通关手续的法律文书。

二、关检融合,统一申报

2018 年 3 月,出入境检验检疫部门划入中国海关之后,关务检务监管部门快速融合,2018 年 8 月 1 日起取消 QP 系统中的一次申报功能,改为在中国国际贸易单一窗口进行融合申报。

关检融合申报后,出口报关单打印样式见表 5-1,进口报关单打印样式见表 5-2。

关检融合以后,海关总署发布了一系列相关政策公告,包括以下内容。

海关总署公告 2018 年第 28 号(关于企业报关报检资质合并有关事项的公告);

海关总署公告 2018 年第 50 号(海关总署关于全面取消《入/出境货物通关单》有关事项的公告);

表 5-1 中华人民共和国海关出口货物报关单

预录入编号：　　　　　　　　　　　　　海关编号：

境内发货人	出境关别	出口日期	申报日期	备案号
境外收货人	运输方式	运输工具名称及航次号	提运单号	
生产销售单位	监管方式	征免性质	许可证号	
合同协议号	贸易国(地区)	运抵国(地区)	指运港	离境口岸

包装种类	件数	毛重(千克)	净重(千克)	成交方式	运费	保费	杂费

随附单证及编号

标记唛码及备注

项号	商品编号	商品名称及规格型号	数量及单位	单价/总价/币制	原产国(地区)	最终目的国(地区)	境内货源地	征免

特殊关系确认：　　　价格影响确认：　　　支付特许权使用费确认：

报关人员　　报关人员证号　　电话	海关批注及签章
兹申明对以上内容承担如实申报、依法纳税之法律责任	
申报单位	
申报单位(签章)	

预录入编号：

表 5-2　中华人民共和国海关进口货物报关单

海关编号：

境内收货人		进境关别	进口日期	申报日期	备案号
境外发货人		运输方式	运输工具名称及航次号	提运单号	货物存放地点
消费使用单位		监管方式	征免性质	许可证号	启运港
合同协议号		贸易国（地区）	启运国（地区）	经停港	入境口岸
包装种类	件数	毛重（千克）	净重（千克）	成交方式	运费	保费	杂费
随附单证及编号							
标记唛码及备注							
项号	商品编号	商品名称及规格型号	数量及单位	单价/总价/币制	原产国（地区）	最终目的国（地区）	境内目的地	征免
特殊关系确认：		价格影响确认：	支付特许权使用费确认：					
报关人员　　报关人员证号　　电话			海关批注及签章					
兹申明对以上内容承担如实申报、依法纳税之法律责任								
申报单位								
申报单位（签章）								

　　海关总署公告 2018 年第 60 号(关于修订《中华人民共和国海关进出口货物报关单填制规范》的公告)；

　　海关总署公告 2018 年第 61 号(关于修改进出口货物报关单和进出境货物备案清单格式的公告)；

　　海关总署公告 2019 年第 18 号(关于修订《中华人民共和国海关进出口货物报关单填制规范》的公告)。

图 5-2　单一窗口登录界面

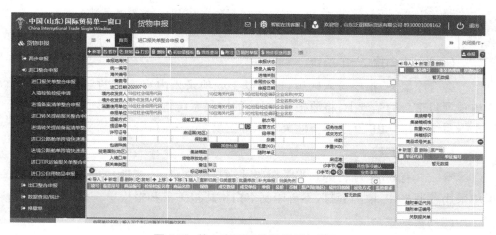

图 5-3　单一窗口报关数据录入界面

图 5-4　单一窗口报关数据录入表头部分

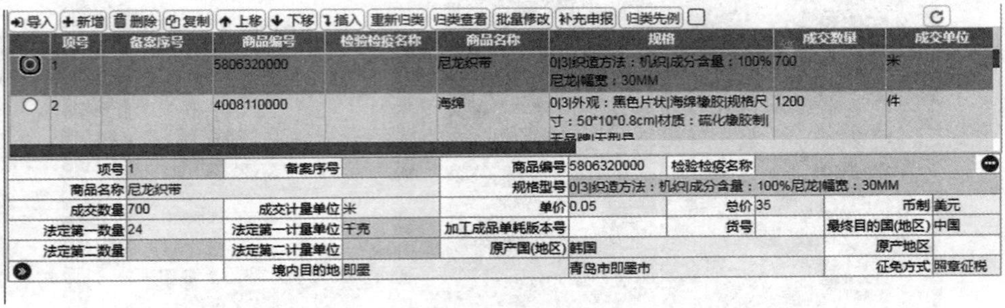

图 5-5　单一窗口报关数据录入表体部分

三、2018 版报关单主要变化

（一）一次申报、一个系统

融合原报关、报检录入内容，形成以 105 项录入内容为主的新报关单。在申报项目整合的基础上，将原报关、报检的申报系统进行整合，形成一个统一的申报系统。用户由"互联网＋海关"、国际贸易"单一窗口"接入。

（二）版式调整

形成具有 56 个项目的新报关单版式（打印）文件，布局改成横版，纸质报关单采用普通打印，取消套打，不再印制空白格式报关单和报检单。

（三）参数整合

按照国家标准—国际标准—行业标准的顺序，实现参数代码的标准化，涉及参数代码 19 项。

(四)随附单据

通关无纸化模式下,整合原报关、报检重复提交的单据只需一套随附单据。

任务二　录入报关单关务数据

根据海关总署 2018 年第 60 号、2019 年第 18 号(关于修订《中华人民共和国海关进出口货物报关单填制规范》的公告)规定的填制规范,在单一窗口系统中录入报关单各申报栏目。

报关单的预录入编号和海关编号由系统自动生成,无须人工录入。预录入编号指预录入报关单的编号,海关编号指海关接受申报时给予报关单的编号。

报关单预录入编号和海关编号都是 18 位,其中第 1~4 位为接受申报海关的代码。第 5~8 位为录入时的公历年份,第 9 位为进出口标志("1"为进口,"0"为出口,集中申报清单"I"为进口,"E"为出口),后 9 位为顺序编号。

一、申报地海关

(一)填报要求

填报海关规定的"关区代码表"(见表 5-3)中相应海关的名称及代码。例如:选择"大连机场"为申报地海关时,应录入"0902"。

注意:申报地海关的关区代码后两位不能为"00"。

表 5-3　关区代码表(部分)

关区代码	关区名称	关区代码	关区名称	关区代码	关区名称
0202	新港海关	2233	浦东机场	3104	北仑海关
0402	秦皇岛关	2301	连云港关	3501	马尾海关
0902	大连机场	2365	张家港保税港区	4001	南昌海关
1501	长春海关	2325	昆山海关	4601	郑州海关
2201	浦江海关	2921	义乌海关	5103	清远海关
2202	吴淞海关	2909	杭经开关	7201	邕州海关

(二)数据出处

根据报关人员在货物进出口申报时的实际情况进行自主选择。

二、报关单类型

(一)填报要求

输入报关单类型的代码:0—有纸报关,L—有纸带清单报关,D—无纸带清单报关,M—通关无纸化。

有纸报关供没有与海关签订通关无纸化企业报关填报用,报关单上不传输随附单据。

有纸带清单报关供没有与海关签订通关无纸化企业报关带有清单的集中申报报关单用,报关单上不传输随附单据。

无纸带清单报关供没有与海关签订通关无纸化企业报关带有清单的集中申报报关单用,报关单上传输随附单据(后改为"M—通关无纸化")。

通关无纸化供与海关签订通关无纸化企业报关填报用,报关单上传输随附单据。

(二)数据出处

根据适用的申报模式进行选择。

三、境内收发货人(原"收发货人")

(一)填报要求

填报在海关备案的对外签订并执行进出口贸易合同的中国境内法人、其他组织名称及编码。编码填报 18 位法人和其他组织统一社会信用代码,没有统一社会信用代码的,填报其在海关的备案编码。

在单一窗口系统中录入企业信息时,分统一社会信用代码、海关代码、检验检疫编码、企业名称四个栏目。只要准确录入其中一个栏目内容,系统会自动返填另三个栏目内容。如果申报货物涉及检验检疫,需要录入 10 位检验检疫编码,否则需要清空检验检疫编码栏。

(二)数据出处

本栏目数据由境内收发货人提供,一般是委托报关协议上的委托人。

企业的 18 位法人和其他组织统一社会信用代码也可通过"国家企业信用信息公示系统"查询。

(三)特殊情况填报

(1)进出口货物合同的签订者和执行者非同一企业的,填报执行合同的企业。

（2）外商投资企业委托进出口企业进口投资设备、物品的，填报外商投资企业，并在标记唛码及备注栏注明"委托某进出口企业进口"，同时注明被委托企业的18位法人和其他组织统一社会信用代码。

（3）有代理报关资格的报关企业代理其他进出口企业办理进出口报关手续时，填报委托的进出口企业。

（4）海关特殊监管区域收发货人填报该货物的实际经营单位或海关特殊监管区域内经营企业。

四、进（出）境关别[原"进（出）口口岸"]

(一)填报要求

根据货物实际进出境的口岸海关，填报海关规定的"关区代码表"中相应口岸海关名称及代码。

(二)数据出处

在提/运单上会有装货港或卸货港的信息作为判断进出境关别的依据，也可使用海关总署舱单信息查询系统查询货物的承运工具的进出境关别。

(三)特殊情况填报要求

进口转关运输货物填报货物进境地海关名称及代码，出口转关运输货物填报货物出境地海关名称及代码。按转关运输方式监管的跨关区深加工结转货物，出口报关单填报转出地海关名称及代码，进口报关单填报转入地海关名称及代码。

在不同海关特殊监管区域或保税监管场所之间调拨、转让的货物，填报对方海关特殊监管区域或保税监管场所所在的海关名称及代码。

其他无实际进出境的货物，填报接受申报的海关名称及代码。

五、进（出）口日期

(一)填报要求

进口日期指运载进口货物的运输工具申报进境的日期。

出口日期指运载出口货物的运输工具办结出境手续的日期，在申报时免予填报。

无实际进出境的货物，填报海关接受申报的日期。

进（出）口日期为8位数字，顺序为年（4位）、月（2位）、日（2位）。

(二)数据出处

进口日期按进口货物的运输工具申报进境的日期填报,也可使用海关总署舱单信息查询系统查询货物的承运工具的进境日期。

六、申报日期

申报日期指海关接受进出口货物收发货人、受委托的报关企业申报数据的日期。以电子数据报关单方式申报的,申报日期为海关计算机系统接受申报数据时记录的日期。以纸质报关单方式申报的,申报日期为海关接受纸质报关单并对报关单进行登记处理的日期。

本栏目在申报时免予填报。

七、备案号

(一)填报要求

填报进出口货物收发货人、消费使用单位、生产销售单位在海关办理加工贸易合同备案或征、减、免税审核确认等手续时,海关核发的《加工贸易手册》、海关特殊监管区域和保税监管场所保税账册、"征免税证明"或其他备案审批文件的编号(首字母为备案或审批文件类型的标记,例如 B 表示来料加工进出口货物,C 表示进料加工进出口货物,E 表示加工贸易电子账册,Z 表示"征免税证明")。

一份报关单只允许填报一个备案号。

(二)数据出处

该栏目数据来自海关备案审批文件的编号,需要由境内收发货人提供并确认。

注意备案号的数据与报关单"监管方式""征免性质""征免""项号"等栏目的数据有关联。

八、境外收发货人(2018 年新增)

境外收货人通常指签订并执行出口贸易合同中的买方或合同指定的收货人,境外发货人通常指签订并执行进口贸易合同中的卖方。

(一)填报要求

填报收发货人的名称及编码。名称一般填报英文名称,检验检疫要求填报其他外文名称的,在英文名称后填报,以半角括号分隔;对于 AEO 互认国家(地区)企业的,编码填报 AEO 编码,填报样式为国别(地区)代码＋海关企业编码(如新加坡 AEO 企业填报样式为 SG123456789012,韩国 AEO 企业填报样式为KR1234567);非互认国家(地区)AEO 企业等其他情形,编码免予填报。

特殊情况下无境外收发货人的,名称及编码填报"NO"。

(二)数据出处

境外收货人填报出口贸易合同中的买方,境外发货人填报进口贸易合同中的卖方。

九、运输方式

运输方式包括实际运输方式和海关规定的特殊运输方式:前者指货物实际进出境的运输方式,按进出境所使用的运输工具分类;后者指货物无实际进出境的运输方式,按货物在境内的流向分类。

(一)填报要求

根据货物实际进出境的运输方式或货物在境内流向的类别,按照海关规定的"运输方式代码表",选择填报相应的运输方式,见表 5-4。

表 5-4　运输方式代码表(2018 年关检融合优化)

代码	中文名称	代码	中文名称
0	非保税区	9	其他方式运输
1	监管仓库	H	边境特殊海关作业区
2	水路运输	T	综合试验区
3	铁路运输	W	物流中心
4	公路运输	X	物流园区
5	航空运输	Y	保税港区
6	邮件运输	Z	出口加工区
7	保税区	L	旅客携带
8	保税仓库	G	固定设施运输

(二)数据出处

有运输单据时,本栏数据填报可根据运输单据的类型进行判断。

(三)特殊情况填报要求

(1)非邮件方式进出境的快递货物,按实际运输方式填报。

(2)进口转关运输货物,按载运货物抵达进境地的运输工具填报;出口转关运输货物,按载运货物驶离出境地的运输工具填报。

(3)不复运出(入)境而留在境内(外)销售的进出境展览品、留赠转卖物品等,填报"其他方式运输"(代码9)。

(4)进出境旅客随身携带的货物,填报"旅客携带"(代码L)。

(5)以固定设施(包括输油、输水管道和输电网等)运输货物的,填报"固定设施运输"(代码G)。

(四)无实际进出境货物在境内流转时填报要求

(1)非保税区运入保税区货物和保税区退区货物,填报"非保税区"(代码0)。

(2)保税区运往境内非保税区货物,填报"保税区"(代码7)。

(3)境内存入出口监管仓库和出口监管仓库退仓货物,填报"监管仓库"(代码1)。

(4)保税仓库转内销货物或转加工贸易货物,填报"保税仓库"(代码8)。

(5)从境内保税物流中心外运入中心或从中心运往境内中心外的货物,填报"物流中心"(代码W)。

(6)从境内保税物流园区外运入园区或从园区内运往境内园区外的货物,填报"物流园区"(代码X)。

(7)保税港区、综合保税区与境内(区外)(非海关特殊监管区域、保税监管场所)之间进出的货物,填报"保税港区/综合保税区"(代码Y)。

(8)出口加工区、珠澳跨境工业区(珠海园区)、中哈霍尔果斯边境合作中心(中方配套区)与境内(区外)(非海关特殊监管区域、保税监管场所)之间进出的货物,填报"出口加工区"(代码Z)。

(9)境内运入深港西部通道港方口岸区的货物,以及境内进出中哈霍尔果斯边境合作中心中方区域的货物,填报"边境特殊海关作业区"(代码H)。

(10)经横琴新区和平潭综合实验区(以下简称综合试验区)二线指定申报通道运往境内区外或从境内经二线指定申报通道进入综合试验区的货物,以及综合试验区内按选择性征收关税申报的货物,填报"综合试验区"(代码T)。

(11)海关特殊监管区域内的流转、调拨货物,海关特殊监管区域、保税监管场所之间的流转货物,海关特殊监管区域与境内区外之间进出的货物,海关特殊监管区域外的加工贸易余料结转、深加工结转、内销货物以及其他境内流转货物,填报"其他方式运输"(代码9)。

十、运输工具名称及航次号

(一)填报要求

填报载运货物进出境的运输工具名称或编号及航次号。填报内容应与运输部门向海关申报的舱单(载货清单)所列相应内容一致。

在系统录入时,运输工具名称及航次号是分两个栏目录入的,如图5-6所示。

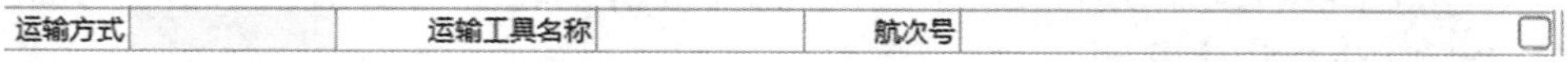

运输方式	运输工具名称	航次号	

图5-6 单一窗口系统中运输工具名称及航次号栏目

(二)数据出处

根据提单或运单上所列的运输工具名称(VESSEL 或 FLIGHT 等)及航次号(VOY-AGE)填写,特殊情况按具体填报要求。

纸质报关单需要在运输工具名称和航次号之间加"/",例如海运提单上的船舶信息为"HUANG HE/V.N097",则本栏目填写为"HUANG HE/N097","V."不用写。

(三)运输工具名称具体填报要求

1. 直接在进出境地或采用全国通关一体化通关模式办理报关手续的报关单填报要求

①水路运输:填报船舶编号(来往港澳小型船舶为监管簿编号)或者船舶英文名称。

②公路运输:启用公路舱单前,填报该跨境运输车辆的国内行驶车牌号,深圳提前报关模式的报关单填报国内行驶车牌号+"/"+"提前报关"。启用公路舱单后,免予填报。

③铁路运输:填报车厢编号或交接单号。

④航空运输:填报航班号。

⑤邮件运输:填报邮政包裹单号。

⑥其他运输:填报具体运输方式名称,如管道、驮畜等。

2. 转关运输货物的报关单填报要求

(1)进口。

①水路运输:直转、提前报关填报"@"+16位转关申报单预录入号(或13

位载货清单号);中转填报进境英文船名。

②铁路运输:直转、提前报关填报"@"+16位转关申报单预录入号;中转填报车厢编号。

③航空运输:直转、提前报关填报"@"+16位转关申报单预录入号(或13位载货清单号);中转填报"@"。

④公路及其他运输:填报"@"+16位转关申报单预录入号(或13位载货清单号)。

⑤以上各种运输方式使用广东地区载货清单转关的提前报关货物填报"@"+13位载货清单号。

(2)出口。

①水路运输:非中转填报"@"+16位转关申报单预录入号(或13位载货清单号)。如多张报关单需要通过一张转关单转关的,运输工具名称字段填报"@"。

中转货物,境内水路运输填报驳船船名,境内铁路运输填报车名(主管海关4位关区代码+"TRAIN"),境内公路运输填报车名(主管海关4位关区代码+"TRUCK")。

②铁路运输:填报"@"+16位转关申报单预录入号(或13位载货清单号),如多张报关单需要通过一张转关单转关的,填报"@"。

③航空运输:填报"@"+16位转关申报单预录入号(或13位载货清单号),如多张报关单需要通过一张转关单转关的,填报"@"。

④其他运输方式:填报"@"+16位转关申报单预录入号(或13位载货清单号)。

3. 采用"集中申报"通关方式办理报关手续

报关单填报"集中申报"。

4. 无实际进出境的货物

无实际进出境的货物免予填报。

(四)航次号具体填报要求

1. 直接在进出境地或采用全国通关一体化通关模式办理报关手续的报关单

①水路运输:填报船舶的航次号。

②公路运输:启用公路舱单前,填报运输车辆的8位进出境日期[顺序为年(4位)、月(2位)、日(2位),下同]。启用公路舱单后,填报货物运输批次号。

③铁路运输:填报列车的进出境日期。

④航空运输:免予填报。

⑤邮件运输:填报运输工具的进出境日期。

⑥其他运输方式:免予填报。

💡 小贴士

允许转关运输的货物

(1)向海关申请办理多式联运手续的货物。

(2)满足规定条件,经海关批准的进口固体废物。

(3)满足规定条件,经主管地海关批准的易受温度、静电、粉尘等自然因素影响或者因其他特殊原因,不宜在口岸海关监管区实施查验的进出口货物。

(4)邮件、快件、暂时进出口货物(含 ATA 单证册项下货物)、过境货物、中欧班列载运货物、市场采购方式出口货物、跨境电子商务零售进出口商品、免税品以及外交、常驻机构和人员公自用物品。

2. 转关运输货物的报关单

(1)进口。

①水路运输:中转转关方式填报"@"+进境干线船舶航次。直转、提前报关免予填报。

②公路运输:免予填报。

③铁路运输:"@"+8 位进境日期。

④航空运输:免予填报。

⑤其他运输方式:免予填报。

(2)出口。

①水路运输:非中转货物免予填报。中转货物:境内水路运输填报驳船航次号;境内铁路、公路运输填报 6 位启运日期[顺序为年(2 位)、月(2 位)、日(2 位)]。

②铁路拼车拼箱捆绑出口:免予填报。

③航空运输:免予填报。

④其他运输方式:免予填报。

3. 无实际进出境的货物

无实际进出境的货物免予填报。

十一、提运单号

(一)填报要求

填报进出口货物提单或运单的编号。一份报关单只允许填报一个提单或运单号,一票货物对应多份提单或运单时,应分单填报。无实际进出境的货物,免予填报。

(二)数据出处

本栏数据来自提单编号(B/L NO.)或运单编号(AWB NO.)。

(三)直接在进出境地或采用全国通关一体化通关模式办理报关手续的填报要求

(1)水路运输:填报进出口提单号。如有分提单的,填报进出口提单号+"*"+分提单号。

(2)公路运输:启用公路舱单前,免予填报;启用公路舱单后,填报进出口总运单号。

(3)铁路运输:填报运单号。

(4)航空运输:填报总运单号+"_"+分运单号,无分运单的填报总运单号。

(5)邮件运输:填报邮运包裹单号。

(四)转关运输货物的填报要求

1. 进口

(1)水路运输:直转、中转填报提单号。提前报关免予填报。

(2)铁路运输:直转、中转填报铁路运单号。提前报关免予填报。

(3)航空运输:直转、中转货物填报总运单号+"_"+分运单号。提前报关免予填报。

(4)其他运输方式:免予填报。

(5)以上运输方式进境货物,在广东省内用公路运输转关的,填报车牌号。

2. 出口

(1)水路运输:中转货物填报提单号;非中转货物免予填报;广东省内汽车运输提前报关的转关货物,填报承运车辆的车牌号。

(2)其他运输方式:免予填报。广东省内汽车运输提前报关的转关货物,填报承运车辆的车牌号。

（五）采用"集中申报"通关方式办理报关手续的填报要求

填报归并的集中申报清单的进出口起止日期［年（4 位）月（2 位）日（2 位）年（4 位）月（2 位）日（2 位）］。

十二、货物存放地点（2018 年新增）

填报进口货物进境后存放的场所或地点，包括海关监管作业场所、分拨仓库、定点加工厂、隔离检疫场、企业自有仓库等。

十三、消费使用单位/生产销售单位

消费使用单位是指已知的进口货物在境内的最终消费、使用单位，包括自行进口货物的单位或者委托进出口企业进口货物的单位。

生产销售单位是指出口货物在境内的生产或销售单位，包括自行出口货物的单位或委托进出口企业出口货物的单位。

（一）填报要求

（1）编码栏填报 18 位法人和其他组织统一社会信用代码。无代码的，填报"NO"。

（2）名称栏填报单位名称。

（二）数据出处

属于自营进出口的情形时填报外贸合同上的中方企业，属于代理进出口的情形时填报委托代理协议上的委托方企业，报关人员需要与境内收发货人确认。

（三）特殊情况

（1）减免税货物报关单的消费使用单位/生产销售单位应与"征免税证明"的"减免税申请人"一致；保税监管场所与境外之间的进出境货物，消费使用单位/生产销售单位填报保税监管场所的名称［保税物流中心（B 型）填报中心内企业名称］。

（2）海关特殊监管区域的消费使用单位/生产销售单位填报区域内经营企业（"加工单位"或"仓库"）。

（3）进口货物在境内的最终消费或使用以及出口货物在境内的生产或销售的对象为自然人的，填报身份证号、护照号、台胞证号等有效证件号码及姓名。

十四、监管方式

监管方式是以国际贸易中进出口货物的交易方式为基础，结合海关对进出口货物的征税、统计及监管条件综合设定的海关对进出口货物的管理方式。其代码由 4 位数字构成,前两位是按照海关监管要求和计算机管理需要划分的分类代码,后两位是参照国际标准编制的贸易方式代码。

(一)填报要求

按海关规定的"监管方式代码表"(表 5-5)选择填报相应的监管方式简称及代码。

一份报关单只允许填报一种监管方式。一批货物若涉及不同监管方式则需要分单填报。

表 5-5　监管方式代码表

代码	简称	代码	简称	代码	简称
0110	一般贸易	0513	补偿贸易	1210	保税电商
0130	易货贸易	0544	保区进料料件	1215	保税工厂
0200	料件销毁	0545	保区来料料件	1233	保税仓库货物
0214	来料加工	0615	进料对口	1234	保税区仓储转口
0245	来料料件内销	0642	进料以产顶进	1239	保税电商 A
0255	来料深加工	0644	进料料件内销	1300	修理物品
0258	来料余料结转	0654	进料深加工	1371	保税维修
0265	来料料件复出	0657	进料余料结转	1427	出料加工
0300	来料料件退换	0664	进料料件复出	1500	租赁不满 1 年
0314	加工专用油	0700	进料料件退换	1523	租赁贸易
0320	不作价设备	0715	进料非对口	1616	寄售代销
0345	来料成品减免	0744	进料成品减免	1741	免税品
0400	边角料销毁	0815	低值辅料	1831	外汇商品
0420	加工贸易设备	0844	进料边角料内销	2025	合资合作设备
0444	保区进料成品	0845	来料边角料内销	2210	对外投资
0445	保区来料成品	0864	进料边角料复出	2225	外资设备物品
0446	加工设备内销	0865	来料边角料复出	2439	常驻机构公用
0456	加工设备结转	1039	市场采购	2600	暂时进出货物
0466	加工设备退运	1139	国轮油物料 I	2700	展览品
0500	减免设备结转	1200	保税间货物	2939	陈列样品

（续表）

代码	简称	代码	简称	代码	简称
3010	货样广告品	4239	驻外机构购进	5300	设备进出区
3100	无代价抵偿	4400	来料成品退换	5335	境外设备进区
3339	其他进出口免费	4500	直接退运	5361	区内设备退运
3410	承包工程进口	4539	进口溢误卸	6033	物流中心进出境货物
3422	对外承包出口	4561	退运货物	9600	内贸货物跨境运输
3511	援助物资	4600	进料成品退换	9610	电子商务
3611	无偿军援	5000	料件进出区	9639	海关处理货物
3612	捐赠物资	5010	特殊区域研发货物	9700	后续补税
3910	军事装备	5014	区内来料加工	9739	其他贸易
4019	边境小额	5015	区内进料加工货物	9800	租赁征税
4039	对台小额	5033	区内仓储货物	9839	留赠转卖物品
4139	对台小额商品交易市场	5034	区内物流货物	9900	其他
4200	驻外机构运回	5100	成品进出区		

（二）数据出处

根据进出口货物的用途、流向与境内收发货人确认合适的监管方式。

（三）特殊情况下加工贸易货物监管方式填报要求

（1）进口少量低值辅料（5 000 美元以下、78 种以内的低值辅料）按规定不使用《加工贸易手册》的，填报"低值辅料"。使用《加工贸易手册》的，按《加工贸易手册》上的监管方式填报。

（2）加工贸易料件转内销货物以及按料件办理进口手续的转内销制成品、残次品、未完成品，填制进口报关单，填报"来料料件内销"或"进料料件内销"；加工贸易成品凭"征免税证明"转为减免税进口货物的，分别填制进、出口报关单，出口报关单填报"来料成品减免"或"进料成品减免"，进口报关单按照实际监管方式填报。

（3）加工贸易出口成品因故退运进口及复运出口的，填报"来料成品退换"或"进料成品退换"；加工贸易进口料件因换料退运出口及复运进口的，填报"来料料件退换"或"进料料件退换"；加工贸易过程中产生的剩余料件、边角料退运出口，以及进口料件因品质、规格等原因退运出口且不再更换同类货物进口的，分别填报"来料料件复出""来料边角料复出""进料料件复出""进料边角料复出"。

（4）加工贸易边角料内销和副产品内销,填制进口报关单,填报"来料边角料内销"或"进料边角料内销"。

（5）企业销毁处置加工贸易货物未获得收入,销毁处置货物为料件、残次品的,填报"料件销毁";销毁处置货物为边角料、副产品的,填报"边角料销毁"。企业销毁处置加工贸易货物得收入的,填报为"进料边角料内销"或"来料边角料内销"。

十五、征免性质

(一)填报要求

按海关规定的"征免性质代码表"(表5-6)选择填报相应的征免性质简称及代码。

一份报关单只允许填报一种征免性质。

持有海关核发的"征免税证明"的,按照"征免税证明"中批注的征免性质填报。

加工贸易货物报关单按照海关核发的《加工贸易手册》中批注的征免性质简称及代码填报。

表 5-6　征免性质代码表

代码	代码征免性质简称	征免性质全称	代码	征免性质简称	征免性质全称
101	一般征税	一般征税进出口货物	301	特定区域	特定区城进口自用物资及出口货物
118	整车征税	构成整车特征的汽车零部件纳税	399	保税区	保税区进口自用物资
119	零部件征税	不构成整车特征的汽车零部件纳税	399	其他地区	其他执行特殊政策地区出口货物
201	无偿援助	无偿援助进出口物资	401	科教用品	大专院校及科研机构进口科教用品
299	其他法定	其他法定减免税进出口货物	403	技术改造	企业技术改造进口货物

（续表）

代码	代码征免性质简称	征免性质全称	代码	征免性质简称	征免性质全称
406	重大项目	国家重大项目进口货物	502	来料加工	来料加工装配和补偿贸易进口料件及出口成品
408	重大技术装备	生产重大技术装备进口关键零部件及原材料	503	进料加工	进料加工贸易进口料件及出口成品
412	基础设施	通信、港口、铁路、公路、机场建设进口设备	506	边境小额	边境小额贸易进口货物
413	残疾人	残疾人组织和企业进出口货物	510	港澳 OPA	港澳在内地加工的纺织品获证出口
417	远洋渔业	远洋渔业自捕水产品	601	中外合资	中外合资经营企业进出口货物
418	国产化	国家定点生产小轿车和摄录机企业进口散件	602	中外合作	中外合作经营企业进出口货物
419	整车特征	构成整车特征的汽车零部件进口	603	外资企业	外商独资企业进出口货物
420	远洋船舶	远洋船舶及设备部件	605	勘探开发煤层气	勘探开发煤层气
421	内销设备	内销近洋船用设备及关键部件	606	海洋石油	勘探、开发海洋石油进口货物
422	集成电路	集成电路生产企业进口货物	608	陆上石油	勘探、开发陆上石油进口货物
423	新型显示器件	新型显示器件生产企业进口物资	609	贷款项目	利用贷款进口货物
499	ITA 产品	非全税号信息技术产品	611	带块中标	国际金融组织贷款、外国政府贷款中标机电设备零部件
501	加工设备	加工贸易外商提供的不作价进口设备	698	公益收藏	国有公益性收藏单位进口藏品

（续表）

代码	代码征免性质简称	征免性质全称	代码	征免性质简称	征免性质全称
789	鼓励项目	国家鼓励发展的内外资项目进口设备	898	国批减免	国务院特准减免税的进出口货物
799	自有资金	外商投资额度外利用自有资金进口设备、备件、配件	997	自贸协定	—
801	救灾捐赠	救灾捐赠进口物资	998	内部暂定	享受内部暂定税率的进出口货物
802	慈善捐赠	境外捐赠人无偿向我境内受赠人捐赠的直接用于慈善事业的免税进口物资	999	例外减免	例外减免税进出口货物
888	航材减免	经核准的航空公司进口维修用航空器材			

（二）数据出处

有"征免税证明"或《加工贸易手册》的，按文件上批注的征免性质填报。其他情形则根据实际情况结合监管方式进行判断，二者有对应的逻辑关系。

（三）加工贸易特殊情况填报要求

（1）加工贸易转内销货物，按实际情况填报（如一般征税、科教用品、其他法定等）。

（2）料件退运出口、成品退运进口货物填报"其他法定"。

（3）加工贸易结转货物，免予填报。

十六、许可证号

（一）填报要求

填报进（出）口许可证、两用物项和技术进（出）口许可证、两用物项和技术出口许可证（定向）、纺织品临时出口许可证、出口许可证（加工贸易）、出口许可证（边境小额贸易）的编号。

一份报关单只允许填报一个许可证号。

（二）数据出处

数据来自上述提到的许可证上的编号，需要查询商品的监管条件确定是否需要许可证。

十七、启运港（2018 年新增）

启运港是指进口货物在运抵我国关境前的第一个境外装运港。

（一）填报要求

根据实际情况，按海关规定的"港口代码表"填报相应的港口名称及代码，未在"港口代码表"列明的，填报相应的国家名称及代码。货物从海关特殊监管区域或保税监管场所运至境内区外的，填报"港口代码表"中相应海关特殊监管区域或保税监管场所的名称及代码，未在"港口代码表"中列明的，填报"未列出的特殊监管区"及代码。

其他无实际进境的货物，填报"中国境内"及代码。

（二）数据出处

查看进口运输单据中的装运港。若有转运，填报第一个装运港。

十八、合同协议号

（一）填报要求

填报进出口货物合同（包括协议或订单）编号。未发生商业性交易的免予填报。

（二）数据出处

数据来自外贸合同上的编号。

十九、贸易国（地区）

（一）填报要求

发生商业性交易的进口填报购自国（地区），出口填报售予国（地区）。未发生商业性交易的填报货物所有权拥有者所属的国家（地区）。

按海关规定的"国别（地区）代码表"（见表 5-7）选择填报相应的贸易国（地区）中文名称及代码。2018 版"国别（地区）代码表"在原关检参数数据整合的基础上，采用国家标准代码。

（二）数据出处

数据来自外贸合同或发票上的境外贸易企业所在国家（地区）。

二十、启运国（地区）/运抵国（地区）

启运国（地区）填报进口货物起始发出直接运抵我国或者在运输中转国（地

区)未发生任何商业性交易的情况下运抵我国的国家(地区)。

运抵国(地区)填报出口货物离开我国关境直接运抵或者在运输中转国(地区)未发生任何商业性交易的情况下最后运抵的国家(地区)。

不经过第三国(地区)转运的直接运输进出口货物,以进口货物的装货港所在国(地区)为启运国(地区),以出口货物的指运港所在国(地区)为运抵国(地区)。

经过第三国(地区)转运的进出口货物,如在中转国(地区)发生商业性交易,则以中转国(地区)作为启运国(地区)/运抵国(地区)。

表 5-7 部分国别(地区)代码表(2018 年关检融合优化)

代码	中文名称	英文名称	代码	中文名称	英文名称
AUS	澳大利亚	Australia	BRA	巴西	Brazil
ARE	阿联酋	United Arab Emirates	CHN	中国	China
TWN	中国台湾	Taiwan(Province of China)	HKG	中国香港	Hong Kong(China)
DEU	德国	Germany	IND	印度	India
KOR	韩国	Korea	FRA	法国	France
RUS	俄罗斯联邦	Russian Federation	SGP	新加坡	Singapore
USA	美国	United States of America	JPN	日本	Japan
GBR	英国	United Kingdom of Great Britain and Northern Ireland	EGY	埃及	Egypt

(来源:中国报关协会编《关务基本技能(2020 年版)》,中国海关出版社有限公司 2020 年版,第 108 页。)

(一)填报要求

按海关规定的"国别(地区)代码表"选择填报相应的启运国(地区)或运抵国(地区)中文名称及代码。

无实际进出境的货物,填报"中国"及代码。

(二)数据出处

数据依据运输单据的装货港(port of loading)/目的港(port of destination)和转运(transshipment 或 via 等)情况,需要同时核对外贸合同或商业发票交易对方所在国家(地区)。

二十一、经停港/指运港(原"装货港/指运港")

经停港是指进口货物在运抵我国关境前的最后一个境外装运港。

指运港是指出口货物运往境外的最终目的港;最终目的港不可预知的,按尽可能预知的目的港填报。

 小贴士

货物有中转时判断是否发生买卖关系

例1:我国A公司与美国B公司签订进口合同,货物从纽约直接运输至上海。那么启运国(地区)为美国。(没有发生中转)

例2:我国某公司进口一批货物,货物从伦敦起运途经中国香港转运至上海。如果在香港中转时没有发生买卖关系,则启运国(地区)仍为英国;如果在香港发生了买卖关系,那么启运国(地区)为中国香港。是否发生买卖关系,从发票的出票人来判断,看由谁开出的发票。在本例中,如果是由英国公司开出的发票,则在香港中转时没有发生买卖关系,货物仍然是由英国公司卖给我国企业的,启运国(地区)仍为英国。如果是由香港公司开出的发票,则说明货物是在香港中转时发生了买卖关系,货物是由香港公司卖给的我国内地企业的,启运国(地区)为中国香港,启运港仍为伦敦。

(一)填报要求

根据实际情况,按海关规定的"港口代码表"选择填报相应的港口名称及代码。经停港/指运港在"港口代码表"(表5-8)中无港口名称及代码的,可选择填报相应的国家名称及代码。

无实际进出境的货物,填报"中国境内"及代码。

表5-8　部分港口代码表(2018年关检融合优化)

代码	中文名称	英文名称
CHN000	中国境内	China
HKG003	香港(中国香港)	HongKong, HongKong(China)
SGP005	丹戎巴戈(新加坡)	TanjongPagar, Singapore
KOR003	釜山(韩国)	Busan, Korea(Republic of)
NLD006	鹿特丹(荷兰)	Rotterdam, Netherlands
ARE018	迪拜(阿联酋)	Dubai, United Arab Emirates
MYS105	巴生港(马来西亚)	Port Kelang, Malaysia
USA264	洛杉矶(美国)	Los Angeles, United States
DEU063	汉堡(德国)	Hamburg, Germany

(二)数据出处

数据依据运输单据的装货港/目的港和转运情况。

二十二、入境口岸/离境口岸(2018年新增)

(一)填报要求

按海关规定的"国内口岸编码表"(表5-9)选择填报相应的境内口岸名称及代码。

入境口岸/离境口岸类型包括港口、码头、机场、机场货运通道、边境口岸、火车站车辆装卸点、车检场、陆路港、坐落在口岸的海关特殊监管区域等。

表5-9   部分国内口岸编码表

代码	中文名称	代码	中文名称	代码	中文名称
110001	北京	310001	上海	330001	杭州
110002	北京平谷国际陆港	310011	中国(上海)自由贸易试验区	331101	杭州保税物流园区(B型)
110003	北京天竺综合保税区	311201	上海站	333301	杭州出口加工区
110101	首都国际机场	310402	吴淞	333302	杭州中和保税区
110301	北京朝阳口岸	311002	洋山港	330002	杭州萧山国际机场

入境口岸填报进境货物从跨境运输工具卸离的第一个境内口岸的中文名称及代码;采取多式联运跨境运输的,填报多式联运货物最终卸离的境内口岸中文名称及代码;过境货物填报货物进入境内的第一个口岸的中文名称及代码;从海关特殊监管区域或保税监管场所进境的,填报海关特殊监管区域或保税监管场所的中文名称及代码。其他无实际进境的货物,填报货物所在地的城市名称及代码。

离境口岸填报装运出境货物的跨境运输工具离境的第一个境内口岸的中文名称及代码;采取多式联运跨境运输的,填报多式联运货物最初离境的境内口岸中文名称及代码;过境货物填报货物离境的第一个境内口岸的中文名称及代码;从海关特殊监管区域或保税监管场所出境的,填报海关特殊监管区域或保税监管场所的中文名称及代码。其他无实际出境的货物,填报货物所在地的城市名称及代码。

(二)数据出处

数据来自运输单据的装货港(装货地)/目的港(目的地)栏目。

二十三、包装种类

(一)填报要求

填报进出口货物的所有包装材料,包括运输包装种类(图 5-7)和其他包装(图 5-8),按海关规定的“包装种类代码表”(表 5-10)选择填报相应的包装种类名称及代码。

运输包装指提/运单所列货物件数单位对应的包装,例如托盘、纸箱等。

其他包装包括货物的各类包装以及植物性铺垫材料等。

图 5-7　单一窗口系统中包装种类栏目

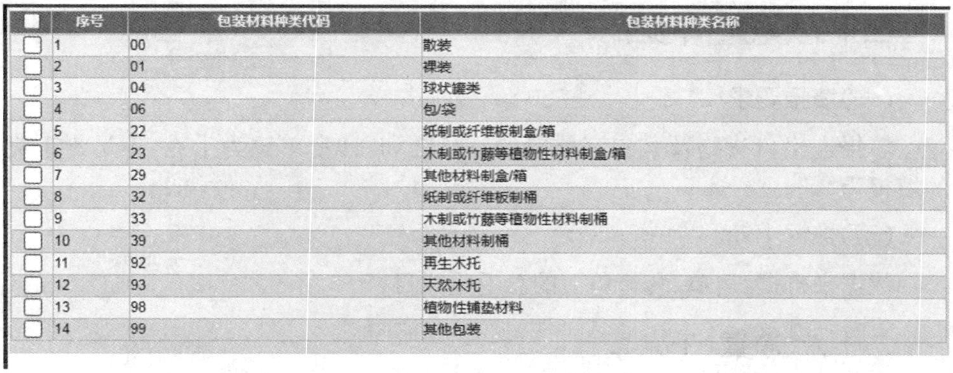

序号	包装材料种类代码	包装材料种类名称
1	00	散装
2	01	裸装
3	04	球状罐类
4	06	包/袋
5	22	纸制或纤维板制盒/箱
6	23	木制或竹藤等植物性材料制盒/箱
7	29	其他材料制盒/箱
8	32	纸制或纤维板制桶
9	33	木制或竹藤等植物性材料制桶
10	39	其他材料制桶
11	92	再生木托
12	93	天然木托
13	98	植物性铺垫材料
14	99	其他包装

图 5-8　单一窗口系统中其他包装窗口

表 5-10　包装种类代码表(2018 年关检融合优化)

代码	中文名称	代码	中文名称	代码	中文名称
22	纸制或纤维板制盒/箱	39	其他材料制桶	00	散装
23	木制或竹藤等植物性材料制盒/箱	92	再生木托	01	裸装
29	其他材料制盒/箱	93	天然木托	04	球状罐装
32	纸制或纤维板制桶	99	其他包装	06	包/袋
33	木制或竹藤等植物性材料制桶				

(二)数据出处

数据来自提/运单、装箱单上的包装情况等栏目。包装种类与件数一般会一起显示,例如 130CTNS。

二十四、件数

(一)填报要求

填报进出口货物运输包装的件数(按运输包装计)。

舱单中的件数为集装箱的,填报集装箱个数。舱单中的件数为托盘的,填报托盘数。

不得填报为零,裸装货物填报为"1"。

(二)数据出处

数据来自舱单、提/运单、装箱单上的唛头、包装情况等栏目。

报关单的件数必须与舱单的件数一致。

二十五、毛重(千克)

(一)填报要求

填报进出口货物及其包装材料的重量之和,计量单位为千克,不足 1 千克的填报为"1"。

(二)数据出处

数据来自提/运单、装箱单上的总毛重栏目。

二十六、净重(千克)

(一)填报要求

填报进出口货物的毛重减去外包装材料后的重量,即货物本身的实际重量,计量单位为千克,不足 1 千克的填报为"1"。

(二)数据出处

数据来自装箱单上的总净重栏目。

二十七、成交方式

(一)填报要求

根据进出口货物实际成交价格条款,按海关规定的"成交方式代码表"选择填报相应的成交方式代码。除常见的 CIF、C&F、FOB 外,成交方式还包括 C&I、市场价、垫仓。

无实际进出境的货物,进口填报 CIF,出口填报 FOB。

(二)数据出处

数据来自外贸合同或商业发票上的贸易术语,但成交方式不完全等同于贸易术语。贸易术语与成交方式的对应关系如表 5-11 所列。

表 5-11　贸易术语与成交方式的对应关系

发票中的贸易术语	报关单中应填写的成交方式	成交方式代码
CIF、CIP 以及 DDP、DAT、DAP	CIF	1
CFR(CNF、C&F)、CPT	C&F	2
FCA、FAS、FOB	FOB	3
EXW	EXW	7

二十八、运费

(一)填报要求

填报进口货物运抵我国境内输入地点起卸前的运输费用,出口货物运至我国境内输出地点装载后的运输费用。

运费可按运费单价、总价或运费率三种方式之一填报,注明运费标记("1"表示运费率,"2"表示每吨货物的运费单价,"3"表示运费总价),并按海关规定的"货币代码表"选择填报相应的币种代码。

在纸质报关单上,5%的运费率填报为 5;24 美元的运费单价填报为 USD/24/2;7 000 美元的运费总价填报为 USD/7000/3。

(二)数据出处

本栏数据来自国际运费发票,或由境内收发货人或货代运输企业提供。

二十九、保费

(一)填报要求

填报进口货物运抵我国境内输入地点起卸前的保险费用,出口货物运至我国境内输出地点装载后的保险费用。

保费可按保险费总价或保险费率两种方式之一填报,注明保险费标记(保险费标记"1"表示保险费率,"3"表示保险费总价),并按海关规定的"货币代码表"选择填报相应的币种代码。

保费的填写格式与运费相同。例如,3‰的保险费率填报为 0.3;140 港元保险费总价填报为 HKD/140/3。

(二)数据出处

本栏数据来自保险费发票,或由境内收发货人提供。

运费与保费栏均为选填项目,只有在境内收发货人承担了运费或保费时才需要填报,具体如表 5-12 所列。

表 5-12　运费与保费是否需要填报比较表

	成交方式	运费	保费
进口	CIF	不填	不填
	C&R	不填	填
	FOB	填	填
出口	FOB	不填	不填
	C&R	填	不填
	CIF	填	填

三十、杂费

(一)填报要求

填报成交价格以外的、按照《中华人民共和国进出口关税条例》相关规定应计入完税价格或应从完税价格中扣除的费用。可按杂费总价或杂费率两种方式之一填报,注明杂费标记(杂费标记"1"表示杂费率,"3"表示杂费总价),并按海关规定的"货币代码表"选择相应的币种代码。

应计入完税价格的杂费填报为正值或正率,应从完税价格中扣除的杂费填报为负值或负率。

(二)数据出处

本栏数据来自相关费用的发票,或由境内收发货人提供。

三十一、随附单证及编号

(一)填报要求

随附单证1根据"监管证件代码表"(表5-13)选择填报除"许可证号"栏的许可证件以外的其他进出口许可证件或监管证件;随附单证2为申报时需要上传的电子版随附单据,根据"随附单据代码表"填报随附单据的代码及编号。

随附单证1录入界面如图5-9所示。

表5-13　监管证件代码表

代码	许可证或批文名称	代码	许可证或批文名称
1	进口许可证	O	自动进口许可证(新旧机电产品)
2	两用物项和技术进口许可证	P	固体废物进口许可证
3	两用物项和技术出口许可证	Q	进口药品通关单
4	出口许可证	R	进口兽药通关单
5	纺织品临时出口许可证	S	进出口农药登记证明
6	旧机电产品禁止进口证明	U	合法捕捞产品通关证明
7	自动进口许可证	V	人类遗传资源材料出口、出境证明
8	禁止出口商品	X	有毒化学品环境管理放行通知单
9	禁止进口商品	Z	赴境外加工光盘进口备案证明
A	检验检疫	b	进口广播电影电视节目带(片)提取单
B	电子底账	d	援外项目任务通知函
D	出/入境货物通关单(毛坯钻石用)	f	音像制品(成品)进口批准单
E	濒危物种允许出口证明书	g	技术出口合同登记证
F	濒危物种允许进口证明书	i	技术出口许可证
G	两用物项和技术出口许可证(定向)	k	民用爆炸物品进出口审批单
I	麻醉精神药品进出口准许证	m	银行调运人民币现钞进出境证明
J	黄金及黄金制品进出口准许证	n	音像制品(版权引进)批准单
L	药品进出口准许证	u	钟乳石出口批件
M	密码产品和设备进口许可证	z	古生物化石出境批件

随附单证 2 指采用通关无纸化模式时，需要在系统中点击"随附单据"按钮上传随附单据。如图 5-10 所示，并按海关规定的"随附单据单"录入相应的 8 位随附单据编号。例如，上传合同时，"随附单据"需录入"0000004"。

对于进口货物，必备的随附单据包括合同、发票、监管证件、委托报关协议，装箱单、提/运单在申报时可不提交，海关审核时如需要再提交；保税加工货物还需要提交《加工贸易手册》。对于出口货物，必备的随附单据包括监管证件、委托报关协议，合同、发票、装箱单在申报时可不提交，海关审核时如需要再提交。

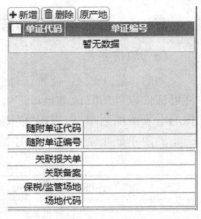

图 5-9   单一窗口随附单证栏

图 5-10   单一窗口随附单据上传按钮

（二）数据出处

数据来自境内收发货人获得的监管证件的类型和编号以及准备好的电子版随附单据。

（三）特殊情况

1. 加工贸易内销

使用加工贸易内销征税报关单（使用金关二期加贸管理系统的除外），随附单证代码栏填报"c"，随附单证编号栏填报海关审核通过的内销征税联系单号。

2. 进口申请享受协定税率或者特惠税率时

（1）使用原产地证书或原产地声明。一般贸易进出口货物，只能使用原产地证书申请享受协定税率或者特惠税率（以下统称优惠税率）（无原产地声明模式），"随附单证代码"栏填报原产地证书代码"Y"，在"随附单证编号"栏填报"〈优惠贸易协定代码〉"和"原产地证书编号"。可以使用原产地证书或者原产地声明申请享受优惠税率的(有原产地声明模式),"随附单证代码"栏填写"Y","随附单证编号"栏填报"〈优惠贸易协定代码〉""C"(凭原产地证书申报)或"D"(凭原产地声明申报),以及"原产地证书编号(或者原产地声明序列号)"。一份报关单对应一份原产地证书或原产地声明。

各优惠贸易协定代码如下。

"01"为《亚太贸易协定》(仅韩国实现原产地电子信息交换);

"02"为《中国—东盟自贸协定》;

"03"为《内地与香港关于建立更紧密经贸关系安排》(香港 CEPA)(实现原产地电子信息交换);

"04"为《内地与澳门关于建立更紧密经贸关系安排》(澳门 CEPA)(实现原产地电子信息交换);

"06"为"台湾农产品零关税措施";

"07"为《中国—巴基斯坦自贸协定》;

"08"为《中国—智利自贸协定》;

"10"为《中国—新西兰自贸协定》(有原产地声明模式)(实现原产地电子信息交换);

"11"为《中国—新加坡自贸协定》;

"12"为《中国—秘鲁自贸协定》;

"13"为"最不发达国家特别优惠关税待遇"(有原产地声明模式);

"14"为《海峡两岸经济合作框架协议》(ECFA)(实现原产地电子信息交换);

"15"为《中国—哥斯达黎加自贸协定》;

"16"为《中国—冰岛自贸协定》(有原产地声明模式);

"17"为《中国—瑞士自贸协定》(有原产地声明模式);

"18"为《中国—澳大利亚自贸协定》(有原产地声明模式);

"19"为《中国—韩国自贸协定》(实现原产地电子信息交换);

"20"为《中国—格鲁吉亚自贸协定》。

(2)原产地对应关系表。"单证对应关系表"中填报报关单上的申报商品项与原产地证书(原产地声明)上的商品项之间的对应关系(见图 5-11)。报关单上的商品序号与原产地证书(原产地声明)上的项目编号应一一对应,不要求顺序对应。同一批次进口货物可以在同一报关单中申报,不享受优惠税率的货物序号不填报在"单证对应关系表"中。

(3)不使用原产地证据文件。各优惠贸易协定项下,免提交原产地证据文件的小金额进口货物"随附单证代码"栏填报"Y","随附单证编号"栏填报"〈优惠贸易协定编号〉XJE00000","单证对应关系表"享惠报关单项号按实际填报,对应单证项号与享惠报关单项号相同。

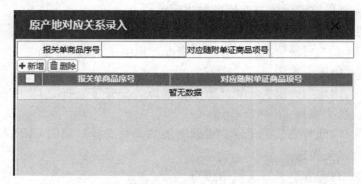

图 5-11   单一窗口系统中原产地对应关系录入编辑窗口

3. 海关特殊监管区域和保税监管场所内销货物

海关特殊监管区域和保税监管场所内销货物申请适用优惠税率的,有关货物进出海关特殊监管区域和保税监管场所以及内销时,已通过原产地电子信息交换系统实现电子联网的优惠贸易协定项下货物报关单,按照上述一般贸易要求填报;未实现电子联网的优惠贸易协定项下货物报关单,"随附单证代码"栏填报"Y","随附单证编号"栏填报"〈优惠贸易协定编码〉"和"原产地证据文件备案号"。"原产地证据文件备案号"为进出口货物的收发货人或者其代理人录入原产地证据文件电子信息后,系统自动生成的号码。

4. 向港澳地区出口原材料

向香港或者澳门特别行政区出口用于生产香港 CEPA 或者澳门 CEPA 项下货物的原材料时,按照上述一般贸易填报要求填制报关单,香港或澳门生产厂商在香港工贸署或者澳门经济局登记备案的有关备案号填报在"关联备案"栏。

5. 法定检验检疫商品

涉及法定检验检疫要求的进口商品申报时,在报关单随附单证栏中不再填写原通关单代码和编号。企业可以通过"单一窗口"(包括通过"互联网+海关"接入"单一窗口")报关报检合一界面向海关一次申报。如需使用"单一窗口"单独报关、报检界面或者报关报检企业客户端申报的,企业应当在报关单随附单证栏中填写报检电子回执上的检验检疫编号,并填写代码"A"。

涉及法定检验检疫要求的出口商品申报时,企业无须在报关单随附单证栏中填写原通关单代码和编号,应当填写报检电子回执上的企业报检电子底账数据号,并填写代码"B"。

在特殊情况下,仍需检验检疫纸质证明文件的,对入境动植物及其产品,在运输途中需提供运递证明的,出具纸质《入境货物调离通知单》。对出口集中申报等特殊货物,或者因计算机、系统等故障问题,根据需要出具纸质《出境货物检验检疫工作联系单》。

海关统发送一次放行指令,海关监管作业场所经营单位凭海关放行指令为企业办理货物提离手续。

三十二、标记唛码及备注

在系统中分标记唛码、备注两个栏目录入数据。

(一)标记唛码填报要求

标记唛码栏填报标记唛码中除图形以外的文字、数字,在系统中也可上传图片文档;无标记唛码的填报"N/M"。

(二)备注填报要求

(1)受外商投资企业委托代理其进口投资设备、物品的,填报受托进口企业名称。

(2)"关联备案"栏的填报。与本报关单有关联关系的,同时在业务管理规范方面又要求填报的备案号,填报在电子数据报关单中"关联备案"栏(见图5-12)。

保税间流转货物、加工贸易结转货物及凭"征免税证明"转内销货物,其对应的备案号填报在"关联备案"栏。

减免税货物结转出口(转出),"关联备案"栏填报与其相对应的进口(转入)报关单"备案号"栏中"征免税证明"的编号。

(3)"关联报关单"栏的填报。与本报关单有关联关系的,同时在业务管理规范方面又要求填报的报关单号,填报在电子数据报关单中"关联报关单"栏(见图5-12)。

保税间流转、加工贸易结转类的报关单,应先办理进口报关,并将进口报关单号填入出口报关单的"关联报关单"栏。

办理进口货物直接退运手续的,除另有规定外,应先填制出口报关单,再填制进口报关单,并将出口报关单号填报在进口报关单的"关联报关单"栏。

减免税货物结转出口(转出),应先办理进口报关,并将进口(转入)报关单号填入出口(转出)报关单的"关联报关单"栏。

(4)办理进口货物直接退运手续的,填报"〈ZT"+"海关审核联系单号或者海关责令进口货物直接退运通知书编号"+"〉"。办理固体废物直接退运手续的,填报"固体废物,直接退运表 XX 号/责令直接退运通知书 XX 号"。

(5)"保税/监管场地"栏的填报。保税监管场地进出货物,在"保税/监管场地"栏(见图 5-12)填报本保税监管场地编码[保税物流中心(B 型)填报本中心的国内地区代码],其中涉及货物在保税监管场地间流转的,在本栏填报对方保税监管场地代码。

(6)涉及加工贸易货物销毁处置的,填报海关加工贸易货物销毁处置申报表编号。

(7)当监管方式为"暂时进出货物"(2600)和"展览品"(2700)时的填报要求。

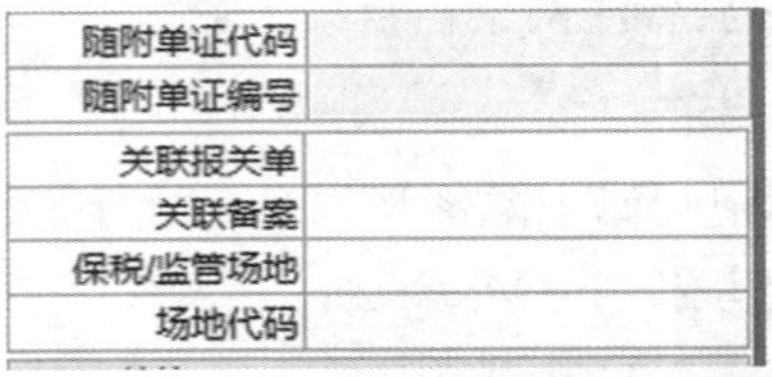

图 5-12　单一窗口系统中关联报关单、关联备案、保税/监管场地栏目

①根据《中华人民共和国海关暂时进出境货物管理办法》(海关总署令第 233 号,以下简称《管理办法》)第三条第一款所列项目,填报暂时进出境货物类别,如暂进六,暂出九。

②根据《管理办法》第十条,填报复运出境或者复运进境日期,期限应在货物进出境之日起 6 个月内,如 20180815 前复运进境,20181020 前复运出境。

③根据《管理办法》第七条,向海关申请对有关货物是否属于暂时进出境货物进行审核确认的,填报"中华人民共和国 X X 海关暂时进出境货物审核确认书"编号,如〈ZS 海关审核确认书编号〉,其中英文为大写字母。无此项目的,无须填报。

上述内容依次填报,项目间用"/"分隔,前后均不加空格。

④收发货人或其代理人申报货物复运进境或者复运出境的,货物办理过延期的,根据《管理办法》填报《货物暂时进/出境延期办理单》的海关回执编号,如〈ZS 海关回执编号〉,其中英文为大写字母。无此项目的,无须填报。

(8)跨境电子商务进出口货物,填报"跨境电子商务"。

(9)加工贸易副产品内销,填报"加工贸易副产品内销"。

（10）服务外包货物进口，填报"国际服务外包进口货物"。

（11）公式定价进口货物填报公式定价备案号，格式为"公式定价"＋备案编号＋"@"。对于同一报关单下有多项商品的，如某项或某几项商品为公式定价备案的，则备注栏内填报为："公式定价"＋备案编号＋"♯"＋商品序号＋"@"。

（12）进出口与"预裁定决定书"列明情形相同的货物时，按照"预裁定决定书"填报，格式为："预裁定"＋"预裁定决定书"编号。例如，某份"预裁定决定书"编号为 R-2-0100-2018-0001，则填报为"预裁定 R-2-010-2018-0001"。

（13）含归类行政裁定报关单，填报归类行政裁定编号，格式为："C"＋四位数字编号，例如 c0001。

（14）已经在进入特殊监管区时完成检验的货物，在出区入境申报时，填报"预检验"字样，同时在"关联报检单"栏填报实施预检验的报关单号。

（15）进口直接退运的货物，填报"直接退运"字样。

（16）企业提供 ATA 单证册的货物，填报"ATA 单证册"字样。

（17）不含动物源性低风险生物制品，填报"不含动物源性"字样。

（18）货物自境外进入境内特殊监管区或者保税仓库的，填报"保税入库"或者"境外入区"字样。

（19）海关特殊监管区域与境内区外之间采用分送集报方式进出的货物，填报"分送集报"字样。

（20）军事装备出入境的，填报"军品"或"军事装备"字样。

（21）申报 HS 为 3821000000、3002300000 的，属于下列情况的，填报要求：属于培养基的，填报"培养基"字样；属于化学试剂的，填报"化学试剂"字样；不含动物源性成分的，填报"不含动物源性"字样。

（22）属于修理物品的，填报"修理物品"字样。

（23）属于下列情况的，填报相应内容："压力容器""成套设备""食品添加剂""成品退换""旧机电产品"等字样。

（24）申报 HS 为 2903890020（入境六溴环十二烷），用途为"其他"（99）的，填报具体用途。

（25）集装箱体信息填报集装箱号（在集装箱箱体上标示的全球唯一编号）、集装箱规格代码、集装箱货重（集装箱箱体自重＋装载货物重量，千克）、集装箱商品项号关系（单个集装箱对应的商品项号，例如 APLU4116601 箱号装载了项号为 1、3 和 5 的商品时，应在"商品项号关系栏"录入"1,3,5"，项号间用半角逗号分隔）。进出口货物装运集装箱装箱为拼箱时，在"拼箱标识"栏中填报"是"。

集装箱体信息在系统中录入的界面如图 5-13 所示。

表 5-14　集装箱代码表

代码	中文名称	代码	中文名称
11	普通 2 * 标准箱(L)	22	冷藏标准箱(S)
12	冷藏 2 * 标准箱(L)	23	罐式标准箱(S)
13	罐式 2 * 标准箱(L)	31	其他标准箱(S)
21	普通标准箱(S)	32	其他 2 * 标准箱(L)

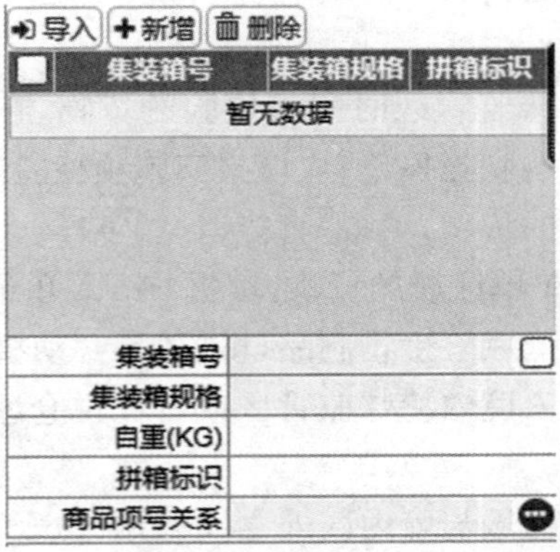

图 5-13　单一窗口系统中集装箱体信息栏目

(26)申报 HS 为 3006300000、3504009000、3507909010、3507909090、3822001000、3822009000,不属于"特殊物品"的,填报"非特殊物品"字样。如是特殊物品,需要注意在表体栏填报相应的"货物属性代码"以及填报"产品资质"。"特殊物品"定义见《出入境特殊物品卫生检疫管理规定》(国家质量监督检验检疫总局令第 160 号公布,根据国家质量监督检验检疫总局令第 184 号、海关总署令第 238 号、第 240 号、第 243 号修改)。

(27)进出口列入目录的进出口商品,以及法律、行政法规规定须经出入境检验检疫机构检验的其他进出口商品实施检验的(涉检货物),填报"应检商品"字样。

(28)申报时其他必须说明的事项。

(三)数据出处

标记唛码的内容来自外贸合同、商业发票等单据上的唛头信息。

备注栏根据实际情况填报。

三十三、项号

(一)填报要求

在纸质报关单中分两行填报,在系统中录入时分两栏填报,如图 5-14 所示。第一行填报报关单中的商品顺序编号;第二行填报"备案序号",专用于加工贸易及保税、减免税等已备案、审批的货物,填报该项货物在《加工贸易手册》或"征免税证明"等备案、审批单证中的顺序编号。有关优惠贸易协定项下报关单填制要求按照海关总署相关规定执行。

项号	1	备案序号	3
商品名称	热敏电阻		
成交数量	180.5	成交计量单位	千个

图 5-14　单一窗口中项号、备案序号栏目

(二)数据出处

备案序号来自报关货物在备案、审批文件中相应的顺序编号或项号。

(三)备案序号特殊情况填报要求

(1)深加工结转货物,分别按照《加工贸易手册》中的进口料件项号和出口成品项号填报。

(2)料件结转货物,出口报关单按照转出《加工贸易手册》中进口料件的项号填报;进口报关单按照转进《加工贸易手册》中进口料件的项号填报。

(3)料件复出货物(包括料件、边角料),出口报关单按照《加工贸易手册》中进口料件的项号填报;如边角料对应一个以上料件项号时,填报主要料件项号。料件退换货物(包括料件、不包括未完成品),进出口报关单按照《加工贸易手册》中进口料件的项号填报。

(4)成品退换货物,退运进境报关单和复运出境报关单按照《加工贸易手册》原出口成品的项号填报。

(5)加工贸易料件转内销货物(以及按料件办理进口手续的转内销制成品、残次品、未完成品)填制进口报关单,填报《加工贸易手册》进口料件的项号;加工贸易边角料、副产品内销,填报《加工贸易手册》中对应的进口料件项号。如边角料或副产品对应一个以上料件项号时,填报主要料件项号。

(6)加工贸易成品凭"征免税证明"转为减免税货物进口的,应先办理进口

报关手续。进口报关单填报"征免税证明"中的项号,出口报关单填报《加工贸易手册》原出口成品项号,进、出口报关单货物数量应一致。

(7)加工贸易货物销毁,填报《加工贸易手册》中相应的进口料件项号。

(8)加工贸易副产品退运出口、结转出口,填报《加工贸易手册》中新增成品的出口项号。

(9)经海关批准实行加工贸易联网监管的企业,按海关联网监管要求,企业需申报报关清单的,应在向海关申报进出口(包括形式进出口)报关单前,向海关申报"清单"。一份报关清单对应一份报关单,报关单上的商品由报关清单归并而得。加工贸易电子账册报关单中项号、品名、规格等栏目的填制规范比照《加工贸易手册》。

三十四、商品编号

(一)填报要求

填报由 10 位数字组成的商品编号,前 8 位为《中华人民共和国海关进出口税则》和《中华人民共和国海关统计商品目录》确定的编码,第 9、10 位为监管附加编号。

(二)数据出处

由进出口企业提供前 10 位 HS 编码,或由报关人员按商品实际情况确定 HS 编码。有《加工贸易手册》或"征免税证明"等备案文件的,需要与备案文件中的商品 HS 编码一致。

三十五、商品名称及规格型号

(一)填报要求

纸质报关单分两行填报,第一行填报进出口货物规范的中文商品名称,第二行填报规格型号。在系统中分两栏录入,填报"规格型号"时,在录入"商品编号"后按回车键系统会弹出规格型号录入窗口,然后逐项输入各项申报要素的内容,如图 5-15 所示。

(二)数据出处

商品的中文名称和具体的申报要素数据由进出口企业提供,企业要提供哪些申报要素项目可以通过网络查询获得。例如,利用如下报关常用网站(见图 5-16),https://www.tsfyun.com/query-name.html,在"商品编码"栏输入 HS

编码后,点击右边的查询按钮,即得到查询结果。

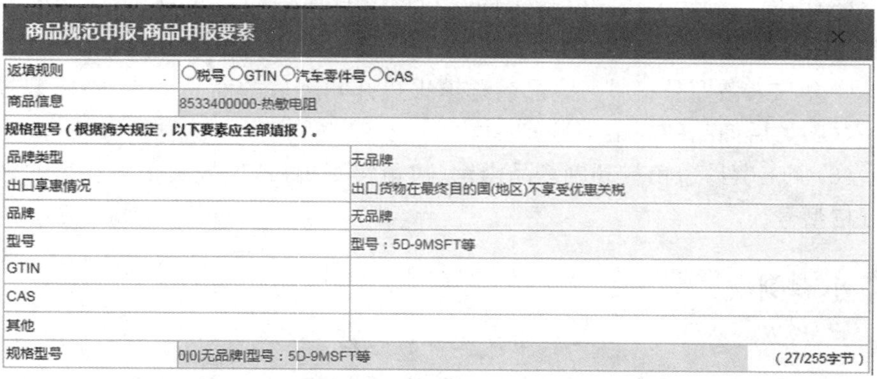

图 5-15　系统中规格型号(申报要素)录入界面

图 5-16　申报要素查询界面

(三)具体填报要求

(1)商品名称及规格型号应据实填报,并与进出口货物收发货人或受委托的报关企业所提交的合同、发票等相关单证相符。

(2)商品名称应当规范,规格型号应当足够详细,以能满足海关归类、审价及许可证件管理要求为准,可参照《中华人民共和国海关进出口商品规范申报目录》中对商品名称、规格型号的要求进行填报。

(3)已备案的加工贸易及保税货物,填报的内容必须与备案登记中同项号下货物的商品名称一致。

(4)对需要海关签发"货物进口证明书"的车辆,商品名称栏填报"车辆品牌＋排气量(注明 cc)＋车型(如越野车、小轿车等)"。进口汽车底盘不填报排气量。车辆品牌按照"进口机动车辆制造厂名称和车辆品牌中英文对照表"(原质检总局公告 2004 年第 52 号)中"签注名称"一栏的要求填报。规格型号栏可填报"汽油型"等。

（5）由同一运输工具同时运抵同一口岸并且属于同一收货人、使用同一提单的多种进口货物、按照商品归类规则应当归入同一商品编号的,应当将有关商品一并归入该商品编号。商品名称填报一并归类后的商品名称;规格型号填报一并归类后商品的规格型号。

（6）加工贸易边角料和副产品内销、边角料复出口,填报其报验状态的名称和规格型号。

 小案例

申报要素的检查

某企业申报的两项商品:"锂电池（编码为 8506500000）,供电用,SAFT,P4-01-0021,600 毫安时,不含汞";"放大镜（编码为 9013801000）,品牌 PEAK,规格 4.5×4.8×4CM"。海关审单时进行了退单处理。

分析:锂电池的申报要素为①品名;②用途;③材质;④品牌;⑤型号;⑥容量;⑦是否含汞。企业申报的"供电用"是功能而不是用途。放大镜的申报要素为①品名;②用途;③原理;④品牌;⑤型号。企业申报时将规格和型号混淆。

（7）进口货物收货人以一般贸易方式申报进口属于"需要详细列名申报的汽车零部件清单"（海关总署公告 2006 年第 64 号）范围内的汽车生产件的,按以下要求填报。

①商品名称填报进口汽车零部件的详细中文商品名称和品牌,中文商品名称与品牌之间用"/"相隔,必要时加注英文商品名称;进口的成套散件或者毛坯件应在品牌后加注"成套散件""毛坯"等字样,并与品牌之间用"/"相隔。

②规格型号填报汽车零部件的完整编号。在零部件编号前应当加注"S"字样,并与零部件编号之间用"/"相隔,零部件编号之后应当依次加注该零部件适用的汽车品牌和车型。汽车零部件属于可以适用于多种汽车车型的通用零部件的,零部件编号后应当加注"TY"字样,并用"/"与零部件编号相隔。与进口汽车零部件规格型号相关的其他需要申报的要素,或者海关规定的其他需要申报的要素,如"功率""排气量"等,应当在车型或"TY"之后填报,并用"/"与之相隔。汽车零部件报验状态是成套散件的,应当在"标记唛码及备注"栏内填报该成套散件装配后的最终完整品的零部件编号。

（8）进口货物收货人以一般贸易方式申报进口属于"需要详细列名申报的汽车零部件清单"（海关总署公告 2006 年第 64 号）范围内的汽车维修件的,填报规格型号时,应当在零部件编号前加注"W",并与零部件编号之间用"/"相隔;进口维修件的品牌与该零部件适用的整车厂牌不致的。应当在零部件编号前加注"WF"并与零部件编号之间用"/"相隔。其余申报要求同上条执行。

(9)品牌类型,品牌类型为必填项目。可选择"无品牌""境内自主品牌""境内收购品牌""境外品牌(贴牌生产)""境外品牌(其他)"如实填报(见图 5-17)。其中,"境内自主品牌"指由境内企业自主开发,拥有自主知识产权的品牌;"境内收购品牌"是指境内企业收购的原境外品牌;"境外品牌(贴牌生产)"是指境内企业代工贴牌生产中使用的境外品牌(仅适用于出口报关)。

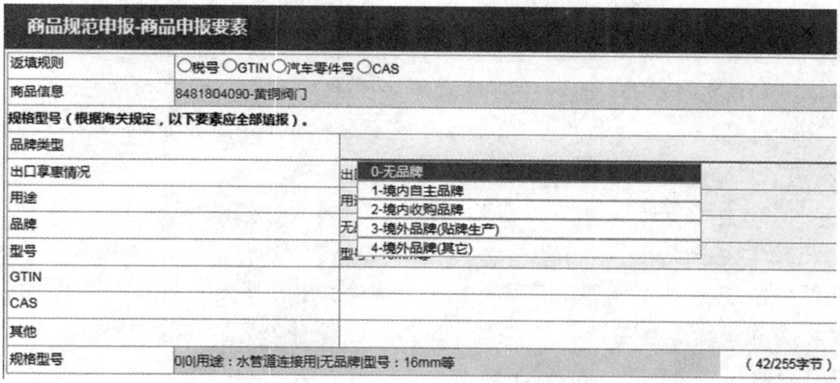

图 5-17　系统中品牌类型选择界面

(10)出口享惠情况。出口享惠情况为出口报关单必填项目,进口货物报关单不填报该申报项,可选择:

"0—出口货物在最终目的国(地区)不享受优惠关税";

"1—出口货物在最终目的国(地区)享受优惠关税";

"2—出口货物不能确定在最终目的国(地区)享受优惠关税";

"3—不适用于进口报关单"。

需注意,出口企业由于自身原因不知道货物出口享惠的具体情况,这时不能选释"不确定"这个选项。货物运往保税区(或此类特殊监管区域)的出口报关单,入区后不确定货物最终目的是出境还是出区内销的情形下,可以填报"不确定"。

💡 **小贴士**

品牌类型的选择

1. 申报时如何区别境内品牌和境外品牌？

答：境内品牌和境外品牌按持有品牌的企业所在地划分，与品牌的研发地或使用地点无关。所有权属于境外企业的品牌，按境外品牌申报，反之按境内品牌申报。

2. 同一件商品上出现多个品牌标识时，如何申报？

答：这时需要仔细区别品牌标识是商品的品牌信息还是广告等标识，以商品的生产品牌为准申报品牌类别。例如，国内服装企业为境外企业生产了一批生产线工人使用的工作服，同时印有境内服装企业的品牌标识和境外企业的品牌标识。此时境外企业的品牌标识仅起到提示和标识作用，与商品本身的品牌无关，应按照境内服装企业的品牌申报品牌类别。

3. 同一个海关商品编号涉及多个品牌类别的，如何申报？

答：品牌类别的申报具有唯一性和排他性，在这种情况下，应该在报关单表体中分行申报，确保每个不同的品牌类别都能准确反映出所对应商品的进出口情况。

4. 为在境内开展贴牌生产而进口的加工贸易料件的品牌按"境外品牌（贴牌生产）"申报吗？

答：品牌类别反映的是货物生产时的品牌信息，与货物进出口的目的或用途无关。加工贸易的进口料件应按照料件本身的品牌类别申报，不得申报为"境外品牌（贴牌生产）"。例如，赔牌生产企业从香港进口了一批料件，印有香港品牌标识，应按"境外品牌（其他）"申报。

5. 中外合资企业出口商品，其中一方为品牌持有人，如何申报？

答：视品牌持有人是境内企业还是境外企业而定。如果使用中方投资企业的品牌，则申报为境内品牌；如果使用外方投资企业的品牌，则申报为境外品牌。

6. 进出口货物的外包装上仅有公司名称，商品本身未印有品牌，如何申报？

答：商品或商品的销售包装上未反映品牌信息时，应按"无品牌"申报。

选择"享受优惠关税"必须同时满足以下四个条件。

①最终目的国（地区）为与我国签订优惠贸易协定的国家（地区）。

②该批货物已签发（或将要签发）原产地证书。

③该批货物符合相关自贸协定中享受优惠关税的条件。

④进口方计划使用该原产地证书进行申报以享受优惠关税。

(11)申报进口已获 3C 认证的机动车辆时,填报以下信息。

①提/运单日期。填报该项货物的提/运单签发日期。

②质量保质期。填报机动车的质量保证期。

③发动机号或电机号。填报机动车的发动机号或电机号应与机动车上打刻的发动机号或电机号相符。纯电动汽车、插电式混合动力汽车、燃料电池汽车为电机号,其他动车为发动机号。

④车辆识别代码(VIN)。填报机动车车辆识别代码须符合国家强制性标准《道路车辆 车辆识别代号(VIN)》(GB 16735—2004)的要求。该项目一般与机动车的底盘(车架号)相同。

⑤发票所列数量。填报对应发票中所列进口机动车的数量。

⑥品名(中文名称)。填报机动车中文品名应按"进口机动车辆制造厂名称和车辆品牌中英文对照表"(原质检总局公告 2004 年第 52 号)的要求填报。

⑦品名(英文名称)。填报机动车英文品名应按"进口机动车辆制造厂名称和车辆品牌中英文对照表"(原质检总局公告 2004 年第 52 号)的要求填报。

⑧型号(英文)。填报机动车型号与机动车产品标牌上整车型号一栏相符。

(12)进口货物收货人申报进口属于实施反倾销反补贴措施货物的,填报"原厂商中文名称""原厂商英文名称""反倾销税率""反补贴税率"和"是否符合价格承诺"等计税必要信息。

格式要求为:"|〈〉〈〉〈〉〈〉""|""〈"和"〉"均为英文半角符号。

第一个"|"为在规格型号栏目中已填报的最后一个申报要素后系统自动生成或人工录入的分割符(若相关商品税号无规范申报填报要求,则需要手工录入"|"),"|"后面 5 个"〈〉"内容依次为"原厂商中文名称""原厂商英文名称(如无原厂商英文名称,可填报以原厂商所在国或地区文字标注的名称,具体可参照商务部实施贸易救济措施相关公告中对有关原厂商的外文名称写法)""反倾销税率""反补贴税率""是否符合价格承诺"。其中,"反倾销税率"和"反补贴税率"填写实际值,例如,税率为 30%,填写"0.3"。

"是否符合价格承诺"填写"1"或者"0","1"代表"是","0"代表"否"。填报时,5 个"〈〉"不可缺项,如果第 3、4、5 项"〈〉"中无申报事项,相应的"〈〉"中内容可以为空,但"〈〉"需要保留。

三十六、数量及单位

(一)填报要求

纸质报关单分三行填报。

第一行按进出口货物的法定第一计量单位填报数量及单位,法定计量单位以《中华人民共和国海关统计商品目录》中的计量单位为准,见表 5-15。

表 5-15　常见计量单位代码表

代码	名称	代码	名称	代码	名称	代码	名称
001	台	011	件	025	双	120	箱
003	辆	012	支	030	米	125	包
006	套	016	把	035	千克	127	打
007	个	017	块	070	吨	136	袋
008	只	018	卷	095	升	140	盒

凡列明有法定第二计量单位的,在第二行按照法定第二计量单位填报数量及单位。无法定第二计量单位的,第二行为空。

成交计量单位及数量填报在第三行。

系统录入时,分若干栏目分别填报即可,如图 5-18 所示。

项号	1	备案序号	
商品名称			
成交数量		成交计量单位	
法定第一数量		法定第一计量单位	
法定第二数量		法定第二计量单位	

图 5-18　单一窗口系统中数量及单位栏目

(二)数据出处

以成交数量及单位以外贸合同、商业发票、装箱单上的相应内容为准。

法定计量单位可以通过查询获得。

(三)具体填报要求

(1)法定计量单位为"千克"的数量填报,特殊情况下填报要求如下。

①装入可重复使用的包装容器的货物,按货物扣除包装容器后的重量填报,如罐装同位素、罐装氧气及类似品等。

②使用不可分割包装材料和包装容器的货物,按货物的净重填报(即包括内层纸包装的净重重量),如采用供零售包装的罐头、药品及类似品等。

③按照商业惯例以公量重计价的商品,按公量重填报,如未脱脂羊毛、羊毛

条等。

④采用以毛重作为净重计价的货物,可按毛重填报,如粮食、饲料等大宗散装货物。

⑤采用零售包装的酒类、饮料、化妆品,按照液体/乳状/膏状/粉状部分的重量填报。

(2)成套设备、减免税货物如需分批进口,货物实际进口时,按照实际报验状态确定数量。

(3)具有完整品或制成品基本特征的不完整品、未制成品,根据《商品名称及编码协调制度》归类规则按完整品归类的,按照构成完整品的实际数量填报。

(4)已备案的加工贸易及保税货物,成交计量单位必须与《加工贸易手册》中同项号下货物的计量单位一致,加工贸易边角料和副产品内销、边角料复出口,填报其报验状态的计量单位。

(5)优惠贸易协定项下进出口商品的成交计量单位,必须与原产地证书上对应商品的计量单位一致。

(6)法定计量单位为立方米的气体货物,折算成标准状况(即摄氏零度及1个标准大气压)下的体积进行填报。

小思考

> 冷轧铁条:直径 13.9 毫米,10 900 千克;冷轧铁条:直径 18 毫米,4 520 千克。分别为手册(编号 B0900＊＊＊＊＊)第 2、3 项,则项号、商品名称与规格型号、数量及单位如何填写?

三十七、单价/总价/币制

(一)填报要求

单价填报同一项号下进出口货物实际成交的商品单位价格。无实际成交价格的,填报单位货值。若法定计量单位与合同的计量单位不同,系统在录入法定数量和总价后会自计算出单价。

总价填报同一项号下进出口货物实际成交的商品总价格。无实际成交价格的,填报货值。

币制按海关规定的"货币代码表"(表 5-16)选择相应的货币名称及代码填报,如"货币代码表"中无实际成交币种,须将实际成交货币按申报日外汇折算率折算成"货币代码表"列明的货币填报。

(二)数据出处

数据来自外贸合同、商业发票。

表 5-16　主要货币代码表(2018 年关检融合优化)

代码	中文名称	英文名称	代码	中文名称	英文名称
HKD	港币	Hong Kong Dollar	GBP	英镑	Pound Sterling
JPY	日本元	Yen	RUB	俄罗斯卢布	Russian Ruble
SGD	新加坡元	Singapore Dollar	CAD	加拿大元	Canadian Dollar
CNY	人民币	Renminbi	USD	美元	US Dollar
EUR	欧元	Euro	AUD	澳大利亚元	Australian Dollar

三十八、原产国(地区)

(一)填报要求

按海关规定的"国别(地区)代码表"选择填报相应的国家(地区)名称及代码。

原产国(地区)依据《中华人民共和国进出口货物原产地条例》《中华人民共和国海关关于执行〈非优惠原产地规则中实质性改变标准〉的规定》以及海关总署关于各项优惠贸易协定原产地管理规章规定的原产地确定标准填报。同一批进出口货物的原产地不同的,分别填报原产国(地区)。进出口货物原产国(地区)无法确定的,填报"国别不详"。

(二)数据出处

数据来自原产地证书或原产地声明,外贸合同、商业发票、提/运单上的唛头也会显示"MADE IN…"产地信息。

三十九、最终目的国(地区)

(一)填报要求

按海关规定的"国别(地区)代码表"选择填报相应的国家(地区)名称及代码。

最终目的国(地区)填报已知的进出口货物的最终实际消费、使用或进一步加工制造国家(地区)。不经过第三国(地区)转运的直接运输货物,以运抵国(地区)为最终目的国(地区);经过第三国(地区)转运的货物,以最后运往国(地区)为最终目的国(地区)。同一批进出口货物的最终目的国(地区)不同的,分别填报最终目的国(地区)。货物不能确定最终目的国(地区)时,以尽可能预知的最后运往国(地区)为最终目的国(地区)。

(二)数据出处

数据来自提/运单上最终目的港/目的地所属的国家(地区)。

四十、境内目的地/境内货源地(2018 年改为在表体栏申报)

该项目在进口申报时需要填写境内目的地代码和目的地代码两栏,在出口时需要填写境内货源地代码和产地代码两栏。

(一)境内目的地/境内货源地填报要求

按海关规定的"国内地区代码表"(表 5-17)选择填报相应的国内地区名称及代码,境内目的地还需根据"行政区划代码表"选择填报其对应的县级行政区名称及代码。

境内目的地填报已知的进口货物在国内的消费、使用地或最终运抵地,其中最终运抵为最终使用单位所在的地区。最终使用单位难以确定的,填报货物进口时预知的最终收货单位所在地。

表 5-17　部分国内地区代码表

代码	地区名称	代码	地区名称	代码	地区名称
11019	东城区	13079	张家口	12072	天津经济技术开发区
15029	包头其他	14019	太原其他	51016	成都高新综合保税区
23029	齐齐哈尔	21079	锦州	32052	苏州工业园区
31089	闸北	31169	南汇	31222	上海浦东新区
42099	黄冈	37029	青岛其他	44051	汕头特区
53019	昆明其他	61019	西安其他	44036	深圳前海湾保税港区
33029	宁波其他	33109	丽水	33015	浙江杭州出口加工区

境内货源地填报出口货物在国内的产地或原始发货地。出口货物产地难以确定的,填最早发运该出口货物的单位所在地。境内货源地由表头填报改为

表体填报后,每个品名报后面可对应一个货源地,不同品名可实现多个货源地的申报。

海关特殊监管区域、保税物流中心(B型)与境外之间的进出境货物,境内目的地、境内货源地填报本海关特殊监管区域、保税物流中心(B型)所对应的国内地区名称及代码。

(二)目的地/产地填报要求

目的地/产地的代码根据"行政区划代码表"(表 5-18)选择填报对应的县级行政区名称及代码。无下属区县级行政区的,可选择填报地市级行政区。出口报关单的产地按 2019 年填制规范的规定不用填写。

表 5-18 部分行政区划代码表

代码	行政区划名称	代码	行政区划名称	代码	行政区划名称
440114	广州市花都区	110101	北京市东城区	130722	张家口市张北县
330109	杭州市萧山区	310101	上海市黄浦区	310115	上海市浦东新区
421122	黄冈市红安县	440507	汕头市龙湖区	450102	南宁市兴宁区
460105	海口市秀英区	520102	贵阳市南明区	530102	昆明市五华区
120101	天津市和平区	440104	广州市越秀区	370211	青岛市黄岛区

例如,某批货物的境内目的地是广州市花都区,则在"境内目的地代码"栏输入 44019,栏目自动生成"44019—广州其他"。同时在"目的地代码"栏录入"440114",栏目自动生成"广州市花都区"。

(三)数据出处

按货物的流向确定境内目的地/境内货源地的地址,查询"国内地区代码表"和"行政区划代码表"后确定。

在系统中默认境内收发货人海关编码的前 5 位为境内目的地/境内货源地的代码,如果实际流向与此不符则按实际货物流向确定。

境内收发货人的 10 位海关编码也可通过网络查询。例如,在中国海关企业进出口信用信息公示平台(http://credit.customs.gov.cn/)查询;或者在海关总署网站按"首页＞在线服务＞信息查询＞企业情况"的路径。如图 5-19 所示,输入企业名称后可查到海关编码,如图 5-20 所示。

图 5-19 海关总署网站企业基本情况查询界面

枣庄京山电子有限公司

统一社会信用代码：9137040078078778XM 海关编码：3704940020 注册海关：枣庄海关

经营类别：进出口货物收发货人

图 5-20 海关总署网站企业基本情况查询结果

四十一、征免

(一)填报要求

按照海关核发的"征免税证明"或有关政策规定,对报关单所列每项商品选择海关规定的"征减免税方式代码表"(表 5-19)中相应的征减免税方式填报。

表 5-19 征减免税方式代码表

代码	征减免税方式名称	代码	征减免税方式名称	代码	征减免税方式名称
1	照章征税	4	特案	7	保函
2	折半征税	5	随征免性质	8	折半补税
3	全免	6	保证金	9	全额退税

加工贸易货物报关单根据《加工贸易手册》中备案的征免规定填报;《加工贸易手册》中备案的征免规定为"保金"或"保函"的,填报"全免"。

(二)数据出处

按实际情况,结合"监管方式""征免性质"栏的内容确定。报关单相关栏目的逻辑对应关系如表 5-20 所列。

表 5-20　报关单部分栏目逻辑对应关系示例

备案号	/	B	C	Z	Z	Z
监管方式	一般贸易	来料加工	进料对口	合资合作设备	外资设备物品	一般贸易
征免性质	一般征税	来料加工	进料加工	鼓励项目	鼓励项目	自有资金
征免	照章征税或保证金、保函	全免	全免	全免/特案	全免/特案	全免/特案

需征税的"一般贸易"货物,征免性质填"一般征税";外资企业在投资额度内进口减免税设备、物品时,征免性质为"鼓励项目";外资企业在投资额度外进口减免税设备、物品时,监管方式填"一般贸易",征免性质为"自有资金"。

四十二、特殊关系确认

点开系统中的"其他事项确认"(见图 5-21)后系统弹出三个确认事项的填写窗口,如图 5-22 所示。

(一)填报要求

根据《中华人民共和国海关审定进出口货物完税价格办法》(以下简称《审价办法》)第十六条,填报确认进出口行为中买卖双方是否存在特殊关系,有下列情形之一的,应当认为买卖双方存在特殊关系,应填报"是",反之则填报"否"。

图 5-21　单一窗口系统中其他事项确认栏目

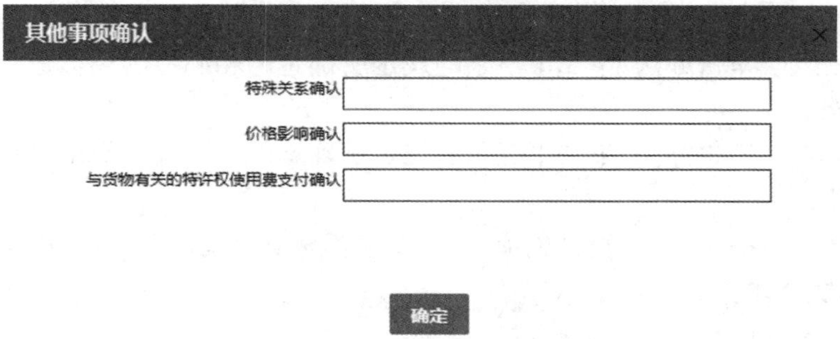

图 5-22　单一窗口系统中其他事项确认录入窗口

（1）买卖双方为同一家族成员的。

（2）买卖双方互为商业上的高级职员或者董事的。

（3）一方直接或者间接地受另一方控制的。

（4）买卖双方都直接或者间接地受第三方控制的。

（5）买卖双方共同直接或者间接地控制第三方的。

（6）一方直接或者间接地拥有、控制或者持有对方 5％以上（含 5％）公开发行的有表决权的股票或者股份的。

（7）一方是另一方的雇员、高级职员或者董事的。

（8）买卖双方是同一合伙的成员的。

买卖双方在经营上相互有联系，一方是另一方的独家代理、独家经销或者独家受让人，如果符合前款的规定，也应当视为存在特殊关系。

需要注意的是，出口货物免予填报，加工贸易及保税监管货物（内销保税货物除外）免予填报。

（二）数据出处

由境内收发货人提供。

四十三、价格影响确认

（一）填报要求

根据《审价办法》第十七条，填报确认纳税义务人是否可以证明特殊关系未对进口货物的成交价格产生影响，纳税义务人能证明其成交价格与同时或者大约同时发生的下列任何一款价格相近的，应视为特殊关系未对成交价格产生影响，填报"否"，反之则填报"是"。

（1）向境内无特殊关系的买方出售的相同或者类似进口货物的成交价格。

（2）按照《审价办法》第二十三条的规定所确定的相同或者类似进口货物的完税价格。

（3）按照《审价办法》第二十五条的规定所确定的相同或者类似进口货物的完税价格。

需要注意的是，出口货物免予填报，加工贸易及保税监管货物（内销保税货物除外）免予填报。

（二）数据出处

由境内收发货人提供。

四十四、支付特许权使用费确认

（一）填报要求

根据《审价办法》第十一条和第十三条，填报确认买方是否存在向卖方或者有关方直接或者间接支付与进口货物有关的特许权使用费，且未包括在进口货物的实付、应付价格中。

买方存在需向卖方或者有关方直接或者间接支付特许权使用费，且未包含在进口货物实付、应付价格中，并且符合《审价办法》第十三条的，在"支付特许权使用费确认"栏目填报"是"。

买方存在需向卖方或者有关方直接或者间接支付特许权使用费，且未包含在进口货物实付、应付价格中，但纳税义务人无法确认是否符合《审价办法》第十三条的，填报"是"。

买方存在需向卖方或者有关方直接或者间接支付特许权使用费且未包含在实付、应付价格中，纳税义务人根据《审价办法》第十三条，可以确认需支付的特许权使用费与进口货物无关的，填报"否"。

买方不存在向卖方或者有关方直接或者间接支付特许权使用费的，或者特许权使用费已经包含在进口货物实付、应付价格中的，填报"否"。

需要注意的是，出口货物免予填报，加工贸易及保税监管货物（内销保税货物除外）免予填报。

（二）数据出处

由境内收发货人提供。

四十五、自报自缴（2018 年新增）

进出口企业、单位采用"自主申报、自行缴税"（自报自缴）模式向海关申报时，填报"是"，反之则填报"否"。

在系统中需要点开"业务事项"栏才能选择"自报自缴"通关模式。另外，如果采用税单无纸化、自主报税、水运中转、担保验放等通关模式，也在此界面勾选相关业务，如图 5-23 所示。

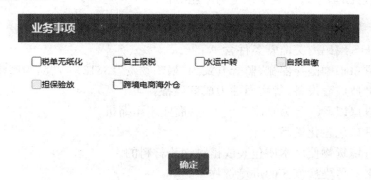

图 5-23　单一窗口系统中业务事项弹出窗口

四十六、申报单位

自理报关的，填报进出口企业的名称及编码；委托代理报关的，填报报关企业名称及编码。编码填报 18 位法人和其他组织统一社会信用代码。

报关人员填报在海关备案的姓名、编码、电话，并加盖申报单位印章。

四十七、加工成品单耗版本号

申报加工贸易货物出口报关单时，申报系统自动返填与《加工贸易手册》中备案成品单耗一致的版本号。

四十八、货号

申报加工贸易货物进出口报关单时，根据《加工贸易手册》中备案的料件、成品货号在申报系统中填报本栏目。

任务三　录入报关单检务数据

一、报关单检务项目的录入操作

(一)进口申报时需要录入检务项目的情形

1. 按政策规定需要办理检验检疫项目进口申报的商品范围

(1) HS 编码海关监管条件含 A 的。

(2)进口捐赠医疗器械,监管方式为"捐赠物资"(3612),产品为医疗器械。

(3)进口成套设备,货物属性为成套设备。

(4)进口以 CFCS 为制冷剂的工业、商业用压缩机。

(5)进口危险化学品。

(6)进境货物使用木质包装或植物铺垫材料的。

(7)来自传染病疫区的进境货物。

(8)所有进口拼箱货物。

(9)所有进口旧品,货物属性为旧品的。

(10)所有进口有机认证产品。

(11)所有退运货物。

2. 企业主动申报

如果企业进口的货物并非政策规定必须申报检务项目,但企业录入报关数据时录入了"检验检疫名称"(CIQ3 位编码对应的商品名称),则表示企业主动申报检务项目。

(二)录入检务项目的操作

在报关单的表头,表体部分都有一些项目是关于出入境检验检疫的申报内容、需要点开下拉菜单才能显示申报的项目,如图 5-24、图 5-25 所示。不涉检的、不需录入涉检项目。

凡填报"检验检疫名称"的报关单,要在"备注"栏输入"应检商品",且必须把所有涉及检务的项目全部填报。

同一份进口报关单申报多项商品时,只要存在涉检商品,无论其他申报商品是否涉检,全部商品的涉检项目都必须填写。

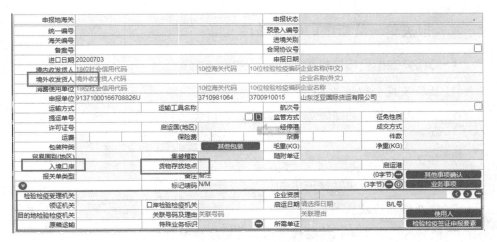

图 5-24　报关单表头中的检务项目

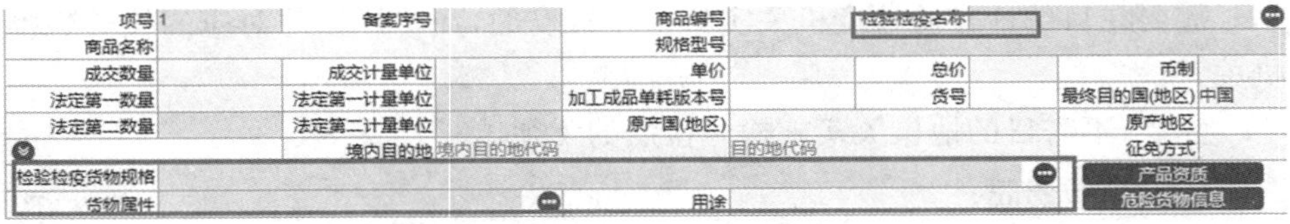

图 5-25　报关单表体中的检务项目

(三)涉检货物的申报方式

进口商品中的一般进口货物通过单一窗口实施统一申报,特殊商品可通过 QP 系统申报。

出口商品如涉检,需在报关前先使用申报系统的"出境检验检疫申请"功能,向产地/组货地海关提出申请。海关实施检验检疫监管后建立电子底账,向企业反馈电子底账数据号,符合要求的按规定签发检验检疫证书。企业报关时应填写电子底账数据号,办理出口通关手续。

(四)检务项目的必填项

单一窗口检验检疫必填项目包括表头部分的境内收发货人检验检疫 10 位编码、申报单位检验检疫 10 位编码、检验检疫受理机关、领证机关、口岸检验检疫机关、目的地检验检疫机关、启运日期等;表体部分的检验检疫名称、检验检疫货物规格、货物属性、用途等。

二、报关单表头折叠的检务项目

(一)相关的检验检疫机关

1.检验检疫受理机关

填报受理报关单和随附单据的检验检疫机关,可按"检验检疫机关代码表"输入代码。

2.领证机关

填报领取证单的检验检疫机关。

3.口岸检验检疫机关

填报对入境货物实施检验检疫的检验检疫机关。

4.目的地检验检疫机关

需要在目的地检验检疫机关实施检验检疫的,在本栏填写对应的检验检疫机关。

注意:不需目的地机关实施检验检疫的无须填写。

(二)企业资质

按进出口货物种类及相关要求,须在本栏选择填报货物的生产商/进出口商/代理商必须取得的资质类别,分别填报"企业资质类别代码表"规定的代码和资质对应的注册/备案编号。多个资质的须全部填写。资质类别有以下几种。

(1)进口食品、食品原料类:填写进口食品境外出口商代理商备案、进口食品进口商备案。

(2)进口水产品填:写进口食品境外出口商代理商备案、进口食品进口商备案、进口水产品储存冷库备案。

(3)进口肉类:填写进口肉类储存冷库备案、进口食品境外出口商代理商备案、进口食品进口商备案、进口肉类收货人备案。

(4)进口化妆品:填写进口化妆品收货人备案。

(5)进口水果:填写进境水果境外果园/包装厂注册登记。

(6)进口非食用动物产品:填写进境非食用动物产品生产、加工、存放企业注册登记。

(7)饲料及饲料添加剂:填写饲料进口企业备案、进口饲料和饲料添加剂生产企业注册登记。

(8)进口可用作原料的固体废物:填写进口可用作原料的固体废物国内收

货人注册登记、国外供货商注册登记号及名称,两者须对应准确。

(9)其他:进境植物繁殖材料隔离检疫圃申请、进出境动物指定隔离场使用申请、进境栽培介质使用单位注册、进境动物遗传物质进口代理及使用单位备案、进境动物及动物产品国外生产单位注册、进境粮食加工储存单位注册、境外医疗器械捐赠机构登记、进出境集装箱场站登记、进口棉花境外供货商登记注册、出口食品包装生产企业和进口食品包装的进口商备案。

(三)启运日期

填报装载入境货物的运输工具离开启运口岸的日期。

本栏目为 8 位数字,顺序为年(4 位)、月(2 位)、日(2 位)。

(四)B/L 号

入境货物的 B/L 号和提/运单号填写相同的内容。

当运输方式为"航空运输"时无须填写。

(五)关联号码及理由

进出口货物报关单有关联报关单时,在本栏中填报相关关联报关单号码,并在下拉菜单中选择关联报关单的关联理由。

(六)原箱运输

申报使用集装箱运输的货物,根据是否是集装箱原箱运输勾选"是"或"否"。

(七)特殊业务标识

属于国际赛事、特殊进出军工物资、国际援助物资、国际会议、直通放行、外交礼遇、转关等特殊业务,根据实际情况勾选。

注意:不属于以上情况的无须勾选。

(八)所需单证

如果进出口企业申请出具检验检疫证单,应根据相关要求,在"所需单证"项下的"检验检疫签证申报要素"中。勾选申请出具的检验检疫证单类型(申请多项的可多选),确认申请单证正本数和申请单证副本数后保存数据。

注意:系统会根据报关单已填制的信息,自动返填境内收发货人名称(外文)、境外收发货人名称(中文)、境外收发货人地址、卸毕日期和商品英文名称等字段信息。

(九)使用人

如果需要填写使用人的信息,则点击"使用人"按钮,在弹出的编辑窗口填报"使用单位联系人""使用单位联系电话"。

三、报关单表体折叠的检务项目

(一)检验检疫名称

如果申报的货物涉及检验检疫,在输入商品的 HS 编码后还必须填报检验检疫名称。点开"检验检疫名称"的弹开按键(见图 5-26),在"检验检疫编码列表"栏选择相应的检验检疫名称(见图 5-27),打印在报关单上则显示为三位数的检验检疫编码(CIQ 代码)。

商品编号	检验检疫名称	

图 5-26　单一窗口系统中商品标号、检验检疫名称栏目

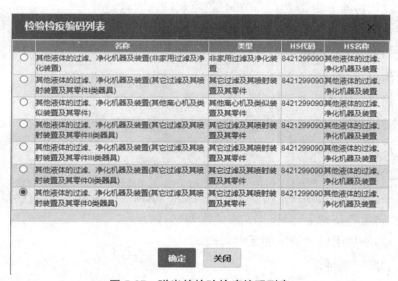

图 5-27　弹出的检验检疫编码列表

(二)用途

根据进境货物的使用范围或目的,按照海关规定的"用途代码表"在本栏下拉菜单中填报,例如:进口货物为核苷酸类食品添加剂(HS 编码为 2934999001),用于工业时,应在本栏选择"仅工业用途";用于食品添加剂时,应在本栏选择"食品添加剂"。

(三)货物属性

根据进出口货物的 HS 编码和货物的实际情况,按照海关规定的"货物属

性代码表",在系统弹出窗口中勾选货物属性的对应代码(图 5-28)。有多种属性的要同时选择。

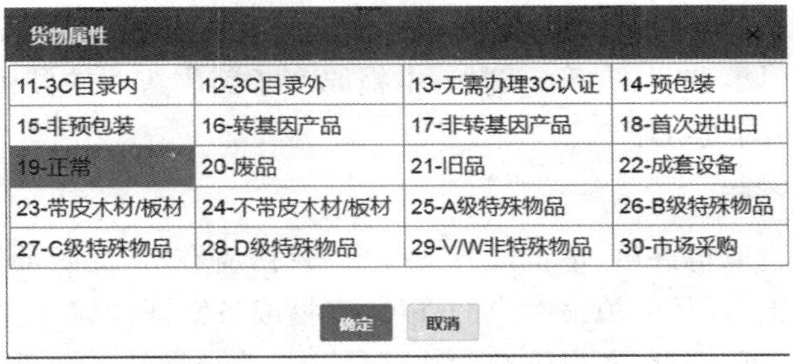

图 5-28　单一窗口系统中货物属性弹出窗口

注意:

(1)入境强制性产品认证产品,必须在入境民用商品认证(11-3C 目录内、12-3C 目录外、13-无须办理 3C 认证)中勾选对应项。

(2)食品、化妆品是否预包装、是否首次进口,必须在食品及化妆品(14-预包装、15-非预包装、18-首次进出口)中勾选对应项。

(3)凡符合原质检总局 2004 年第 62 号令规定含转基因成分须申报的,必须在转基因(16 转基因产品、17-非转基因产品)中勾选对应项。

(4)"成套设备""旧机电"产品,必须在货物属性(18-首次进出口、19-正常、20-废品、21-旧品、22-成套设备)中勾选对应项。

(5)特殊物品、化学试剂,必须在特殊物品(25-A 级特殊物品、26-B 级特殊物品、27-C 级特殊物品、28-D 级特殊物品及 29-V/W 非特殊物品)中勾选对应项。

(6)木材(含原木)板材是否带皮,必须在是否带皮木材(23-带皮木材/板材、24-不带皮木材/板材)中勾选对应项。

(四)检验检疫货物规格

在"检验检疫货物规格"项下,填报"成分/原料/组分""产品有效期""产品保质期""境外生产企业""货物规格""货物型号""货物品牌""生产日期"和"生产批次"等栏目。

注意:

(1)品牌以合同或装箱单为准,需要录入中英文品牌的,录入方式为"中文品牌/英文品牌"。

(2)境外生产企业名称默认为境外发货人。

(3)特殊物品、化妆品、其他检疫物等所含的关注成分或者其他检疫物的具体成分、食品农产品的原料等,在"成分/原料/组分"栏填报。

(五)原产国(地区)

入境货物按"世界各国地区名称和一级行政区划代码表"填写在原产国(地区)内的生产区域,如州、省等。例如,申报原产于美国纽约的樱桃,在本栏录入"840097——美国纽约"。

(六)产品资质

进出口货物取得许可、审批或备案等资质后,应在"产品资质"项下的"产品许可/审批/备案号码"中填报对应的许可、审批或备案证件编号。

在"产品许可/审批/备案核销货物序号"中,填报被核销文件中对应货物的序号。

在"产品许可/审批/备案核销数量"中,填报被核销文件中对应货物的本次实际进出口数(重)量。

在"产品许可/审批/备案类别代码"中,填报对应的许可、审批或备案证件类别。

在"产品许可/审批/备案名称"中,填报对应的许可、审批或备案证件名称。

注意:同一商品有多个许可,审批或备案证件时,上述内容须全部录入。

申报进口已获 3C 认证的机动车辆时,填报机动车车辆识别代码,包括 VIN 序号、车辆识别代码(VTN)、单价、底盘(车架号)、发动机号或电机号、发票所列数量、品名(英文名称)、品名(中文名称)、提/运单日期、型号(英文)、质量保质期等 11 项内容。

(七)危险货物信息

进出口货物为危险货物的,须填报危险货物信息,如图 5-29 所示。

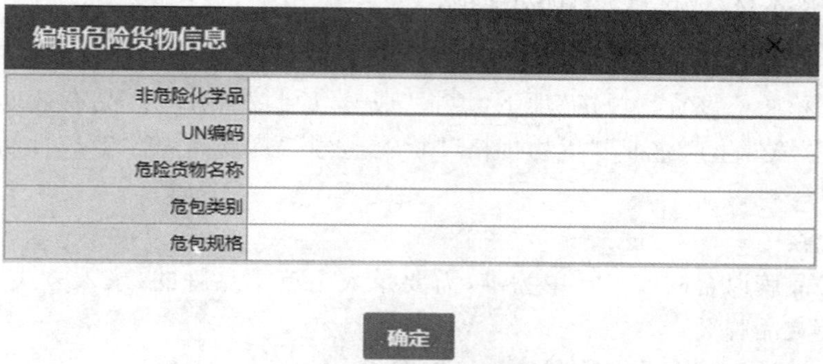

图 5-29　单一窗口系统中编辑危险货物信息窗口

按照《关于危险货物运输的建议书》，在"危险货物信息"中填写危险货物对应的 UN 编码。企业填报的商品 HS 编码可能对应危险化学品时，会弹出"危险货物信息"窗口进行提示，企业可在"非危险化学品"栏目选择"是"或"否"。按照海关规定的"危包规格代码表"选择填报危险货物的包装规格代码。按照《危险货物运输包装类别划分方法》，勾选危险货物的包装类别。在"危险货物名称"中，填写危险货物的实际名称。

任务四　校对审核报关单

报关单的填报质量直接影响报关企业单位的企业信用，与境内收货人的利益关系也直接相关，因此双方都要对报关数据进行校对审核。

一、报关单填报前审核

(一)确认重要事项

报关单部分栏目的数据光从报关文件上是找不到的，例如，商品的中文名称、申报要素、监管方式、集装箱与商品项的对应关系、特殊关系确认、价格影响确认、与货物有关的特许权使用费用支付确认、其他需要备注的事项等，这些事项需要由报关单位与报关委托单位（一般是境内收发货人）确认，以便报关人员填写报关单相关栏目。

(二)确认 HS 编码

商品的 HS 编码直接影响海关的监管证件要求、进出口税率、出口退税率等重要事项，因此报关人员需要在落实商品名称、具体规格型号后与境内收发货人一起确认货物的 HS 编码，以免给后续的操作带来麻烦。

(三)核实报关材料

报关单位在接受报关委托之后，要根据货物的 HS 编码检查报关材料的种类是否齐全，单据的内容是否完整，相关证件是否有效，并检查不同单据之间的数据是否一致。

二、报关单填报后校对

(一)逐项校对报关单各栏目的内容

将填写好的报关单草单与原始的报关材料核对，做到"单单相符""单证相符""单货相符",即所填报关单各栏目必须与商业发票、装箱单、批准文件和随附单据相符,必须与进出口货物实际情况相符。

(二)审核的一般原则

(1)报关人员必须按照《中华人民共和国海关法》《中华人民共和国海关进出口货物申报管理规定》和《中华人民共和国海关进出口货物报关单填制规范》的有关规定,向到海关如实申报,不可以伪报、瞒报、虚报和迟报。

(2)不同备案号、不同批文的货物,不同合同的货物,同一批货物中的不同监管方式,同一批货物中不同运输方式的货物,同一批货物相同运输方式但航次不同的货物,征免性质不同的货物,均应分单填报。

(3)一份原产地证书只能对应一份报关单。同一份报关单上的同一种商品不能同时享受协定税率和减免税。

(4)一份报关单最多填报50项商品。超过20项商品时,要注意申报海关的计算机系统是否可以接受。

(5)分行填报:不同的项号、商品名称、规格型号、数量及单位、单价等均要分行填制。

(三)审核部分栏目之间的逻辑

(1)报关单的监管方式与征免性质、征免、备案号等栏目存在一定的逻辑关系,应核对这几个栏目的逻辑对应关系是否正确。

(2)成交方式与运费、保费的填报存在逻辑关系,应核对这三个栏目的逻辑对应关系是否正确。

(3)境内收发货人属于代理进出口的情况。在代理进出口的情况下,"境内收发货人"与"生产销售单位/消费使用单位""备注"存在逻辑关系。当境内收发货人代理非外资企业进出口时,"境内收发货人"填报境内收发货人,"生产销售单位/消费使用单位"填报代理进出口贸易的委托方,"备注"栏无影响。当境内收发货人代理外资企业进出口时,"境内收发货人"和"生产销售单位/消费使用单位"都填报外资企业的名称和代码,"备注"栏要注明是委托某企业进出口。

(四)审核重要栏目内容

(1)货物的HS编码要确认没有填错。

(2)货物的件数必须与舱单一致,在同一批货物分单填报的情况下注意报关单上的件数之和与报关资料上的总件数是否一致。

(3)集装箱的箱号要确认无误,否则申报后会删改单,可能会影响提货和装运。

(4)货物的总价、数量、币制对海关统计影响较大,填报错误会引起海关处罚,严重的会造成企业信用等级降级。尤其是存在分单、分行填报的情况下更要核对总价、数量的总和。

(五)特殊货物报关单审核要点

1. 减免税进口设备

减免税进口设备报关单填制的审核要点见表 5-21。

表 5-21　减免税进口设备报关单填制的审核要点

项目	投资总额内进口			投资总额外进口	减免税设备结转	
	合资合作企业	外商独资企业	国内投资项目			
	进境	进境	进境	进境	形式进口	形式出口
监管方式	合资合作设备	外资设备物品	一般贸易	一般贸易	减免设备结转	
征免性质	鼓励项目			自有资金	根据实际情况填报	免填
征免	特案				全免	
备案号	征免税证明编号				征免税证明编号	结转联系函编号
收发货人	该合资合作企业	该外商独资企业	设备进口企业		转入企业	转出企业
消费使用单位						
运输方式	进境实际运输方式				其他运输方式	
启运国	实际启运国(地区)				中国	
原产国	设备实际原产国(地区)				设备原生产国(地区)	中国
备注					结转联系函编号	转入进口报关单号;转入方征免税证明编号

2. 暂准进（出）境货物

暂准进（出）境货物是指为了特定的目的，经海关批准暂时进（出）境，并在规定的期限内复运出（进）境的货物。

暂准进（出）境货物的特点是在报关时暂时不缴纳税费，也不用提交许可证件（原因是非实际进出境），但在规定期限内（6个月）要按原状复运出（进）境，最后要按货物实际使用情况办结海关手续。

 小贴士

进出境快件的报关

自2016年6月1日起，海关启用新版快件通关管理系统。

1. 快件分类

快件系统适用于文件类进出境快件（以下简称A类快件）、个人物品类进出境快件（以下简称B类快件）和低值货物类进出境快件（以下简称C类快件）报关。其中，

A类快件是指无商业价值的文件、单证、票据和资料（依照法律、行政法规以及国家有关规定应当予以征税的除外）；

B类快件是指境内收、寄件人（自然人）收取或者交寄的个人自用物品（旅客分离运输行李物品除外）；

C类快件是指价值在5 000元人民币（不包括运、保、杂费等）及以下的货物（涉及许可证件管制的，需要办理出口退税、出口收汇或者进口付汇的除外）。

2. 快件报关所需要材料

A类快件报关时，快件运营人应当向海关提交A类快件报关单、总运单（复印件）和海关需要的其他单证。

B类快件报关时，快件运营人应当向海关提交B类快件报关单、每一进出境快件的分运单、进境快件收件人或出境快件发件人身份证影印件和海关需要的其他单证。B类快件的限量、限值、税收征管等事项应当符合海关总署关于邮递进出境个人物品相关规定。

C类快件报关时，快件运营人应当向海关提交C类快件报关单、代理报关委托书或者委托报关协议、每一进出境快件的分运单、发票和海关需要的其他单证，并按照进出境货物规定缴纳税款。进出境C类快件的监管方式为"一般贸易"或者"货样广告品"，征免性质为"一般征税"，征减免税方式为"照章征税"。

暂准进（出）境货物报关单填制审核要点见表5-22。

表 5-22 暂准进(出)境货物报关单填制审核要点

项目	进境展览品		其他暂准进境货物	
	进境	复出境	进境	复出境
监管方式	展览品		暂时进出货物	
征免性质	其他法定		其他法定	
征免	保证金/保函	全免	保证金/保函	全免
备注		原进口报关单号	暂时进境申请批准决定书	原进口报关单号

三、报关单发送前审核

暂存报关单数据后、在系统中发送报关单之前,报关人员需要再次核对系统中的数据与报关单草单或报关单录入凭单上的数据是否一致,尤其是名称、数字、字母的输入是否有误。涉及有纸报关的,报关企业还要打印出报关单并加盖与企业名称一致的报关专用章和报关员章后才有效。

情境操作指导

一、检查报关资料

(一)核实资料并确认信息

上海 YY 报关公司报关员小王在接到任务以后,先核实了报关需要提供的材料,确认报关委托方已经提交了基本资料,包括合同、发票、装箱单、提单、征免税证明等。由于该货物属于法定检验货物,小王还确认该批货物报检电子回执上的检验检疫的编号为 440300201016905。同时委托方属于外商独资企业,该批进口的货物属于可以免税的企业自用设备物品,委托方事先已经获得了编号为 Z22108A00455 的进出口商品征免税证明。因此小王认为海关规定申报时应提交的监管证件和其他应提供的报关材料已经齐全并且有效。

小王还跟委托方确认了以下事项。

是否代理进口:委托方确认是自营进口贸易。

特殊关系确认:买卖双方不存在特殊关系。

价格影响确认:成交价格与境内无特殊关系的其他进口商的相同或者类似进口货物的成交价格相近。

与货物有关的特许权使用费支付确认：该进口货物不存在有关的特许权使用费支付。

监管方式：因为进口货物是外商独资企业进口国家鼓励项目下投资总额内的企业自用设备，因此确定为外资设备物品。

征免性质：结合监管方式确认为鼓励项目。

相关费用：进口成交方式为 FOB，需要填报运费和保费。委托方确认进口货物的国际运费总额为 4 800 美元，保险费率 0.3%，无其他杂费需要申报。

HS 编码：委托方确认商品中文名称为全自动金属成形放电加工机，确认其HS 编码为 8456309090，商检编码为 999，并确认委托方已经提供了其他申报要素，包括品牌类型为境外其他品牌（代码 4），出口享惠情况为不适用（代码 3），控制方式为数控，功能为金属加工，加工方式为切削，品牌为 BIRD，型号与功率已在商业发票上显示。

集装箱商品对应关系：确认集装箱一为型号为 DM350 的 4 台机器，集装箱二为型号为 DM480 的 2 台机器、型号为 DM520 的 2 台机器。

自报自缴：确认"征免税证明"显示关税、增值税都是全免，因此企业无须缴税，不必采用"自报自缴"模式。

（二）找出对应信息

在填写报关单草单前，小王按报关单的栏目内容，在各报关材料中一一核实各栏目相应填报的内容，对应关系如表 5-23 所列。

表 5-23   报关草单各栏目内容

报关单栏目	对应单据栏目	报关单栏目	对应单据栏目
境内收货人	发票：买方（报关委托方）	成交方式	发票：贸易术语 FOB，对应的成交方式为 FOB
进境关别	提单：卸货港	运费	确认为总额 4800 美元
进口日期	（货物进境后查询舱单）	保费	确认保险费率 0.3%
申报日期	免填	杂费	确认未涉及
备案号	征免税证明：编号	随附单证	法检，报检回执单检验检疫编号
境外发货人	发票：卖方	随附单据	合同；发票；委托报关协议
运输方式	（由提单可知是水路运输）	集装箱一	提单：集装箱号 COSU3202732 对应项号 1 商品，货物重量 12 600 千克
运输工具名称及航次号	提单：船名、航次		

（续表）

报关单栏目	对应单据栏目	报关单栏目	对应单据栏目
提运单号	提单:B/L 号	集装箱二	提单:集装箱号 COSU4599235 对应项号 2、3 商品,货物重量 15 550 千克
消费使用单位	买方(自用设备)		
监管方式	已确认为外资设备物品	标记唛码及备注	发票:唛头
征免性质	已确认为鼓励项目	项号	第二行填写免税证明上的序号
许可证号	无	商品编号	已确认 10 位编码和检验检疫名称
启运港	提单:装货港	商品名称	已确认货物中文名称
合同协议号	发票:合同号	规格型号	已确认申报要素
贸易国(地区)	发票:交易对方所在地为美国	数量及单位	法定计量单位与发票上成交数量单位相同
启运国(地区)	提单:第一个境外装运港为美国港口	原产国(地区)	发票:原产地信息
经停港	提单:最后一个境外装运港	最终目的国(地区)	中国
入境口岸	查口岸编码表确认为洋山港	单价	发票:价格
包装种类	装箱单/提单:包装为托盘	总价	发票:价格
件数	装箱单/提单:8(托盘)	币制	发票:币制
毛重	装箱单/提单:毛重	境内目的地	消费使用单位所在地(自用)
净重	装箱单:净重	征免	征免税证明上的征免情况

二、填写报关单各栏目

根据境内收货人(报关委托方)确认的信息以及发票、装箱单、提单等报关材料,小王认真填写了进口货物报关单草单。填报好的报关单内容如表 5-24 所列。

表 5-24 中华人民共和国海关进口货物报关单

海关编号：2210201819997766

预录入编号：2210101818885552l2			
境内收货人：（91310115123456789O）上海 xx 模具有限公司	进境关别（2248）洋山港区	进口日期 20180801	申报日期 2210201819997766	备案号 Z22108A00455
境外发货人 HAIDE TRADING COMPANY	运输方式 水路运输	运输工具名称及航次号 DASHE/509E	提运单号 SS137841	货物存放地点 洋山港区堆场
消费使用单位（91310115123456789O）上海 xx 模具有限公司	监管方式（2225）外资设备物品	征免性质（789）鼓励项目	许可证号	启运港（USA006）波士顿（美国）
合同协议号 HT201856	贸易国（地区）（USA）美国	启运国（地区）（USA）美国	经停港（USA006）波士顿（美国）	入境口岸（311002）洋山港
包装种类 再生木托	件数 8	毛重（千克）28150 净重（千克）26305	成交方式（3）FOB	运费 USD/4800/3 保费 0.3 杂费

随附单证及编号：A14403002010l6905
随附单证 1：A14403002010l6905
随附单证 2：COSU3202732；CUGU1459235

标记唛码及备注
SMC
SHANGHAI
C/NO:1~8

项号	商品编号	商品名称及规格型号	数量及单位	单价/总价/币制	原产国（地区）最终目的国（地区）境内目的地	征免
1 (1)	8456309090	全自动金属成形放电加工机 加工方式：金属加工 控制方式：数控/功能 切削/品牌：BIRD/型号：DM350/功率：3KW	4 台	14860,00 59440.00 美元	美国中国（3122/31015）上海浦东新特案 （USA）（CHN）区/上海市东新区（4）	
1 (2)	8456309090	全自动金属成形放电加工机 加工方式：金属加工 控制方式：数控/功能 切削/品牌：BIRD/型号：DM480/功率：1KW	2 台	12530,00 25060.00 美元	美国中国（3122/31015）上海浦东新特案 （USA）（CHN）区/上海市东新区（4）	
1 (3)	8456309090	全自动金属成形放电加工机 加工方式：金属加工 控制方式：数控/功能 切削/品牌：BIRD/型号：DM520/功率：1KW	2 台	10790,00 21580.00 美元	美国中国（3122/31015）上海浦东新特案 （USA）（CHN）区/上海市东新区（4）	

特殊关系确认： 价格影响确认： 支付特许权使用费确认：

报关人员 报关人员证号 电话
兹申明对以上内容承担如实申报、依法纳税之法律责任
申报单位
申报单位（签章）

海关批注及签章

三、检查报关单

小王完成进口报关单的填写之后，对所填写的内容进行了检查。确认各栏目内容与报关材料和境内收货人确认事项一致，确认各栏目逻辑正确，确认价格、数量、集装箱信息等无误后，小王将报关单草单交报关单录入员录入。

 问题探究

浙江钟达进出口有限公司（统一社会信用代码 91330000129140018W）向位于浙江省云和县的丽水 SZY 服装公司（统一社会信用代码 913307047305403713）购买一批棉制针织 T 恤衫（HS 编码 6109100010），用于自营出口日本市场，已将商业发票（见表 5-25）、装箱单（见表 5-26）、海运提单（见表 5-27）等报关资料交给浙江 BG 报关公司（统一社会信用代码 91330106142561952G），并委托其向杭州海关（关区代码 2901）申报，货物从浦江海关（关区代码 2201）出境。该批货物属于国内自有品牌，国际货运总运费为 800 美元，国际货运保险费率为 0.3％。

表 5-28 中有 20 个已填栏目，标号（1）～（20），请指出其中的填制错误并改正。

表 5-25 商业发票

浙江钟达进出口有限公司

ZHEJIANG ZHONGDA IMPORT8.EXPORT CO.,LTD.

#470,BINWEN ROAD,HANGZHOU,CHINA

COMMERCIAL INVOICE

TO:
ABC COMPANY
#123,FUJI ROAD.TOKYO,JAPAN
L/C NO.:STLCN000029

INV.NO: STINV017
DATE： JUL.10.2018
S/C NO.:YESO1

FROM SHANGHAI TO TOKYO VIA QINGDAO

MARKS&.NOS.	DESCRIPTION OF GOODS	QUANTITY	U/PRICE	AMOUNT
ABC TOKYO C/NO.:1-174 MADE IN CHINA	MEN＇S T-SHIRT 20PCS PER CARTON,COLOR: NAVY BLUE,FABRIC CONTENT:100% COTTON BRAND:SKY, ART.NO: ZD087	3480 PCS	USD9.80 CIP TOKYO	USD 34104.00
				USD 34104.00
TOTAL:SAY USD THIRTY FOUR THOUSAND ONE HUNDRED AND FOUR ONLY				
	ZHEJIANG ZHONGDA IMPORT&. EXPORT CO., LTD.			

表 5-26　装箱单

浙江钟达进出口有限公司
ZHEJIANG ZHONGDA IMPORT8.EXPORT CO.,LTD.
#470,BINWEN ROAD,HANGZHOU,CHINA
PACKING LIST

MESSER:

ABC COMPANY

#123,FUJI ROAD.TOKYO,JAPAN

DATE: JUL.10,2018

INV.NO: STINV017

SHIPPING SHANGHAI TO TOKYO VIA QINGDAO

MARKS&.NOS.	DESCRIPTION OF GOODS	Package	QTY (PCS)	G.W (KGS)	N.W (KGS)	Meas. (CBM)
ABC	MEN'S T-SHIRT	174	3480	2262	1914	24.8959
TOKYO	20PCS PER CARTON,COLOR:	CTNS				
C/NO.:1-174	NAVY BLUE,FABRIC CONTENT:100% COTTON					
MADE IN CHINA	BRAND:SKY, ART.NO: ZD087					
	TOTAL:	174	3480	2262	1914	24.8959
	TOTAL:SAY ONE HUNDRED AND SEVENTY-FOUR CARTONS ONLY.					

表 5-27　海运提单

Shiper ZHEJIANG ZHONGDA IMPORT & EXFORTCOL. LTD. #470 BINWEN ROAD, HANGZHOU, CHINA	
	PACIFIC INTERNATIONAL LINES (Inconkorated in Singiqpare) **COMBINED TRANSTORT BIL. OF LADING**
Cousignee TO ORDER	Reeived in nparent dorder ned god ionexcepaso herwise Toled the total nunter of cootainer or olher poeongoor unit tmaienid lrlow for transportation from the placeof Heeipt lo the plece of deivery subjeer 10 ihe term heresL. One of the upmed ill-ol Luding must be surrenderedduly esdorset in exchange for the Goods or delivery order. Onpruscutation of this drcumurnt (duly) Endorsud to the Catriorby or on Iechalf ofihe Holder. therghts ind lubilitiainising in accordance with the terms hereof sball without prejudiceto any rule of corunon law OT sTatute rendering themhinding cm lhe Mercham beeome bininn i all teapret letwern the Carier, and thr Holler 1 though th rontrst videnced herly hul been mide between them.
Notify Purty ABC COMPANY #123. FUJI ROAD, TOKYO, JAPAN	**SEETERMSON ORIGINALBL**

Vessel and Voyage Nurnbher ROSE HILL. V. 009W	Port of Landin SHANGHAI	Port ol Dscharge TOKYO VIA QINGDAO
Place of Recceipt	Place of Dulivery TOKYO	Number of Origioal HS/L THREE

PARTICUL, ARS AS DECLAREꝒ BY SHIPPFR CARKIER NOT RESPONSIHLE

Container Nos./Seal Nos. Marks and/Numbers	No. of Container/Packnges/Description of Goods	Groes Weight (kilos)	Measurenent (cu-metres)
ABC TOKYO C/NO.:1-174 MADE IN CHINA C/N: PILU1122334 S/N: 6667789	174CTNS MEN'S T-SHIRT FREIGHT PREPAID CY TO CY	2262	24.8959
FREIGHT & CHARGES	Number of Containers/Phckages (in words) SAY ONE HUNDRED AND SEVENTY-FOUR CARTONS ONLY.		
	Shipped on Board Date AUG. 29, 2018		

表 5-28　中华人民共和国海关出口货物报关单

预录入编号：

海关编号：

境内发货人 91330000129140018W (1) 浙江钟达进出口有限公司		出境关别 (2) 杭州海关	出口日期	申报日期	备案号
境外收货人		运输方式	运输工具名称及航次号 (3) ROSE HILL/V.009W	提运单号 (4) CSC1004118	
生产销售单位 913070473054037113 (5) 丽水 SZY 颢装公司		监管方式 (6) 一般贸易	征免性质 (7) 一般征税	许可证号	
合同协议号		贸易国 (地区)	运抵国 (地区) (8) 日本	指运港 (9) 东京	离境口岸
包装种类	件数 (10) 3480	毛重 (千克)	净重 (千克)	成交方式 (11) CIP	运费 (12) USD/800/3	保费 (13) 0.3	杂费
随附单证及编号					

标记唛码及备注

项号 (14)	商品编号 (15)	商品名称及规格型号 (16)	数量及单位 (17)	单价/总价/币制 (18)	原产国 (地区) (18)	最终目的国 (地区) (18)	境内货源地 (19) 丽水/云和县照章征税	征免 (20)
1 (1)	6109100010	棉质恤衫	3480 件	9.80 34140 美元				

特殊关系确认：　价格影响确认：　支付特许权使用费确认：

报关人员　报关人员证号　电话
兹申明对以上内容承担如实申报、依法纳税之法律责任
申报单位
申报单位（签章）

海关批注及签章

思考练习

一、单项选择题

1. 进境运输工具载运货物于 2018 年 8 月 20 日抵达宁波北仑,某公司报关员于 2018 年 8 月 22 日向宁波海关申报货物进境,则进境关别、进口日期分别为( )。

   A. 宁波海关 3101,20180820   B. 北仑海关 3104,20180822

   C. 宁波海关 3101,20180822   D. 北仑海关 3014,20180820

2. 内资企业北京某商贸有限公司委托辽宁某化工进出口公司与日本某公司签约进口叉车。报关单境内收货人和消费使用单位分别填( )。

   A. 辽宁某化工进出口公司,北京某南贸有限公司

   B. 北京某商贸有限公司,北京某商贸有限公司

   C. 辽宁某化工进出口公司,辽宁某化工进出口公司

   D. 北京某商贸有限公司,辽宁某化工进出口公司

3. 某公司进口纯棉布 8 000 米,其中 6 000 米用于加工产品后再出口,并事先在海关备案,加工贸易手册号为 C04052254621,而另外的 2 000 米用于加工产品在国内销售,则应填( )。

   A. 一份报关单(一般进口货物报关单)

   B. 一份报关单(一般出口货物报关单)

   C. 一份加工贸易进口报关单

   D. 一份一般贸易进口报关单(用于 2 000 米纯棉花进口内销报关),一份加工贸易进口报关单(用于 6 000 米纯棉花进口加工后复出口)

4. 2018 年 12 月 1 日,江苏某公司从国外进口聚丙烯,提单上关于运输条款信息如下,Vessel:EAST EXPRESS;Voyage:801E。向口岸海关办理直转转关手续(转关申报单编码@0731049999590＊＊＊＊)后,运抵指运地海关办理正式进口报关手续,运输工具名称栏应( )。

   A. 填 EASTEXPRESS/801E   B. 填@073104999950＊＊＊＊

   C. 填 073104999950＊＊＊＊   D. 免予填报

5. 提单提供的信息:

   Port of Loading:Nelson New Zealand

   Port of Discharge:Hong Kong

   Port of Delivery:Xiamen China

   2nd Vessel to BE ARRANGED BY CARRIER

   商业发票提供的信息:

Port of Loading：Nelson New Zealand

Port of Discharge：Xiamen China

Port of Delivery：Xiamen China

则报关单经停港应填写（　　　）。

　　A. 厦门　　　　　　B. 香港　　　　　　C. 纳尔逊　　　　D. 空着不填

6. 某公司进口镀黄铜钢丝,货物到港后,报关公司报检时为货主代付熏蒸费410元,发票的信息如下：

CIF Dalian

Quantity：36 562 KG

Unit price：USD 805/1 000 KG

Value：USD 29 432.11

Total amount：USD 29 482.41

International freight：USD 2 400

Insurance：USD 99.35

FOB value：USD 26 933.06

则报关单上运费、保费、杂费这三栏填写情况分别为（　　　）。

　　A. 填,不填,填　　　　　　　　　B. 不填,不填,填

　　C. 不填,不填,不填　　　　　　　D. 填,不填,不填

7. 某企业一般贸易海运进口钢铁制螺母,规格 24 毫米,型号 8481,法定计量单位为千克,成交量 10 000 个,净重 1 000 千克。报关单上数量及单位应填报为（　　　）。

　　A. 第一行填 1 000 千克,第二行、第三行不填

　　B. 第一行填 10 000 个,第二行、第三行不填

　　C. 第一行填 1 000 千克,第二行不填,第三行填 10 000 个

　　D. 第一行填 10 000 个,第二行不填,第三行填 1 000 千克

8. 南京某企业进口《中泰蔬菜水果协议》项下的水果一批,包括鲜菠萝、鲜番石榴、鲜柚子三种商品。该单位向海关提供的原产地证书编号为 2018069813,证书上所列商品排列顺序为:鲜菠萝、鲜番石榴、鲜柚子。报关单随附单证的代码为 Y,编号应为（　　　）。

　　A. 2018069813　　　　　　　　　B. C2018069813

　　C. 〈02〉2018069813　　　　　　　D. 〈02〉C2018069813

9. 中外合资企业的外方出口商品,外方为商品的品牌持有人,申报要素中的"品牌类型"应选择（　　　）。

A. 境内自主品牌   B. 境内收购品牌

C. 境外品牌(贴牌生产)   D. 境外品牌(其他)

10. 某企业一般贸易海运进口医用 X 光机零件一批,中华人民共和国自动进口
　　许可证编号为 11002003310356,这个监管证件的编号应填报在报关单的
　　(　　)栏目。

A. 许可证   B. 随附单证   C. 备案号   D. 备注

二、报关单填制题

　　仔细阅读以下资料,然后根据《中华人民共和国海关进出口货物报关单填制规范》的要求,从选项中选出正确的一个答案。

　　资料一:

　　位于上海市闸北区的某公司(31089××××)接受国外某企业的委托制造出口来料加工的机床零部件,由国外客户提供原材料铰链(属法检商品,法定计量单位为千克)。载运货物的运输工具于 2018 年 9 月 9 日申报进境,上海机床有限责任公司委托上海 SHK 报关行于 2018 年 9 月 10 日凭《加工贸易手册》和相关单证向上海吴淞海关申报进口。

　　资料二:

表 5-29　提单

Shipper: CHR TRADING GMBH LERCHENWEG 10 97522 SAND CERMANY		COSCO CONTAINER LINES	
Consigriee TO ORDER		Combined Transport **BILL OF LADING**	
Notify Party SHANGHAI MACHINE CO.,LTD. 218 FENGXIANG ROAD SHANGHAI, 200041 CHINA			
Ocean Vessel HONG YE	Voy. No. 489E	Port of Loading Hamburg	
Port of Discharge Rotterdam	Nurmber and Kind of Packages; Designation of Goods	Place of Delivery SHANGHAI CHINA	
Marks&Nurmber	HINGE BOLT SAY FIVE WOODEN CASES ONLY, TOTAL ONE40' CONTAINER CY TO CY FREIGHT PREPAID 2NDVESSEL:M/V GOLEN GATE BRIDGEV.10W	Gross Weight(kgs) 　　　　5850	Net Weight(kgs) GROSS FOR NET
SMC SHANGHAI C/NO.1-5	CONTAINER　　TARE　　SEAL TEXU2263978　　3700　　22786		

表 5-30 装箱单

```
                    CHR TRADING GMBH
                    LERCHENWEG10
                    97522 SAND GERMANY

               PACKING LIST

TO:
SHANGHAI MACHINE CO.,LTD.
218 FENGXIANG ROAD
SHANGHAI,200041 CHINA
```

MARKS &.NO.	DESCRIPTION OF GOODS	QUANTITY	U/PRICE
SMC SHANGHAI C/NO.1-5	HINGE BOLT Country of Origin:France PACKEDIN5WOODEN CASES	30 000 PCS	EUR 0.33/PCS CIF SHANGHAI CHR TRADING GMBH

1. 备案号栏 填报的编号首字母为（　　）。

A. C　　　　　　B. Z　　　　　　C. B　　　　　　D. P

2. 境外发货人为（　　）。

A. 上海机床有限责任公司

B. 上海 SHK 报关行

C. SHANGHAI MACHINE CO. LTD.

D. CHR TRADING GMBH

3. 运输方式代码应填（　　）。

A. 5　　　　　　B. 1　　　　　　C. 2　　　　　　D. 3

4. 运输工具名称栏应填（　　）。

A. M/V GOLEN GATE BRIDGE/10w

B. GOLEN GATE BRIDGE/10W

C. HONG YE

D. HONGYE/489E

5. 监管方式为（　　）。

A. 合资合作设备　　B. 来料加工　　　　C. 进料加工　　　　D. 一般贸易

6. 征免性质为（　　）。

A. 鼓励项目　　　　B. 自有资金　　　　C. 来料加工　　　　D. 进料加工

7. 启运国(地区)栏应填（　　）。

A. 德国　　　　　　B. 巴塞罗那　　　　C. 荷兰　　　　　　D. 意大利

8. 经停港栏应填(   )。

    A. 汉堡   B. 巴塞罗那   C. 鹿特丹   D. 罗斯托克

9. 运费,保费的填写情况分别为(   )。

    A. 填写,填写   B. 不填,不填   C. 不填,填写   D. 填写,不填

10. 境内目的地为(   )。

    A. 上海   B. 闸北   C 上海市闸北区   D. 闸北区

11. 成交方式栏代码为(   )。

    A. 1   B. 2   C. 3   D. 4

12. 件数应填(   )。

    A. 1   B. 6 000   C. 30 000   D. 5

13. 包装种类栏应填(   )。

    A. 集装箱   B. 木箱   C. 再生木托   D. 纸箱

14. 净重栏应填(   )。

    A. 6 000   B. 30 000   C. 5 850   D. 1

15. 随附单证栏的代码应填(   )。

    A. A   B. B   C. Z   D. 7

16. 备注栏关于集装箱货重应填(   )。

    A. 3 700   B. 5 850   C. 9 550   D. 不填

17. 原产国(地区)栏应填(   )。

    A. 德国   B. 荷兰   C. 法国   D. 意大利

18. 征免栏应填(   )。

    A. 一般征税   B. 照章征税   C. 全免   D. 特案

19. 数量及单位栏应填(   )。

    A. 5 850 千克

    B. 5 850 千克   [第一行]   5 箱   [第二行]

    C. 5 850 千克   [第一行]   6 000 件   [第三行]

    D. 5 850 千克   [第一行]   30 000 件   [第三行]

20. 币制栏应填(   )。

    A. 欧元   B. 英镑   C. 美元   D. 人民币

三、信息查询

    1. 请根据以下货物 HS 编码查询货物的商检代码或货物的检验检疫名称、法定计量单位、申报要素。

货物名称及 HS 编码	商检代码	法定计量单位	申报要素
酱油(鲜味汁) 2103100000			
其他棉制男式衬衫 6205200099			

2. 根据提供的信息填报报关单境内货源地(产地)。

货源地信息	报关单境内货源地(产地)填报
货源地址:杭州市滨江区滨文路 478 号	
货源地址:河北省保定市雄县旅游路南侧	
境内发货人海关编码前 5 位:43139	

项目六　进出口税费核算

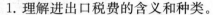

【知识目标】

1. 理解进出口税费的含义和种类。
2. 掌握进出口货物完税价格的确定方法。
3. 掌握进出口货物税率的确定。
4. 理解进出口货物原产地的确定标准和申报要求。
5. 掌握进出口税费的核算步骤及方法。

【能力目标】

1. 能计算进出口货物的完税价格。
2. 能根据资料确定适用的税率。
3. 能计算各类税费和滞纳金。

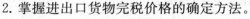 项目情境

　　山东省某纺织集团从 A 国进口已梳棉花(商品编码:5203.0000,该国适用优惠原产地规则)93 吨,该批货物系以 B 国原产的未梳棉花(商品编码:5201.0000,该国适用非优惠原产地规则)加工而成。发票列明货物 CIF 价值175 770美元(设 1 美元＝6.35 元人民币)、包装费 651 美元、卸货港至境内指运地的运费及保险费 372 美元。货物以境内外全程联运方式从上海进境运至收货人所在的城市。

　　山东省纺织集团委托青岛 XX 报关公司代理报关,并提供了产地证,海关规定的关税配额证明和入境货物通关单等相关文件,但关税配额证明显示的数量为 90 吨。

项目分解

　　为了完成该项目的学习,具体可分解为以下四个任务。

1. 确定该批货物的完税价格。

2. 确定该批货物的原产地。

3. 确定该批货物适用的税率。

4. 计算该批货物应缴纳的进出口税费。

进出口税费计算与缴纳操作程序按时间先后可以分为四个环节,即审定完税价格、确定进出口货物原产地、确定适用税率、计算税费(见图 6-1)。

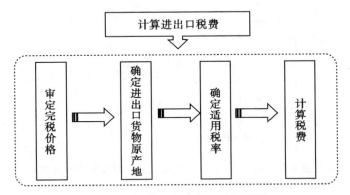

图 6-1　进出口税费计算操作程序

任务一　审定完税价格

进出口货物完税价格是指海关对进出口货物征收从价税时审查估定的应税价格,是凭以计征进出口货物关税及进口环节海关代征税税额的基础。审定完税价格时要分三种情形考虑,见图 6-2。

$$完税价格\begin{cases}进口货物完税价格\begin{cases}一般进口货物完税价格\\特殊进口货物完税价格\end{cases}\\出口货物完税价格\end{cases}$$

图 6-2　审定完税价格的三种情形

一、一般进口货物完税价格的审定

海关依次使用六种估价方法确定一般进口货物的完税价格(注意前后次序),如图 6-3 所示。

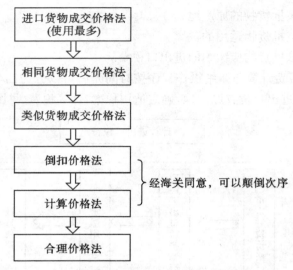

图 6-3   确定一般进口货物完税价格的六种估价方法

(一)进口货物成交价格法

1.成交价格的基本含义

进口货物完税价格由海关以该货物的成交价格为基础审查确定,并且包括货物运抵我国境内起卸前的运输及相关费用、保险费等(完税价格为到岸价)。

成交价格是指卖方向我国境内销售货物时,买方进口该货物向卖方实付的,并按有关规定调整后的价款总额,包括直接支付的价款和间接支付的价款。

2.成交价格的调整因素

成交价格不完全等同于贸易中实际发生的发票价格,需要按照有关规定进行调整,调整因素如表 6-1 所列。

表 6-1   成交价格的调整因素

序号	计入项目(买方支付的下列项目)	扣减项目(单独列明的下列税收、费用)
1	除购货佣金以外的销售佣金和经纪费 销售佣金:一般由卖方支付给销售代理人,若转由买方支付就计入 经纪费:买方支付给经纪人的劳务费用,计入	厂房、机械或设备等货物进口后发生的建设、安装、装配、维修或技术援助费用,但保修费用除外

（续表）

序号	计入项目（买方支付的下列项目）	扣减项目（单独列明的下列税收、费用）
2	与进口货物作为一个整体的容器费（同一税号），如装酒的酒瓶	货物运抵境内输入地点起卸后发生的运输及相关费用、保险费
3	包装费（包括材料费、劳务费）	进口关税、进口环节海关代征税及其他国内税收
4	下列四项协助价值（买方以免费或低于成本价的方式向卖方提供）应计入：进口货物所包含的材料、部件、零件和类似货物的价值，在生产进口货物过程中使用的工具、模具和类似货物的价值，在境外完成的为生产进口货物所需的工程设计、技术研发、工艺及制图等工作的价值	同时符合下列条件的利息费用不计入完税价格：利息费用是买方为购买进口货物而融资所产生；有书面的融资协议；利息费用单独列明的；纳税义务人可以证明有关利率不高于在融资当时当地此类交易通常具有的利率水平，且没有融资安排的相同或者类似进口货物的价格与进口货物的实付、应付价格非常接近的
5	特许权使用费：买方为取得特许权（专利权或分销权等）而支付的费用	为在境内复制进口货物而支付的费用
6	返给卖方的转售收益	境内外技术培训及境外考察费用
7		码头装卸费（THC）：货物从船舷到集装箱堆场发生的费用，不应计入

注：协助价值计入进口货物完税价格时应满足 4 个条件：①由买方以免费或低于成本价的方式直接或间接提供；②未包括在进口货物的实付或应付价格之中；③与进口货物的生产和向我国境内销售有关；④可适当按比例分摊。

【例 6-1】某工厂从德国进口一批机械设备，以"CIF 广州"价格条件成交。发票列明：机械设备价款 500 000 美元，运保费 5 000 美元，卖方佣金 25 000 美元，培训 2 000 美元，设备调试费 20 000 美元。则该批货物经海关审定的完税价格为

完税价格＝500 000（机械设备价款）＋5 000（运保费）＋25 000（卖方佣金）
＝530 000（美元）

【例 6-2】某企业从法国进口一台模具加工机床，发票列明：设备价款 CIF 上海 600 000 美元，机器进口后的安装调试费 20 000 美元，卖方佣金 2 000 美元，与设备配套使用的操作系统使用费 80 000 美元。则该批货物经海关审定的

成交价格为

　　成交价格＝600 000(设备价款)＋2 000(卖方佣金)＋80 000(操作系统使用费)＝682 000(美元)

　　【例 6-3】某企业以 CIF 方式购进一台砂光机,先预付设备款 25 000 港元,发货时再支付设备价款 40 000 港元,并另外直接支付给境外某权利所有人专用技术使用费 15 000 港元。此外,提单上列明码头装卸费为 500 港元。则该批货物经海关审定的成交价格为:

　　成交价格＝25 000(预付设备款)＋40 000(设备价款)＋15 000(专用技术费)＝80 000(港元)

3. 成交价格的采用条件

　　采用成交价格估算完税价格时,成交价格本身应满足一定的条件,见表 6-2。

表 6-2　成交价格本身应满足的条件

成交价格应具备的条件	成交价格不能作为完税价格的情况
买方对进口货物的处置和使用不受限制(但法律法规限制、货物转售地域限制、对货物价格无实质影响的限制除外)	下列情形视为受限制:①进口货物只能用于展示或免费赠送的;②进口货物只能销售给指定第三方的;③进口货物加工为成品后只能销售给卖方或指定第三方的;④其他经海关审查,认定买方对进口货物的处置或使用受到限制的。
进口货物的价格不应受到某些条件或因素的影响	下列情形视为受影响而导致价格无法确定:①进口货物的价格是以买方向卖方购买一定数量的其他货物为条件确定的;②进口货物的价格是以买方向卖方销售其他货物为条件确定的;③其他经海关审查,认定货物的价格受到使该货物成交价格无法确定的条件或者因素影响的
卖方不得直接或间接从买方获得因转售、处置或使用进口货物而产生的任何收益,除非上述收益能够被合理确定	

（续表）

成交价格应具备的条件	成交价格不能作为完税价格的情况
双方之间没有特殊关系,若能证明其成交价格与下列任一款价格相近,则视为无影响:①向境内无特殊关系的买方出售的相同或类似进口货物的成交价格;②按照倒扣价格法确定的相同或类似进口货物的完税价格;③按照计算价格法确定的相同或类似进口货物的成交价格	买卖双方之间的特殊关系包括:①买卖双方互为对方公司的高级职员或董事;②买卖双方为法律承认的商业合伙人;③买卖双方为雇主和雇员关系;④一方直接或间接拥有、控制对方 5% 或以上公开发行的有表决权的股票或股份;⑤一方直接或间接地受另一方控制;⑥双方都直接或间接地受第三方控制;⑦双方共同直接或间接地控制第三方;⑧双方为同一家族成员;⑨买卖双方在经营上相互有联系,一方是另一方的独家代理、经销商或受让人,若与以上规定相符,也视为有特殊关系

（二）相同或类似货物成交价格法

相同或类似货物成交价格法是指以被估货物同时或大约同时向我国境内销售的相同或类似货物的成交价格为基础(但不是直接作为进口货物的成交价格),审查确定进口货物完税价格的方法。

相同货物:与进口货物在同一国家(地区)生产,除表面微小差异外,在物理性质、质量和信誉等所有方面都相同的货物。

类似货物:与进口货物在同一国家(地区)生产,有相似的特征、相似的材料、相同的功能,在商业中可以互换。

时间要素:"同时"或"大约同时"是指进口货物接受申报之日的前后各 45 天内。

前提条件:这种方法只能在进口货物非因销售引起或销售不符合成交价格须满足的条件时才能采用。

注意事项:在运用相同或类似货物成交价格法时,应先使用具有相同商业水平、大致相同数量的相同或类似货物;在确定完税价格时,应先使用同一生产商的货物,没有时再使用同一生产国(地区)的货物;有多个相同或类似货物的,以最低成交价格为基础估定完税价格。

（三）倒扣价格法

倒扣价格法是指以进口货物、相同或类似进口货物在境内第一环节的销售价格为基础,扣除境内发生的有关费用来估定完税价格。倒扣价格法的使用规则如表 6-3 所列。

"第一环节"是指有关货物进口后进行的第一次转售,且转售者与境内买方不能有特殊关系。

表 6-3　倒扣价格法的使用规则

项目	内容
倒扣价格法的"销售价格"应具备的条件	(1)在被估货物进口时或大约同时,将该货物、相同或类似进口货物在境内销售的价格;(2)按照该货物进口时的状态销售的价格;(3)在境内第一环节销售的价格;(4)向境内无特殊关系方销售的价格;(5)按照该价格销售的货物合计销售总量最大
倒扣价格法的核心要素	(1)按进口时的状态销售;(2)时间要素:满足"进口时"或"大约同时",即被估货物申报日前后各 45 天或各 90 天;(3)货物合计销售总量最大
倒扣价格法的倒扣项目	(1)该货物的同等级或同种类货物在境内第一环节销售时通常支付的佣金或利润和一般费用;(2)货物运抵境内输入地点之后的运输及相关费用、保险费;(3)进口关税、进口环节海关代征税及其他国内税收;(4)加工增值额,如果以货物经过加工后在境内转售的价格作为倒扣价格的基础,则必须扣除加工增值部分

(四)计算价格法

计算价格法是指以货物生产国(地区)的生产成本为基础确定的完税价格。采用计算价格法时,进口货物完税价格由下列项目的总和构成。

(1)生产该货物所使用的原材料价值和进行装配或其他加工的费用。

(2)向境内销售同等级或同种类货物通常的利润和一般费用(包括直接费用和间接费用)。

(3)货物运抵我国境内输入地点起卸前的运输及相关费用、保险费。

(五)合理方法

合理方法是指在不能依据上述几种估价方法时,根据公平、统一、客观的估价原则,以客观量化的数据资料为基础审查确定完税价格的方法。在运用合理方法估价时,禁止使用下列六种价格。

(1)境内生产的货物在境内的销售价格。

(2)在两种价格中选择较高的价格。

(3)货物在出口地市场的销售价格。

（4）以计算价格法规定之外的价值或费用计算的相同或类似货物的价格。

（5）出口至第三国（地区）货物的销售价格。

（6）最低限价或武断、虚构的价格。

二、特殊进口货物完税价格的审定

特殊进口货物完税价格的审定方法如表 6-4 所列。

表 6-4　特殊进口货物完税价格的审定

监管方式	货物类型	完税价格	
进料加工（不予保税）	料件进口	以该料件申报进口时的成交价格为基础确定	
进料加工（保税）	料件内销	以料件原进口成交价格为基础确定	料件原进口成交价格不能确定的，海关以接受内销申报的同时或大约同时进口的与料件相同或类似货物的进口成交价格价格为基础确定
	制成品（残次品、副产品）内销	以所含料件原进口成交价格为基础确定	
来料加工	料件或制成品（残次品）内销	以接受内销申报的同时或大约同时进口的与料件相同或类似货物的进口成交价格为基础确定（来料加工的料件在原进口时没有成交价格）	
进料加工、来料加工	边角料、副产品	以海关审查确定的内销价格作为完税价格	
出口加工区	制成品、残次品	以接受内销申报的同时或大约同时进口的相同或类似货物的进口成交价格为基础确定	
	边角料、副产品	以海关审查确定的内销价格作为完税价格	
保税区加工企业	进口料件或制成品（包括残次品）	以接受内销申报的同时或大约同时进口的相同或类似货物的进口成交价格为基础确定	
	进料加工制成品（含境内采购料件）	以制成品所含从境外购入的料件原进口成交价格为基础确定	
		料件原进口成交价格不能确定的，海关以接受内销申报的同时或大约同时进口的与料件相同或类似货物的进口成交价格为基础确定	
	来料加工制成品（含境内采购料件）	以接受内销申报的同时或大约同时进口的相同或类似货物的进口成交价格为基础确定	
	边角料、副产品	以海关审查确定的内销价格作为完税价格	

(续表)

监管方式	货物类型	完税价格
保税区、出口加工区、保税物流园区、保税物流中心进入境内		除进口料件及其制成品外，均以进入境内的销售价格为基础确定
出境修理复运进境货物	按规定期限复运进境	以境外修理费和料件费审查确定
	未按规定期限复运进境	按一般进口货物完税价格确定
出境加工复运进境货物	正常运回	以境外加工费、料件费、复运进境的运输及相关费用、保险费审查确定
	未正常运回	按一般进口货物完税价格确定
暂时进境货物	应纳税的	按一般进口货物完税价格确定
	留购的	以海关审查确定的留购价格作为完税价格
租赁进口货物	以租金方式支付的	以租金作为完税价格
	留购的	以海关审查确定的留购价格作为完税价格
	一次性纳税的	可以申请按规定估价方法确定完税价格或以租金总额作为完税价格
减免税货物	经批准可以出售、转让、移作他用的货物	完税价格＝海关审定的该货物原进口时的价格×[1－征、补税时实际进口的月数/（监管年限×12）]
无成交价格货物	易货贸易、寄售、捐赠、赠送	不适用进口货物成交价格法，应采用其他几种方法确定完税价格
软件介质	介质本身价值或成本与所载软件价值分列或虽未分列，但能提供文件证明各自价值时，以介质本身的价值或成本为基础确定	

三、出口货物完税价格的审定

(一)出口货物完税价格的计算公式

出口货物完税价格以成交价格为基础确定，包括货物运至输出地点前的运输及相关费用、保险费。出口货物完税价格的计算公式如下：

出口货物完税价格＝FOB 价－出口关税＝FOB 价/（1＋出口关税税率）

(二)出口货物完税价格的确定

出口货物成交价格是指货物出口销售时,卖方为出口该货物向买方直接收取和间接收取的价款总额。

出口货物的成交价格不能确定时,海关依次使用下列价格(没有倒扣法)。

(1)同时或大约同时向同一国家(地区)出口的相同货物的成交价格。

(2)同时或大约同时向同一国家(地区)出口的类似货物的成交价格。

(3)根据境内生产相同或类似货物的成本、利润和一般费用(包括直接费用和间接费用)和境内发生的运输及相关费用、保险费计算所得的价格。

(4)按照合理方法估定的价格。

(三)不计入出口货物完税价格的税收、费用

不计入出口货物完税价格的税收、费用包括以下内容。

(1)出口关税。

(2)在货物价款中单独列明的货物运至我国境内输出地点装载后的运输及相关费用、保险费。

(3)在货物价款中单独列明由卖方承担的佣金。

 小贴士

纳税义务人在海关审定完税价格时的权利和义务

1. 权利

(1)要求具保放行货物的权利。即在海关审查确定进出口货物完税价格期间,纳税义务人可以在依法向海关提供担保后,先行提取货物。

(2)估价方法的选择权。即纳税义务人向海关提供有关材料后,可以提出申请,以颠倒倒扣价格法和计算价格法的适用次序。

(3)对海关如何确定进出口货物完税价格的知情权。即纳税义务人可以提出书面申请,要求海关就如何确定其进出口货物完税价格做出书面说明。

(4)对海关估价决定的申诉权。即纳税义务人可以依法向上一级海关申请行政复议,对行政复议决定不服的,可以依法向人民法院提起行政诉讼。

2. 义务

(1)如实提供单证及其他相关材料的义务。

(2)如实申报及举证的义务。即货物买卖中发生《中华人民共和国海关审定进出口货物完税价格办法》所列的价格调整项目的,纳税义务人应当如实向海关

申报。价格调整项目如果需要分摊计算的,纳税义务人应当根据客观量化的标准进行分摊,并同时向海关提供分摊的依据。

(3)举证证明特殊关系未对进口货物成交价格产生影响的义务。即买卖双方之间存在特殊关系,但是纳税义务人认为当特殊关系未对进口货物成交价格产生影响时,应提供相关材料,以证明其成交价格符合《中华人民共和国海关审定进出口货物完税价格办法》的规定。

四、海关估价中的价格质疑程序和价格磋商程序

(一)价格质疑程序

价格质疑是指在确定完税价格过程中,海关对申报价格的真实性或准确性有疑问,或有理由认为买卖双方的特殊关系可能影响成交价格。海关提出价格质疑的操作程序如图 6-4 所示。

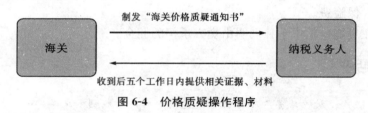

图 6-4　价格质疑操作程序

(二)价格磋商程序

价格磋商是指海关在使用除进口货物成交价格法以外的估价方法时,在保守商业秘密的基础上,与纳税义务人交换彼此掌握的用于确定完税价格的数据资料的行为。价格磋商程序如图 6-5 所示。

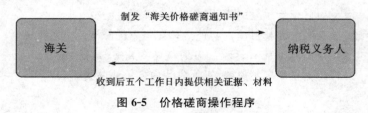

图 6-5　价格磋商操作程序

(三)特殊情形

经纳税义务人书面申请,海关可以不进行价格质疑和价格磋商的情形有以下三种。

（1）同一合同项下分批进出口的货物，海关对其中一批货物已经实施估价的。

（2）进出口货物完税价格在人民币 10 万元以下或者关税及进口环节海关代征税总额在人民币 2 万元以下的。

（3）进出口货物属于危险品、鲜活品、易腐品、易失效品、废品、旧品等。

加工贸易进口料件或其制成品、出口加工区内加工企业内销制成品、保税区内加工企业内销进口料件或其制成品估价，海关可以不进行价格质疑，经与纳税义务人价格磋商后，依法确定完税价格。

任务二　确定进出口货物原产地

确定进出口货物原产地的操作包括确定原产地规则的类别、确定原产地认定标准、提供原产地证书和原产地申报，见图 6-6。

$$
\text{确定进出口货物原产地}
\begin{cases}
\text{确定原产地规则的类别}\\
\text{确定原产地认定标准}\\
\text{提供原产地证书}\\
\text{原产地申报}
\end{cases}
$$

图 6-6　确定进出口货物原产地

一、确定原产地规则的类别

各国为了适应国际贸易的需要，执行本国关税及非关税方面的国别歧视贸易措施，必须按一定的标准确定进口商品的原产地，依据的标准就是原产地规则。

原产地规则分为两大类，优惠原产地规则和非优惠原产地规则。

（一）优惠原产地规则

优惠原产地规则是指一国为了实施国别优惠政策而制定的法律、法规，是根据优惠贸易协定，通过双边、多边协定形式或者本国自主形式制定的一些特殊原产地认定标准，具有排他性，优惠范围以原产地为受惠国的进口产品为限。优惠原产地规则的实施方式包括两种：一是自主方式授予，如欧盟普惠制、中国对最不发达国家的特别优惠关税；二是互惠方式授予，如《中国—东盟自贸协定》等。

优惠原产地规则包括下列合作、协定中的原产地规则。

(1)《亚太贸易协定》,又称《曼谷协定》(适用于韩国、印度、斯里兰卡、孟加拉国、老挝)。

(2)《中国—东盟自贸协定》(适用于越南、泰国、新加坡、马来西亚、印度尼西亚、文莱、缅甸、老挝、柬埔寨、菲律宾)。

(3)《内地与香港关于建立更紧密经贸关系的安排》(香港 CEPA)。

(4)《内地与澳门关于建立更紧密经贸关系的安排》(澳门 CEPA)。

(5)《中国—巴基斯坦自贸协定》。

(6)台湾农产品零关税措施。

(7)对埃塞俄比亚等不发达国家的特别优惠关税待遇。

(8)《中国—智利自贸协定》。

(9)《中国—新加坡自贸协定》。

(10)《中国—新西兰自贸协定》。

(11)《中国—秘鲁自贸协定》。

(12)《海峡两岸经济合作框架协议》(ECFA[①])

(13)《中国—哥斯达黎加自贸协定》。

(14)《中国—冰岛自贸协定》。

(15)《中国—瑞士自贸协定》。

(16)《中国—澳大利亚自贸协定》。

(17)《中国—韩国自贸协定》。

(18)《中国—格鲁吉亚自贸协定》。

(二)非优惠原产地规则

非优惠原产地规则是指一国根据实施其海关税则和其他贸易措施的需要,由本国立法自主制定的原产地规则,也称自主原产地规则。非优惠原产地规则的实施应遵循最惠国待遇规则,即必须普遍地、无差别地适用于以所有原产地为最惠国的进口货物。非优惠原产地规则包括实施最惠国待遇、反倾销、反补贴、保障措施、数量限制、关税配额、原产地标记或贸易统计、政府采购时采用的原产地规则。

二、确定原产地认定标准

(一)优惠原产地认定标准

优惠原产地认定标准有完全获得标准和不完全获得标准两种。

1. 完全获得标准

完全获得标准是指从优惠贸易协定成员国或地区(以下简称成员国或地区)直接运输进口的货物是完全在该成员国或地区获得或产生的,这些货物是指:

(1)在该成员国或地区境内收获或采集的植物产品;

(2)在该成员国或地区境内出生和饲养的活动物;

(3)在该成员国或地区领土或领海开采的矿产品;

(4)其他符合相应优惠贸易协定项下完全获得标准的货物。

2. 不完全获得标准

不完全获得标准是指经过几个国家或地区加工、制造的产品,多以最后完成实质性加工的国家或地区为原产地,称为"实质性改变标准"。实质性改变标准包括税则归类改变标准、从价百分比标准、加工工序标准、其他标准等。

(1)税则归类改变标准。税则归类改变标准是指原产于非成员国或地区的材料在出口成员国或地区境内进行制造、加工后,所得货物在《商品名称及编码协调制度》中税则归类发生了变化(4 位数一级的税则归类改变)。

(2)从价百分比标准。从价百分比是指一个国家或地区对非该国或地区原产的原材料进行制造、加工后的增值部分超过所得货物价值的一定比例。部分贸易协定的区域价值成分标准如表 6-5 所列。

表 6-5　部分贸易协定的区域价值成分标准

协定名称	非成员国或地区原产的原材料价值占 FOB 价的比例	成员国或地区原产的原材料价值占 FOB 价的比例
《亚太贸易协议》(孟加拉国除外)	≤55%	>45%
《中国—东盟自贸协议》	<60%	≥40%
《亚太贸易协定》(孟加拉国)	≤65%	>35%
CEPA 项下的港澳产品	<70%	≥30%
《中国—韩国自贸协议》	<40%	≥60%

(3)加工工序标准。加工工序标准是指以在某一国家或地区进行的赋予制造、加工后所得货物基本特征的主要工序为标准。

(4)其他标准。指除以上标准外,成员国或地区一致同意采用的其他标准。

(二)非优惠原产地认定标准

非优惠原产地认定标准中的实质性改变标准以税则归类改变标准为最基本的标准。若税则归类改变标准不能够反映实质性改变,用下列补充标准。

(1)加工工序标准:指以在某一国家或地区进行的赋予制造、加工后所得货物基本特征的主要工序为标准。

(2)从价百分比标准:指以在某一国家或地区对非该国或地区原产的原材料进行制造、加工后的增值部分超过货物价值的30%为标准。

注意:上述两种补充标准只适用于《适用制造或者加工工序及从价百分比标准的货物清单》中具体列明的货物,并按列明的标准判定是否发生实质性改变。对未列入该清单的货物,其实质性改变标准应当适用税则归类改变标准。

 小案例

iPhone 手机的原产地

一部 iPhone 手机由中国台湾富士康公司设在中国大陆的工厂组装完成,然后出口到美国,中国大陆的进口商又进口该手机,然后卖给批发商,批发商销售给零售商,零售商卖给消费者,从而完成一部手机从组装到消费的全过程,而在组装前,手机的原材料和零部件的来源比较复杂,供应商来自日本、韩国等不同国家的不同企业,如三星就是 iPhone 手机重要的配件供应商之一。iPhone 手机的原产地应该是哪里呢?

分析:根据中国目前的原产地管理规则,如果 iPhone 手机在中国组装且加工增加值达到 30%,该手机就属于"中国制造",可以申请签发中国原产地证书。在这个过程中,iPhone 手机要经过两次通关:一次是出口,一次是进口,出口时原产地如果是中国,则再从境外进口的时候,由于该手机没有再进行加工,不改变原产地,因此再进口时 iPhone 手机的原产地仍然是中国。

三、提供原产地证书

原产地证书是证明货物原产于某地的书面文件。它是受惠国原产的产品出口到给惠国时享受关税优惠的凭证,同时是进口货物是否适用反倾销、反补贴税率、保障措施等贸易政策的参考凭证。

(一)部分适用优惠原产地规则的原产地证书

1.《亚太贸易协定》原产地证书

该原产地证书应当同时符合以下三个条件。

（1）由该成员国政府指定机构以手工或电子形式签发。

（2）符合《中华人民共和国海关（亚太贸易协定）项下进出口货物原产地管理办法》附件所列格式，用国际标准 A4 纸印制，所用文字为英文。

（3）证书印章与该成员国通知中国海关的印章印模相符。

该原产地证书自签发之日起一年内有效，不得涂改和叠印，所有未填之处应当划去，以防事后填写。

2.《中国—东盟自贸协定》原产地证书

进口货物收货人或其代理人向海关提交的原产地证书、流动证明应当同时符合下列条件：由东盟成员国签证机构签发；格式符合规定，以英文填写并有出口商署名、盖章；签证机构的印章、签证人员的签名与东盟成员国通知中国海关的样本相符；所列的一项或多项货物为同一批次的进口货物；仅有一份正本，并且具有不重复的证书编号；注明确定货物具有原产资格的依据。

该原产地证书应在装运时或装运前签发，因不可抗力可以在货物装运后三天内签发，自签发之日起一年内有效。

3. CEPA 原产地证书

香港原产地证书发证机构为香港特别行政区政府工业贸易署及香港特别行政区政府认可的机构。香港发证机构签发的原产地证书应当同时符合下列要求。

（1）原产地证书上具有唯一的编号。

（2）一份原产地证书只能对应一批同时进入内地的货物。

（3）原产地证书上列明指定的单一到货口岸。

（4）原产地证书的产品内地协制编号按适用的《中华人民共和国海关进出口税则》8 位数级税号填写。

（5）原产地证书的计量单位按适用的实际成交的计量单位填写。

（6）原产地证书不许涂改及叠印，否则应重新签发。

（7）原产地证书的有效期为自签发日起 120 天内。

（8）原产地证书按规定格式用 A4 纸印制，所用文字为中文。

（9）如原产地证书被盗、遗失或毁坏，出口商或生产企业可在保证原证未被使用的基础上，向原香港发证机构书面申请签发一份原证的副本，且该副本上应注明"经证实的真实副本"；如原证已被使用，则后发副本无效；如后发副本已被使用，则原证无效。

4.《中国—韩国自贸协定》原产地证书

韩国签发的原产地证书(见表 6-6)应当同时符合下列条件。

表 6-6　韩国原产地证书

1. Exporter's name and address country：				Certificate No.			
				CERTIFICATE OF ORIGIN			
2. Producer's name and address country：				Form for China-kores FTA			
				Issued in ＿＿＿＿＿			
3. Consignce's name and address country：				(See Overleaf Instruction)			
4. Means of transport and route(as far as known)： Departure date： Vessel/Flight/Train/Vehicle No： Port of loading： Port of discharge：				5. Remarks：			
6. Item number（Max20）	7. Marksand numbers on packages	8. Number and kind of packages; description of goods	9. HS code （Six-digit code）	10. Origin criterion	11. Gross weight, quantity（Quantity Unit ） or other measures （Iiters, m^5,etc)	12. Number and date of invoice
13. Declaration by the exporter： The undersigned hereby declares that the above details and statement are correct，that all the goods were produced in (Country) Andthat they comply with the origin requirements specified in the goods exports to (Importing country) Place and date，signature of authorized signatory				14. Certification： On the basis of control carried out，it is hereby certified that the information herein is correct and that the goods described comply with the origin requirements specified in the China-Korea FTA Place and date signature and stamp of authorized body			

(1)原产地证书应当由韩国授权机构在货物装运前、装运时或者装运后 7 个工作日内签发。

(2)具有签名以及印章等安全特征,并且印章应当与韩国通知中国海关的印章样本相符合。

(3)以英文填制。

(4)具有不重复的证书编号。

(5)注明货物具备原产地资格的依据。

(6)自签发之日起 12 个月内有效。

原产地证书未能在货物装运前、装运时或者装运后 7 个工作日内签发的,原产地证书可以在货物装船之日起 12 个月内补发。补发的原产地证书应当注明"补发"字样。

(二)适用非优惠原产地规则的原产地证书

进口货物收货人申报进口与实施反倾销措施的被诉倾销产品相同的货物时,应向海关提交原产地证书。

进口货物收货人申报进口使用最终保障措施的进口商品时,自海关总署公告规定的加征关税之日起,应向海关提交不适用最终保障措施的国家(地区)的原产地证书或尚不应加征关税的适用最终保障措施的国家(地区)的原产地证书。

四、原产地申报

优惠原产地申报要求如下。

(一)进口货物的申报要求

进口货物收货人应填制进口货物报关单,申明适用协定或特惠税率,并同时提交原产地证书正本或规定的原产地声明文件、商业发票、全程运输单证等商业单证。如果货物不是从缔约方直接运输至我国境内,即货物经过其他国家(地区)运输至我国境内的,还应提交符合《中华人民共和国海关进出口货物优惠原产地管理规定》的联运提单等证明文件;在其他国家(地区)临时储存的,还应提交该国家(地区)海关出具的证明文件。

未能提交原产地证书或证明的,可在进口申报时补充申报,海关按照协定或特惠税率收取等值保证金后放行货物。

若要对原产地证书的真实性进行核查,海关按照最惠国税率或普通税率或其他税率收取等值保证金后放行货物。

◆━ 小思考

某企业进口原产于新加坡的奶粉,提供了抬头为"REPUBLIC OF SINGA-POREPREFERENTIAL CERTIFICATE OF ORIGIN"的产地证,该证没有"FORM E"和"Issued in(country)"字样。进口该批货物能否享受《中国—东盟自贸协定》税率?

(二)经第三方中转进口货物的申报要求

原产地规则中的"直接运输规则"是指申报适用协定、特惠税率的进口货物应该从优惠贸易协定的签订方直接运输到我国境内,对于经非签约国(地区)转运的货物,应符合海关的相关规定。

1. 经港澳中转进口货物单证提交要求

根据海关总署公告 2016 年第 52 号(关于各优惠贸易安排项下经港澳中转进口货物单证提交事宜的公告),经港澳中转进口货物单证提交要有以下内容。

(1)2016 年 10 月 1 日起,中国检验(香港)有限公司(以下简称"中检公司")启用"自由贸易协定项下经香港中转货物原产地管理系统中转确认书签发子系统"签发"中转确认书",同时终止在原产地证书上加盖未再加工印章的作业模式。此前香港海关已使用该系统签发"中转确认书"。"中转确认书"用于证明相关货物在香港期间未再加工。

(2)2016 年 10 月 1 日起,澳门海关启用"自由贸易协定项下经澳门中转货物原产地管理系统中转确认书签发子系统"签发"中转确认书"。"中转确认书"用于证明相关货物在澳门期间未再加工。

(3)海关总署与香港海关、中检公司、澳门海关实现上述系统联网,相关数据信息即时共享。

(4)进口货物收货人或者其代理人(以下统称"进口人")申报适用协定税率或特惠税率时向海关提交下列运输单证之一的,海关不再要求提交"中转确认书"。

①空运或海运进口货物,国际班轮运输经营者及其委托代理人、民用航空运输企业、经营国际快递业务的企业等出具的单份运输单证。该运输单证应在同一页上载明始发地为进口货物的原产国(地区)境内,且目的地为中国内地;原产于内陆国家(地区)的海运进口货物,始发地可为其海运始发地。

②已实现原产地电子数据交换的自由贸易协定[如《海峡两岸经济合作框

架协议》(ECFA)、《中国—韩国自贸协定》等]项下集装箱运输货物,也可提交能够证明货物在运输过程中集装箱箱号、封志号未发生变动的全程运输单证。

(5)除上述第(4)条之外的情形,进口人应当按照以下规定提交"中转确认书",如果海关已收到有关"中转确认书"电子信息,且与进口人申报内容一致,海关不再要求进口人提交"中转确认书"正本。

①经香港中转的须进行预检验的货物(包括集装箱运输及散装货物),应当提交中检公司签发的"中转确认书"。

②在香港中转期间非因预检验开箱的集装箱运输货物,以及无须预检验的散装货物,应当提交香港海关签发的"中转确认书"。

③在香港中转期间未开箱的集装箱运输货物,应当提交香港海关或中检公司签发的"中转确认书"。

④经澳门中转的货物,应当提交澳门海关签发的"中转确认书"。

(6)进口人依照上述第(5)条向海关提交"中转确认书"时,应当在进口申报时在相关进口报关单备注栏填写"中转确认书"字样及"中转确认书"号码(例如:"中转确认书 CC/16/1001")。

2. 经我国香港或澳门之外的第三方中转进口货物单证提交要求

根据海关总署公告 2015 年第 57 号,为便利各优惠贸易安排中"直接运输"条款的实施,对于经香港或澳门之外的第三方中转的进口货物,其进口人申报适用协定税率或特惠税率时向海关提交下列运输单证之一的,海关不再要求提交中转地海关出具的证明文件。

(1)对空运或海运进口货物,经营国际快递业务的企业、民用航空运输企业、国际班轮运输经营者及其委托代理人出具的单份运输单证。该运输单证应在同一页上载明始发地为进口货物的原产国(地区)境内,且目的地为中国境内;原产于内陆国家(地区)的海运进口货物,始发地可为其海运始发地。

(2)对已实现原产地电子数据交换的《海峡两岸经济合作框架协议》(EC-FA)等协定下集装箱运输货物,也可提交能够证明货物在运输过程中集装箱箱号、封志号未发生变动的全程运输单证。

(三)出口货物的申报要求

出口货物发货人按照规定填制出口货物报关单,提交原产地证书电子数据或正本复印件。

(四)货物申报的其他规定

货物包装上的原产地标记应当与《中华人民共和国海关进出口货物优惠原

产地管理规定》有关规定中的一致。

海关可以对货物进行查验,以确定货物原产地是否与原产地证书相符。

进出口货物收发货人可以依照《中华人民共和国海关行政裁定管理暂行办法》有关规定,向海关申请原产地行政裁定。

 小贴士

> **原产地预确定制度**
>
> 进口货物收货人可以向直属海关申请对其将要进口的货物的原产地进行预确定,须填写申请书,并提供以下材料。
>
> (1)申请人的身份证明文件;
>
> (2)能说明将要进口货物情况的有关文件;
>
> (3)说明该项交易情况的文件材料;
>
> (4)海关要求提供的其他文件。
>
> 海关应当在收到原产地预确定书面申请及全部必要材料之日起 150 天内,依照《中华人民共和国进出口货物原产地条例》的规定对进口货物做出原产地预确定决定。
>
> 已做出原产地预确定决定的货物,自预确定决定做出之日起 3 年内实际进口时,与预确定决定的货物相符,且原产地确定标准未发生变化的,海关不再重新确定该进口货物的原产地。

任务三　确定适用税率

一、选择适用税率

(一)进口税率

进口税率分为最惠国税率、协定税率、特惠税率、普通税率、关税配额税率和进口暂定税率等。不同进口税率适用的范围见表 6-7。

同时适应多种税率的进口货物,基本原则是"从低适用",特殊情况除外,具体如表 6-8 所列。

表 6-7　不同进口税率适应的范围

进口税率	适用进口货物范围	备注
最惠国税率	WTO 成员方、相互给予最惠国待遇的国家、原产于我国境内的进口货物	适用范围最广
协定税率	与我国签订含有关税优惠条款的区域性贸易协定的国家(地区)的进口货物	
特惠税率	与我国签订含有特殊关税优惠条款的贸易协定的国家(地区)的进口货物	
普通税率	上述国家(地区)以外的,以及原产地不明的进口货物	税率最高

表 6-8　同时适用多种税率的进口货物的税率适用规定

进口货物可选用的税率	税率适用规定
同时适用最惠国税率、进口暂定税率	适用进口暂定税率
同时适用协定税率、特惠税率、进口暂定税率	从低适用税率
同时适用国家优惠政策、进口暂定税率	以国家优惠政策计算确定的税率与进口暂定税率进行比较,税率从低计征,但不得在进口暂定税率的基础上再进行减免
适用普通税率的进口货物存在进口暂定税率	适用普通税率
适用关税配额税率、其他税率	关税配额内,适用关税率配额税率;关税配额以外,适用其他税率
同时适用 ITA 税率①、其他税率	适用 ITA 税率

　　例如,内地某公司从香港购进孟加拉国产的某商品一批并提供了相应的原产地证书,设该商品的最惠国税率为 10%,普通税率为 30%,《亚太贸易协定》税率为 9.5%,香港 CEPA 项下税率为 0。则该商品进口时的适用税率是9.5%,因为孟加拉国是《亚太贸易协定》的成员国。

(二)出口税率

　　适用原则:出口暂定税率优先于出口税率。

二、税率适用的时间

　　进出口货物应当适用海关接受该货物申报进口或出口之日的税率,具体情

---

　　①　ITA 税率全称为 Information Technology Agreement Tax,即信息技术协议税率。

况如下。

(1)先行申报:载货运输工具申报进境之日的税率。

(2)进口转关运输:适用指运地海关接受该货物申报进口之日的税率。海关核准先行申报的,适用载货运输工具运抵指运地之日的税率。

(3)出口转关运输:起运地海关接受该货物申报出口之日的税率。

(4)集中申报的进出口货物:每次货物进出口时海关接受该货物申报进出口之日的税率。

(5)超期未报依法变卖货物:适用载货运输工具申报进境之日的税率。

(6)纳税义务人违反规定需追征的:适用该行为发生之日的税率;行为发生之日不能够确定的,适用海关发现该行为之日的税率。

(7)下列情形应该适用海关接受纳税义务人再次填写报关单申报办理纳税及有关手续之日的税率:

①保税货物经批准不复运出境;

②保税仓储货物内销;

③经批准转让或移作他用的减免税货物;

④暂准进出境货物内销;

⑤租赁进口货物分期缴纳税款。

任务四 计算进出口税费

进口出口税费(见图 6-7)包括海关征收的关税、进口环节增值税、进口环节消费税、船舶吨税、税款滞纳金,这些税费一律以人民币计征,起征点是人民币 50 元。完税价格、税额采用四舍五入法计算至分(即小数点后保留两位小数)。

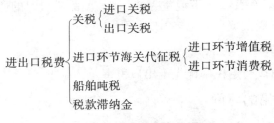

图 6-7 进出口税费的类型

一、汇率查询

进口货物成交价格及有关费用以外币计价的,计算税款前,海关按照该货物适用税率之日起所适用的计征汇率折合成人民币计算完税价格。

海关每月使用的计征汇率为上个月第三个星期三(第三个星期三为法定节假日的,顺延采用第四个星期三)中国人民银行公布的外币对人民币的基准汇率。以基准汇率币种以外的外币计价的,采用同一时间中国银行公布的现汇买入价和现汇卖出价的中间值。假如货物的进口日期为 2020 年 7 月 27 日,则计征汇率为 6 月的第三个星期三(6 月 17 日)的汇率。

二、进口关税的计算

(一)进口关税的计征方法

进口关税的计征关税方法包括从价税、从量税、复合税和滑准税,具体如表6-9 所列。

表 6-9　进口关税的计征方法

计征方法	计税标准	计算公式	说明
从价税	货物、物品的价格	应征税额＝进口货物完税价格×关税税率	主要计征方法
从量税	货物、物品的计量单位	应征税额＝进口货物数量×单位税额	适用商品:冻鸡、石油原油、啤酒、胶卷等
复合税	同时使用从价、从量两种标准计税	应征税额＝进口货物完税价格×关税税率＋进口货物数量×单位税额	适用商品:录像机、放像机、摄像机、非家用型摄录放一体机、部分数字照相机等
滑准税	按产品的价格高低分档制定税率,再根据商品的价格变动增减税率 价格上涨:低税率 价格下跌:高税率	棉花滑准税税率①:进口完税价格≥15 元/千克,按照0.570 元/千克计征从量税;进口完税价格＜15 元/千克,暂定关税税率按下列公式计算:$R_i = 9.337 \div P_i + 2.77\% \times P_i - 1$	适用商品:关税配额外进口棉花。暂定关税税率计算公式中,R_i 的计算结果四舍五入保留三位小数;R_i 大于40%时,取 40%;P_i 为进口货物完税价格,单位为"元/千克"

---

① 资料来源:2020 年版进出口税则。

(二)进口关税的种类

进口关税的种类如图 6-8 所示。

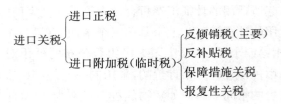

图 6-8　进口关税的种类

进口正税是指按照《中华人民共和国海关进出口税则》中的进口税率征收的关税。进口附加税又称特别关税,是指进口国家由于特定需要在对进口商品征收正常进口税之外另行加征的一种进口税。进口附加税一般是临时性或一次性的,包括反倾销税、反补贴税、保障措施关税和报复性关税等特别关税。

(三)从价税的计算

1. 计算公式

从价税的计算公式:

应征进口关税税额=进口货物完税价格×进口从价税税率减税征收的进口关税税额=进口货物完税价格×减按进口关税税率

2. 计算程序

从价税的计算程序有以下几个步骤。

(1)按归类原则将应税货物归入适当的税号。

(2)根据原产地规则和税率适用规定,确定应税货物的税率。

(3)确定进口货物的完税价格(即确定进口货物的 CIF 价)。

(4)根据汇率适用原则将外币折合为人民币。

(5)按照公式计算应该征收的税款。

【例 6-4】国内某公司从日本购进丰田轿车 10 辆,成交价格为"FOB 东京 18 000.00 美元/辆",实际支付总运费 6 000 美元,总保险费 500 美元。适用的中国银行的外汇折算汇率为 1 美元=6.356 8 元人民币。已知丰田轿车的汽缸容积为 2 000 毫升,原产国为日本。试计算该批货物的应征进口关税税额。

解答:

(1)汽缸容量为 2 000 毫升的小汽车,应归入税号 8703.234101。

(2)原产国为日本,适用最惠国税率 25%。

(3)完税价格为 186 500(=18 000×10+6 000+500)美元。

(4)将外币折算成人民币为 1 185 543.20(=186 500×6.356 8)元。

(5)计算应征进口关税税额。

应征进口关税税额=进口货物完税价格×进口从价税税率

=1 185 543.20×25%=296 385.80(元)

【例 6-5】 内地某公司与香港某公司签约进口韩国产的彩色超声波诊断仪 1 台,直接由韩国运抵上海,成交价格为"CTF 上海 10 000 美元/台"并提供了《亚太贸易协定》原产地证书。设 1 美元=6.356 8 元人民币,最惠国税率为 5%,普通税率为 17%,《亚太贸易协定》税率为 4.5%,则应征进口关税税额为多少?

解答:

韩国是《亚太贸易协定》的成员国之一,适用协定税率、特惠税率的进口货物有进口暂定税率的,应当从低适用税率,本题应按 4.5%计算。

应征进口关税税额=进口货物完税价格×进口从价税税率

=10 000×6.356 8×4.5%=2 860.56(元)

【例 6-6】 国内某公司向美国购进国内性能不能满足需要的柴油船用发动机 2 台,成交价格合计为"CIF 境内目的地口岸 31 万美元"。经批准,该发动机进口关税税率减按 1%计征。适用的中国银行的外汇折算汇率为 1 美元=6.356 8 元人民币,计算应征进口关税税额。

解答:

原产国美国适用最惠国税率 5%,减按 1%计征。

进口货物完税价格=310 000×2×6.356 8=3 941 216(元)

应征进口关税税额=进口货物完税价格×减按进口关税税率

=3 941 216×1%=39 412.16(元)

(四)从量税的计算

从量税的计算公式:

应征进口关税税额=进口货物数量×单位税额

【例 6-7】 某公司从香港购买一批日本产的富士彩色胶卷 8 000 卷(宽度 35 毫米,长度 2 米之内),成交价格为"CIF 上海 11 港元/卷"。设 1 港元=0.821 5 元人民币,以上规格胶卷为 0.05 平方米/卷,该批商品的最惠国税率为 22 元/平方米,计算应征进口关税税额。

解答：

应征进口关税税额＝进口货物数量×单位税额

$$＝8\ 000×0.05×22＝8\ 800（元）$$

(五)复合税的计算

复合税的计算公式：

应征进口关税税额＝进口货物完税价格×关税税率＋进口货物数量×单位税额

【例6-8】国内某公司从日本购进日本企业生产的广播级电视摄像机40台，成交价格为"CIF 境内某口岸 5 500 美元/台"。适用的中国银行的外汇折算汇率为 1 美元＝6.356 8 元人民币，计算应征进口关税税额。

解答：

原产国日本关税税率适用最惠国税率，经查关税税率得到，进口货物完税价格低于 5 000 美元/台的，关税税率为单一从价税税率 35％，"CIF 境内某口岸 5 000 美元/台"以上的，关税税率为 12 960 元从量税再加 3％的从价税。

进口货物完税价格＝5 500×40×6.356 8＝1 398 496（元）

应征进口关税税额＝进口货物完税价格×关税税率＋进口货物数量×单位税额

$$＝1\ 398\ 496×3％＋40×12\ 960$$
$$＝41\ 954.88＋518\ 400＝560\ 354.88（元）$$

(六)滑准税的计算

1. 计算公式

滑准税的计算公式：

从价应征进口关税税额＝进口货物完税价格×暂定关税税率

从量应征进口关税税额＝进口货物数量×暂定关税税率

2. 计算程序

滑准税的计算程序：

(1)将应税货物的完税价格按"元/千克"进行换算。

(2)根据完税价格计算结果确定从量计征还是从价计征。如果从价计征，则需要按公式计算暂定关税税率，计算结果与 40％进行比较后才能确定适用税率。

(3)按照计算公式正确计算应征税款。

【例6-9】国内某公司购进配额外未梳的棉花1吨,原产地为美国,成交价格为"CIF 境内某口岸1 234.25美元/吨"。该公司已向海关提交国家发改委授权机构出具的"关税配额外优惠关税税率进口棉花配额证",经海关审核确认后,征收滑准税。已知其适用的中国银行的外汇折算汇率为1美元＝6.356 8元人民币,计算应征进口关税税额。

解答:

(1)计算进口货物完税价格。

进口货物完税价格＝1 234.25÷1 000×6.356 8

$\qquad$＝7.846(元/千克)＜15(元/千克)

(2)由于进口货物完税价格小于15 元/千克,因此该批商品需要计算暂定关税税率。

暂定关税税率 R_i＝9.337÷P_i＋2.77％×P_i－1

$\qquad$＝9.337÷7.846＋2.77％×7.846－1

$\qquad$＝1.190 0＋0.217 3－1＝0.407

由于暂定关税税率40.7％＞40％,因此应按40％的税率计算滑准税。

(3)计算从价应征进口关税税额。

从价应征进口关税税额＝进口货物完税价格×暂定关税税率

$\qquad$＝1 234.25×6.356 8×40％＝3 138.35(元)

【例6-10】2020 年,某加工生产企业内销一批配额外未梳的棉花2吨,原产地为美国,成交价格为"CIF 境内某口岸2 456.00 美元/吨"。该企业已向海关提交国家发改委授权机构出具的"关税配额外优惠关税税率进口棉花配额证",经海关审核确认后,征收滑准税。已知其适用的中国银行的外汇折算汇率为1美元＝6.356 8元人民币,计算应征进口关税税额。

解答:

(1)计算进口货物完税价格。

进口货物完税价格＝2 456.00÷1 000×6.356 8

$\qquad$＝15.612(元/千克)＞15(元/千克)

(2)由于进口货物完税价格大于15 元/千克,因此应按照0.570 元/千克的暂定关税税率计征从量税。

(3)计算从量应征进口关税税额。

从量应征进口关税税额＝进口货物数量×暂定关税税率

$\qquad$＝2 000×0.570＝1 140(元)

(七)反倾销税的计算

反倾销税的计算公式：

反倾销税税额＝进口货物完税价格×反倾销税税率

【例 6-11】国内某公司从韩国购进厚度为 0.7 毫米的冷轧板卷一批，成交 CIF 总价为 541 278 美元。已知该批冷轧板卷需要征收反倾销税，假设进口韩国生产的冷轧板卷的反倾销税税率为 14%，适用汇率为 1 美元＝6.356 8 元人民币，试计算应征的反倾销税税额。

解答：

进口货物完税价格＝541 278×6.356 8＝3 440 795.99（元）

反倾销税税额＝进口货物完税价格×反倾销税税率

$\qquad$ ＝3 440 795.99×14%

$\qquad$ ＝481 711.44（元）

三、出口关税的计算

出口关税的计算公式：

应征出口关税税额＝出口货物完税价格×出口关税税率

出口货物完税价格＝FOB 价（中国境内口岸）÷（1＋出口关税税率）

【例 6-12】某有色金属公司出口 100 吨铅矿砂，成交价格为"FOB 上海 680 美元/吨"，出口关税税率为 30%，设汇率为 1 美元＝6.356 8 元人民币，试计算该批货物的应征出口关税税额。

解答：

出口货物完税价格＝FOB 价÷（1＋出口关税税率）

$\qquad$ ＝680×100×6.356 8÷（1＋30%）＝332 509.54（元）

应征出口关税税额＝出口货物完税价格×出口关税税率

$\qquad$ ＝332 509.54×30%＝99 752.86（元）

四、进口环节消费税和进口环节增值税的计算

(一)消费税

1. 从价消费税

从价消费税的计算公式：

消费税组成计税价格＝(进口货物完税价格＋关税税额)÷(1－消费税税率)

应纳消费税税额＝消费税组成计税价格×消费税税率

2.从量消费税

从量消费税的计算公式：

应纳消费税税额＝应征消费税消费品数量×单位商品消费税税额

3.复合消费税

复合消费税的计算公式：

消费税组成计税价格＝(进口货物完税价格＋关税税额＋应征消费税消费品数量×单位商品消费税税额)÷(1－消费税税率)

应纳消费税税额＝消费税组成计税价格×消费税税率＋应征消费税消费品数量×单位商品消费税税额

(二)增值税

增值税的计算公式为：

增值税组成计税价格＝进口货物完税价格＋关税税额＋消费税税额

应纳增值税税额＝增值税组成计税价格×增值税税率

【例6-13】某公司进口一批货物,成交价格总价为 CIF 境内某口岸 150 672 美元。适用的汇率为 1 美元＝6.356 8 元人民币,该商品适用的进口关税税率为 5%,增值税税率为 16%,消费税税率为 10%,试计算该公司应纳的税款。

解答：

进口完税价格＝150 672×6.356 8＝957 791.77(元)

进口关税税额＝进口完税价格×进口从价税税率

$\qquad$＝957 791.77×5%＝47 889.59(元)

消费税组成计税价格＝(完税价格＋关税税额)÷(1－消费税税率)

$\qquad$＝(957 791.77＋47 889.59)÷(1－10%)＝1 117 423.73(元)

消费税应纳税额＝组成计税价格×消费税税率

$\qquad$＝1 117 423.73×10%＝111 742.37(元)

增值税组成计税价格＝进口完税价格＋关税税额＋消费税税额

$\qquad$＝957 791.77＋47 889.59＋111 742.37

$\qquad$＝1 117 423.73(元)

增值税应纳税额＝增值税组成计税价格×增值税税率

$\qquad$＝1 117 423.73×16%＝178 787.80(元)

公司应纳税款总额＝关税税额＋消费税税额＋增值税税额

     ＝47 889.59＋111 742.37＋178 787.80

     ＝338 419.76（元）

(三)税款总额

(1)进口税款总额的计算公式：进口税款总额＝关税＋消费税＋增值税因此，进口税款总额需要在分别计算出关税、消费税、增值税之后求和。除此之外，还有一种快速计算税款总额的方法，就是应用计税常数，其计算公式：

  进口税款总额＝完税价格×计税常数

  其中的计税常数需要通过查询《进出口税则》中的"计税常数表"（注意区分消费税税率是否为 0）获得，也可通过设计 Excel 表格设置计算公式后输入相关税率后获得。

(2)进口税计税常数的计算公式。当消费税税率不等于 0 时，常数计算公式：

  常数＝（进口关税税率＋消费税税率＋增值税税率＋进口关税税率×增值税税率）÷（1－消费税税率）

  当消费税税率为 0 时，常数计算公式：

  常数＝进口关税税率＋增值税税率＋进口关税税率×增值税税率

(3)举例。按【例 3-13】的数据，关税税率为 5％，消费税税率为 10％，查增值税税率为 16％的"计税常数表"，获得计税常数＝35.333％（见图 6-12）。代入计算公式可得

  进口税款总额＝完税价格×计税常数＝957 791.77×35.333％

     ＝338 416.57（元）

关税率	消费税税率							
	1%	3%	5%	9%	10%	12%	15%	20%
0.0%	17.172%	19.588%	22.105%	27.473%	28.889%	31.818%	36.471%	45.000%
1.0%	18.343%	20.784%	23.326%	28.747%	30.178%	33.136%	37.835%	46.450%
2.0%	19.515%	21.979%	24.547%	30.022%	31.467%	34.455%	39.200%	47.900%
3.0%	20.687%	23.175%	25.768%	31.297%	32.756%	35.773%	40.565%	49.350%
5.0%	23.030%	25.567%	28.211%	33.846%	35.333%	38.409%	43.294%	52.250%
6.5%	24.788%	27.361%	30.042%	35.758%	37.267%	40.??%	45.341%	54.425%
8.0%	26.545%	29.155%	31.874%	37.670%	39.200%	42.364%	47.388%	56.600%
10.0%	28.889%	31.546%	34.316%	40.220%	41.778%	45.000%	50.118%	59.500%
11.0%	30.061%	32.742%	35.537%	41.495%	43.067%	46.318%	51.482%	60.950%
12.5%	31.818%	34.536%	37.368%	43.407%	45.000%	48.295%	53.529%	63.125%

（增值税 16%）

图 6-12　增值税税率为 16％时的计算常数表

由此可见,用常数来计算税款总额时,其计算结果与三项税款分别计算后加总的结果稍有不同,因为计税常数是根据公式计算并四舍五入后保留了 5 位小数。

六、跨境电商综合税的计算

(一)适用范围界定

根据财政部、海关总署、国家税务总局联合发布的财关税〔2016〕18 号公告,自 2016 年 4 月 8 日起,我国实施跨境电子商务零售(企业对消费者,即 B2C)进口税收政策,跨境电子商务零售进口税收政策适用于从其他国家或地区进口的、跨境电子商务零售进口商品清单范围内的以下商品。

(1)所有通过与海关联网的电子商务交易平台交易,能够实现交易、支付、物流电子信息"三单"比对的跨境电子商务零售进口商品。

(2)未通过与海关联网的电子商务交易平台交易,但快递、邮政企业能够统一提供交易、支付、物流等电子信息,并承诺承担相应法律责任进境的跨境电子商务零售进口商品。

(二)纳税义务人

购买跨境电子商务零售进口商品的个人作为纳税义务人,电子商务企业、电子商务交易平台企业或物流企业可作为代收代缴义务人。

(三)计征方法

跨境电商综合税的计征方法为从价税。

(四)完税价格

跨境电商综合税的完税价格为电商平台的实际交易价格,包括货物零售价格、运费和保险费。

(五)计算方法及税率

财关税〔2016〕18 号公告规定:跨境电子商务零售进口商品的单次交易限值为人民币 2 000 元(2018 年提高到 5 000 元),个人年度交易限值为人民币 20 000元(2018 年提高到 26 000 元)。在限值以内进口的跨境电子商务零售进口商品,关税税率暂设为 0%;进口环节增值税、消费税取消免征税额,暂按法定应纳税额的 70% 征收。超过单次限值、累加后超过个人年度限值的单次交易,以及完税价格超过单次交易限值的单个不可分割商品,均按照一般贸易方式全额征税。

因此,对于在规定限值以内的跨境电子商务零售进口商品,计算公式如下:

$$完税价格＝购买单价×件数$$

跨境电商综合税税额＝完税价格×跨境电商综合税税率

跨境电商综合税税率＝[(消费税税率＋增值税税率)/(1－消费税税率)]×0.7

(六)计算实例

某国内消费者从跨境电商平台购买了 2 罐奶粉,每罐交易价格为 200 元。已知该奶粉的税号为 0402.2900。试计算 2 罐奶粉应缴纳的进口税。

完税价格＝购买单价×件数＝200×2＝400(元)

经查询税率并折算之后,奶粉的跨境电商综合税税率为 11.9%。应缴纳税费计算如下:

跨境电商综合税税额＝完税价格×跨境电商综合税税率

$$＝400×11.9\%＝47.60(元)$$

因此,该消费者应承担 47.60 元的进口税额,每罐 23.80 元。

七、税款滞纳金的计算

(一)税款滞纳金的征收范围

按照规定,关税、进口环节消费税、进口环节增值税、船舶吨税等纳税人或其代理人,应当自海关填发税款缴款书之日起 15 天内向指定银行缴纳进口税款,逾期缴纳的,海关依法在原应纳税款的基础上,按日征收 0.5‰的滞纳金。

税款缴纳期限的最后一天是星期六、星期日或法定节假日的,税款缴纳期限顺延至周末或法定节假日之后的第一个工作日。国务院临时调整休息日的,按调整后的情况处理。滞纳天数从税款缴纳期限的最后一天的次日起算,按照实际天数计算,周末或节假日不扣除。

【例 6-14】海关于 9 月 10 日(周二)填发税款缴款书,纳税人应当最迟于 9 月 25 日(周三)到指定银行缴纳税款。

【例 6-15】海关于 9 月 17 日(周二)填发税款缴款书,则纳税期限最后一天为 10 月 2 日。但如果国务院调休后,10 月 1 日至 10 月 7 日为国庆节放假,10 月 8 日正常上班,则税款缴纳期限顺延到 10 月 8 日,纳税人应最迟于 10 月 8 日缴纳税款。

对逾期缴纳税款应该征收滞纳金的,还有以下几种情况。

(1)进口货物放行后,海关发现纳税义务人违反规定造成少征或漏征税款的,可以自缴纳税款(开具税单)或货物放行之日起 3 年内追征税款,并从缴纳税款或货物放行之日起至海关发现之日止,按日加收少征或漏征税款 0.5‰的滞纳金。

(2)因纳税义务人违反规定造成海关监管货物少征或漏征税款的,海关应当自纳税义务人应缴纳税款之日起 3 年内追征税款,并自应缴纳税款之日起至海关发现违规行为之日止,按日加收少征或漏征税款 0.5‰的滞纳金。

(3)租赁进口货物需要分期支付租金的,在每次支付租金后的 15 日内纳税;逾期除征收税款外加收滞纳金,按日征收应纳税款 0.5‰的滞纳金,滞纳天数为申报办理纳税手续期限届满之日起到申报纳税之日止。

租赁进口货物应该在租期届满后 30 日内向海关办理结关手续;逾期未办结关,除征收税款外加收滞纳金,滞纳天数为届满后 30 日起至纳税义务人申报纳税之日止。

(4)暂时进(出)境货物未按规定期限复运出(进)境,且未在规定期限届满前办理纳税手续,除征收应纳税款外加收滞纳金,滞纳天数为期限届满之日起至纳税义务人申报纳税之日止。

(二)税款滞纳金的征收标准

滞纳金按每票货物的关税、进口环节消费税、进口环节增值税单独计算[①],滞纳金起征点为人民币 50 元,不足人民币 50 元的免予征收[②]。

(三)税款滞纳金的计算公式

税款滞纳金的计算公式:

关税滞纳金金额＝滞纳的关税税额×0.5‰×滞纳天数

进口环节税滞纳金金额＝滞纳的进口环节税税额×0.5‰×滞纳天数

【例 6-16】某公司进口红酒一批,海关于 2019 年 1 月 12 日(星期一)填发税款缴款书,该公司于 2019 年 2 月 11 日(星期三)缴纳税款(注:2019 年 1 月 25～31 日为法定节假日)。试计算税款滞纳天数。

解答:

2019 年 1 月 12 日海关填发税款缴款书,1 月 12 日加上 15 天,缴纳税款的截止日为 1 月 27 日,缴纳税款的截止日是节假日或休息日的,顺延至其后的第

---

① 如果一批货物的进口关税滞纳金是 20 元、进口环节增值税滞纳金是 40 元,由于两项滞纳金均未超过 50 元,海关对该批货物免予征收滞纳金。

② 注意:计算结果有小数时,要精确到分,即四舍五入后保留两位小数。

一个工作日。节假日后第一个工作日是 2 月 1 日,则缴纳税款的截止日为 2 月 1 日,即 2 月 1 日去缴纳税款不存在滞纳金。2 月 2 日为滞纳金的计征起始日,缴纳的当天(2 月 11 日)为滞纳金的计征截止日,起始日和截止日都计入滞纳期间。因此,该公司共滞纳了税款 10 天。

【例 6-17】境内某公司从日本进口除尘器一批。该批货物应征关税税额为人民币 10 000 元,进口环节增值税税额为人民币 55 817 元。海关于 2019 年 6 月 7 日(星期四)填发税款缴款书,该公司于 2019 年 6 月 27 日缴纳税款(注:6 月 23 日为端午节,6 月 22 日～24 日三天放假)。试计算海关应征的税款滞纳金。

解答:

先计算滞纳天数。6 月 7 日加上 15 天是 6 月 22 日(星期五),即缴纳税款的截止日。但由于缴纳税款的截止日是休息日,应顺延至其后的第一个工作日(6 月 25 日)。6 月 26 日为滞纳期的计征起始日,缴纳的当天(6 月 27 日)为滞纳金的计征截止日,起始日和截止日都计入滞报期间。因此,滞纳天数为 2 天。

关税滞纳金金额 = 滞纳的关税税额 × 0.5‰ × 滞纳天数
$$= 10\ 000 × 0.5‰ × 2 = 10(元)$$

进口环节税滞纳金金额 = 滞纳的进口环节税税额 × 0.5‰ × 滞纳天数
$$= 55\ 817 × 0.5‰ × 2 = 55.817 ≈ 55.82(元)$$

由于关税滞纳金没有达到起征点人民币 50 元,海关免予征收。因此,海关实际应征的税款滞纳金为 55.82 元。

八、进出口税费减免

根据《海关法》的规定,进出口税费的减免分为三大类:法定减免税、特定减免税和临时减免税。

(一)法定减免税

海关对法定减免税货物一般不进行后续管理。法定减免税的情形如下。

(1)关税税额在人民币 50 元以下的一票货物。

(2)无商业价值的货样、广告品。

(3)外国政府、国际组织无偿赠送的物资。

(4)在海关放行前遭受损坏或损失的货物。

(5)进出境运输工具运载途中必需的燃料、物料和饮食用品。

(6)中华人民共和国缔结或参加的国际条约规定减征、免征关税的货物、物品。

（7）法律规定减征、免征关税的其他货物、物品。

（二）特定减免税

特定减免税（政策性减免）的具体情形如表 6-10 所列。

表 6-10　特定减免税的具体情形

减免税费	特定减免税项目
免征关税、进口环节消费税、进口环节增值税	①科教用品；②科技开发用品；③救灾捐赠物资；④残疾人专用品；⑤特定区域物资
免征关税、进口环节增值税	①重大技术装备；②扶贫慈善捐赠物资；③海上石油、陆上石油项目进口物资；④远洋渔业项目进口自捕水产品
免征关税	①外商投资项目投资额度内进口自用设备；②外商投资企业自有资金项目；③国内投资项目进口自用设备；④贷款项目进口物资；⑤贷款中标项目进口零部件；⑥集成电路项目进口物资
进口税收优惠	①进口远洋渔船及船用关键设备和部件；②无偿援助项目进口物资

（三）临时减免税

临时减免税是指法定减免税和特定减免税以外的其他减免税，一般是"一案一批"。

⏵情境操作指导

一、确定该批货物的完税价格

该批货物适用进出口货物成交价格法确定进口货物完税价格，即由海关以该货物的成交价格为基础审查确定，并且应该包括货物运抵我国境内起卸前的运输及相关费用、保险费等（完税价格为 CIF 价）。但成交价格不完全等同于贸易中实际发生的发票价格，需要按照有关规定进行调整。

该批货物的发票列明：货物 CIF 价值 175 770 美元、包装费 651 美元、卸货港至境内指运地的运费及保险费 372 美元。其中，包装费 651 美元应计入，而卸货港至境内指运地的运费及保险费 372 美元应扣减。因此，该批货物的实际完税价格为 176 049 美元。其中，配额内货物完税价格为 1 081 849.50 元［＝

176 049×(90÷93)×6.35,货物总数为 93 吨,但配额证上只有 90 吨,因此只有 90 吨的货物享受配额内优惠税率,汇率为 1 美元=6.35 元人民币],配额外货物完税价格为 36 061.65 元[=176 049×(3÷93)×6.35]。

二、确定该批货物的原产地和适用税率

青岛 XX 报关公司报关人员认为,原产地认定标准有完全获得标准和不完全获得标准两种。不完全获得标准又称实质性改变标准,其中的"税则归类改变标准"是指产品经加工后,在《中华人民共和国海关进出口税则》中 4 位数一级税目归类已经改变。由于该批货物在 A 国将原材料进行了加工,并使商品编号发生了改变,品目从 5201 变成了 5203,因此可确定 A 国为该批货物的原产国,说明该批货物适用优惠原产地规则。

报关人员根据收货人提供的商品编号查询了"已梳的棉花"的税率情况,见图 6-13。

进出口商品税率查询					
税号	商品名称 已梳的棉花	查询			

税号	商品名称	进口最惠国税率	进口普通税率	进口暂定税率	操作
5203000001	已梳的棉花	1%	125%		更多税率
5203000090	已梳的棉花	40%	125%		更多税率

图 6-13   税率查询结果

报关人员认为,该批货物涉及关税配额,由于山东省纺织集团未足额申领关税配额,因此该批货物的关税适用两个税率:配额内为 1%,配额外为 40%。此外,该批货物的增值税税率为 16%,消费税税率为 0。

三、计算该批货物应缴纳的进出口税费

进出口税费的计算过程如下。

进口货物完税价格=176 049×6.35=1 117 911.15(元)

配额内进口关税税额=配额内进口货物完税价格×进口从价税税率
=1 081 849.50×1%=10 818.50(元)

配额外进口关税税额=配额外进口货物完税价格×进口从价税税率
=36 061.65×40%=14 424.66(元)

合计关税税额＝10 818.50＋14 424.66＝25 243.16(元)

增值税组成计税价格＝进口货物完税价格＋关税税额＋消费税税额

＝1 117 911.15＋25 243.16＋0

＝1 143 154.31(元)

应纳增值税税额＝增值税组成计税价格×增值税税率

＝1 143 154.31×16％＝182 904.69(元)

应纳进出口税费总额＝关税税额＋增值税税额

＝25 243.16＋182 904.69＝208 147.85(元)

思考练习

一、不定项选择题

1. 我国对进口的录(放)相机和摄像机征收(　　)。

   A. 从价税　　　　　B. 从量税　　　　　C. 选择税　　　　　D. 复合税

2. 关于暂定税率试用的原则,下列表述中错误的是(　　)。

   A. 适用最惠国税率的进口货物同时有进口暂定税率的,应当适用进口暂定税率

   B. 适用协定税率、特惠税率的进口货物有进口暂定税率的,应当从低适用税率

   C. 适用普通税率的进口货物,不适用进口暂定税率

   D. 适用出口税率的出口货物有出口暂定税率的,不适用出口暂定税率

3. 下列货物中,经境内纳税义务人书面申请,海关无须进行价格质疑和价格磋商,依法审查确定进出口的是(　　)。

   A. 汽车　　　　　B. 电梯　　　　　C. 矿砂　　　　　D. 废五金

4. 《中华人民共和国进出口关税条例》规定,货物进口或出口时,海关按照(　　)实施的税则税率计征关税。

   A. 进出口货物收发货人或其代理人办结海关手续之日

   B. 装载货物的运输工具进境之日

   C. 进出口货物收发货人或其代理人申报货物进口或出口之日

   D. 进出口货物收发货人或其代理人向海关指定银行缴纳税款之日

5. 某工厂从无关系的美国某企业购买了一台机械设备,成交条件为"CIF上海"该批货物的发票列示如下:机械设备50 000美元,运保费500美元,卖方佣金2 500美元,培训费200美元,设备调试费2 000美元。则该批货物海关申报的总价应是(　　)美元。

   A. 52 700　　　　　B. 53 000　　　　　C. 53 200　　　　　D. 54 700

6. 某企业从德国进口医疗设备一台,发票分别列明"CIF 上海 50 000 美元/台"和"境外培训费 3 000 美元"。此外,同列名设备投入使用后买方从收益中另行支付卖方 20 000 美元。则该批货物海关审定的完税价格是(   )美元。
   A. 73 000   B. 50 000   C. 70 000   D. 53 000

7. 某贸易公司从荷兰进口了 3 000 箱"喜力"牌啤酒,规格为 24 支×330 毫升/箱,申报价格为"FOB 鹿特丹 50 港元/箱"。发票列明:运费为 20 000 港元,保险费费率为 0.3%,经海关审查属实。该啤酒的优惠关税税额为 3.5 元/升,消费税税额为 220 元/吨(1 吨=1 000 升),增值税税率为 16%,外汇牌价为 100 港元=80 元人民币。则该批啤酒的进口关税、进口环节消费税和进口环节增值税分别为(   )。
   A. 66 528 元,4 181.76 元,38 542.48 元
   B. 66 528 元,5 227.20 元,33 659.15 元
   C. 83 160 元,4 181.76 元,38 542.48 元
   D. 83 160 元,5 227.20 元,35 974.00 元

8. 上海振华汽车贸易公司从日本进口排气量为 90 毫升的女式摩托车 100 台,成交价格为"CIF 上海 100 000 日元/台"。且经上海海关审定,摩托车的关税税率为 70%,增值税税率为 16%,消费税税率为 10%,外汇牌价 100 日元=6.853 1 元人民币。则该摩托车应缴纳的进口环节增值税为人民币(   )元。
   A. 186 404.32   B.97 466.31   C.207 115.92   D.644 997.65

9. 某进出口公司出口某种货物 100 件,每件重 300 千克,成交价格为"CFR 香港 50 000 元"。已申报运费为每吨 300 元,出口关税税率为 10%,则海关应征出口关税为(   )元。
   A. 4 100   B. 5 000   C. 5 380   D. 3 727.27

10. 海关于 9 月 6 日(周五)填发税款缴款书,纳税义务人应当最迟于(   )到指定银行缴纳关税。
   A. 9 月 20 日   B. 9 月 21 日   C. 9 月 22 日   D. 9 月 23 日

11. 常见的关税计征方法有(   )。
   A. 从价税   B. 从量税   C. 复合税   D. 选择税

12. 下列关于我国增值税和消费税的表述,正确的是(   )。
   A. 进口环节的增值税、消费税由海关征收,其他环节的增值税、消费税由税务部门
   B. 增值税、消费税均从价计征

C. 对于进口货物税费的计算,一般计算过程为:先计算进口关税税额,再计算消费税税额,最后计算增值税税额

D. 消费税组成计税价格＝(进口货物完税价格＋关税税额)÷(1－消费税税额)

13. 关于进出口税率的计算,下列表述正确的是(　　　)。

A. 税款的起征点为人民币 50 元

B. 完税价格计算至元,元以下四舍五入

C. 税额计算至分,分以下四舍五入

D. 进出口货物的成交价格及有关费用以外币计价的,海关应当按照填发税款缴款书之日公布的汇率中间价折合成人民币

14. 下列应计入出口货物完税价格的项目是(　　　)。

A. 出口关税

B. 在货物价款中单独列明由卖方承担的佣金

C. 境内生产货物的成本、利润和一般费用

D. 货物运至境内输出地点装载前的运输及相关费用、保险费

15. 关于海关估价方法,下列表述错误的是(　　　)。

A. 海关在审定进出口货物完税价格时,应先审查进出口货物的实际成交价格

B. 只有当进口货物的成交价格经海关审查未能确定时,才能依次使用其他估价方法

C. 在使用其他估价方法时,海关可优先使用合理方法

D. 相同货物的估价方法是指在所有方面都相同的货物,在包装上也不能有微小差别

16. 进口货物完税价格由海关以该货物的成交价格为基础审定,(　　　)应计入成交价格。

A. 除购买佣金以外的佣金和经纪费、货物的容器费以及包装劳务费和材料成本

B. 与进口货物的生产和销售有关的、卖方免费或减价提供的协助费用

C. 作为被估货物的销售条件买方必须支付的、与被估货物有关的特许权使用费

D. 卖方因买方转售、处置或使用进口货物而直接或间接得到的收入

17. 成交价格是海关估价的基本价格,如果海关拒绝使用进口商申报的成交价格,"海关估价协议"可以使用的其他价格有(　　　)等,这些标准必须按规定顺序使用。

A. 相同货物成交价格　　　　　　B. 类似货物成交价格

C. 倒扣价格　　　　　　　　　　D. 估算价格

18. 下列情形中,海关可以拒绝接受申报价格而另行估价的有(　　　)。

A. 买方对进口货物的处置受到卖方的限制,具体表现在买方必须将进口货物转售给卖方指定的第三方

B. 买卖双方达成的销售价格是以买方同时向卖方购买一定数量的其他货物为前提

C. 进口商在国内销售进口货物所产生的收益中有一部分返还给出口商,并且这一部分收益的具体金额尚不能确定

D. 进口商和出口商是母子公司关系,但上述关系并未对成交价格产生影响

🔍 问题探究

2019 年 6 月 10 日,T 外贸公司以一般贸易方式向 D 海关申报进口集成电路。D 海关经审核,发现其申报价格明显低于海关掌握的相同或类似货物成交价格或国际市场价格行情,遂于 2019 年 6 月 11 日制发"海关价格质疑通知书",对申请人进行价格质疑,要求其做出书面说明,并提供相关材料。

经审查 T 外贸公司提供的说明及相关材料,D 海关认为不足以证明其申报货物价格的真实性、准确性,而且 D 海关还发现 T 外贸公司代理的国内实际买方 CC 科技公司与境外卖方香港 CC 科技公司存在特殊经济关系,且对成交价格产生影响。因此,根据《中华人民共和国海关审定进出口货物完税价格办法》(以下简称《审价办法》)的规定,D 海关不接受该进口货物的申报价格。

为充分交流双方掌握的信息,D 海关与 T 外贸公司进行了价格磋商。D 海关对 T 外贸公司提供的价格信息资料进行了审查,认为该资料存在诸多瑕疵,不能作为估价的基础。由于 T 外贸公司未能提供适用相同或类似货物成交价格以及构成倒扣价格法、计算价格法所需的相关可量化的数据,而 D 海关也未能掌握使用相同货物或类似货物成交价格法、倒扣价格法和计算价格法的相关价格资料,2019 年 9 月 20 日,D 海关依据《审价办法》的有关规定,使用合理方法进行估价,并做出相应的征税决定。T 外贸公司不服 D 海关上述估价征税行为。

讨论:

(1)什么是特殊关系?怎么认定?

(2)D 海关采用合理方法核定完税价格是什么意思?其操作程序是否正确?

(3)T 外贸公司不服 D 海关的估价征税行为,应向什么机构申诉?

项目七　开展进出口商品归类

**学习
目标**

【知识目标】
1. 掌握《商品名称及编码的协调制度》和《中华人民共和国海关进出口税则》中商品的分类和编码排列规律。
2. 掌握《商品名称及编码的协调制度》归类总规则,熟悉各类商品的归类要点。
3. 了解进出口商品归类海关行政管理的内容。

【能力目标】
1. 运用归类总规则,能对各类进出口商品进行正确的归类。
2. 能说明归类思路和归类依据。

项目情境

　　青岛 A 公司进口了一批塑料酸奶灌装机,约 1 个月后到达上海。该商品用于灌装含果粒或不含果粒的搅拌型酸奶,主要由片材加热部分、杯子成型部分、产品灌装部分、封口部分、联杯分切部分、自动控制部分组成。该商品的工作过程:塑杯材料 PS(聚苯乙烯)经输送装置放置于预热板上,经加热软化后由冲压成型装置对板材模压成型成为塑杯,成型塑杯被送至灌装系统灌装酸奶,然后被送至塑膜封装单元封口,经贴标、分切后成为成品。由于初次进口这类商品,青岛 A 公司在进口前需要对这批商品进行归类,并核实该商品的监管条件。

项目分解

　　为了完成该项目的学习,具体可分解为以下两个任务。
　　(1)对该商品进行归类。
　　(2)核实该商品的监管条件。

任务一 《商品名称及编码协调制度》 和我国商品归类管理

一、进出口商品归类概述

(一)《商品名称及编码协调制度》

《商品名称及编码协调制度》(以下简称《协调制度》),是在原《海关合作理事会商品分类目录》和《国际贸易标准分类目录》的基础上,协调国际上多种商品分类目录而制定的一部多用途的国际贸易商品分类目录。它成为国际贸易商品分类的一种"标准语言"。

(二)《协调制度》的基本结构

《协调制度》总体结构分为三个部分:商品编码表、注释和归类总规则。

1. 商品编码表

(1)商品编码表由商品编码和商品名称两个部分组成,是协调制度商品分类目录的主体,共21类,97章。商品编码栏居左,商品名称栏居右,依次构成一横行,如图7-1所示。

商品编码	商品名称	商品编码	商品名称
01.01	马、驴、骡		—其他
	—改良种用		——重量在 50 千克以下
0101.1010	——马	0103.9110	——重量在 10 千克以下
0101.1020	——驴	0103.9120	——重量在 10 千克以上,但在 50 千克以下
	—其他		
0101.9010	——马	0103.9200	——重量在 50 千克及以上
0101.9090	——驴、骡	01.04	绵羊、山羊
01.02	牛		—绵羊
0102.1000	—改良种用	0104.1010	——改良种用
0102.9000	—其他	0104.1090	——其他
01.03	猪		—山羊
0103.1000	—改良种用	0104.2010	——改良种用
		0104.2090	——其他

图7-1 商品编码表示例

（2）我国商品编码的表示方法。在《协调制度》中的编码只有 6 位数，我国商品编码共 8 位数，其中第 7 位、第 8 位是我国根据实际情况加入的"本国子目"。

编码的编排是有规律的，下面以"鳗鱼苗"为例说明。

鳗鱼苗：

前四位 0301 是"品目条文"，03 表示章号，01 表示顺序号；后四位 9210 是"子目条文"。

第五位数码"9"代表一级子目，表示在 0301 品目条文下所含商品一级子目的顺序号，在商品编码表中的商品名称前用"—"表示。

第六位数码"2"代表二级子目，表示在一级子目下所含商品二级子目的顺序号，在商品编码表中的商品名称前用"— —"表示。

第七位数码"1"代表三级子目，表示在二级子目下所含商品三级子目的顺序号，在商品编码表中的商品名称前用"— — —"表示。

第八位数码"0"代表四级子目，表示在三级子目下所含商品四级子目的顺序号，在商品编码表中的商品名称前用"— — — —"表示。

（3）协调制度的分类原则。《协调制度》所列商品名称的分类和编排是有一定规律的。

①从类来看，共有 21 类，基本上是按社会生产的分工分类，如农业在第一、二类；化学工业在第六类；纺织工业在第十一类；冶金工业在第十五类；机电制造业在第十六类等。

②从章来看，基本上按商品的自然属性或功能、用途来划分的。第一章至八十三章基本上按商品的自然属性来分章，六十四章至六十八章和八十四章至九十七章则是按货物的用途和功能来分章的。

③从品目的排列来看，一般是原材料在前，半成品居中，制成品在后；整机与零件相比，整机在前，零件在后；列名具体的商品在前，列名一般的商品在后。

2. 注释

注释是为限定协调制度中各类、章、品目和子目所属商品的准确范围，杜绝商品分类的交叉，保证商品的准确归类而设定的。

协调制度的注释有三种，类注释、章注释和子目注释。位于类标题下的文字说明称为类注释,简称类注;位于章标题下的文字说明称为章注释,简称章注;位于类注、章注或章标题下的文字说明称为子目注释。

3. 归类总规则(在下一节进行详细说明)。

二、进出口商品归类的海关行政管理

(一)归类的依据

进出口商品归类应当遵循以下法律法规。

(1)《中华人民共和国海关进出口税则》;

(2)《进出口税则商品及品目注释》;

(3)《中华人民共和国进出口税则本国子目注释》;

(4)海关总署发布的关于商品归类的行政裁定;

(5)海关总署发布的商品归类决定。

(二)归类的申报要求

商品归类申报是报关的重要环节,进出口货物的收发货人或其代理人必须按照相关政策及海关要求真实、准确地填写申报进出口货物的商品名称及规格型号,并进行完整归类,确定所申报商品正确的海关编码。海关对申报商品进行检验,根据检验结果确定商品的海关编码。收发货人或其代理人需要提供商品归类的申报资料,必要时,相关责任人还需要补充申报。

 小贴士

申报要素查询

为规范进出口企业的申报行为,提高进出口商品申报质量、促进贸易便利化,海关总署制定了《中华人民共和国海关进出口商品规范申报目录》(以下简称《规范申报目录》),自 2006 年 5 月 1 日起施行,《规范申报目录》按我国海关进出口商品分类目录的品目顺序编写,并根据需要在品目级和子目级列出了申报要素。

例如,编码为 5603.9210 的商品,查询后获知商品名称为"25<每平方米重≤70 克浸渍的乙烯聚合物制电池隔膜基布(浸渍包括涂布、包覆或压层)",申报要素包括 6 个方面:①品牌类型;②出口享惠情况;③加工方法(涂布、浸渍、层压、包覆等);④每平方米克重;⑤成分及含量;⑥用途。在报关单的"商品名称,规格型号"栏,对商品的描述必须包含上述 6 个方面的内容。

(三)归类的修改

海关审核认为收发货人或其代理人申报的商品名称、编码不正确的,按有关规则和规定予以重新确定,并根据《中华人民共和国海关进出口货物报关单修改和撤销管理办法》等有关规定通知收发货人或其代理人对报关单进行修改、删除。

(四)归类管理及争议处理

1.归类管理机构

海关归类工作采取四级管理方式,即海关总署归类职能部门→各归类分中心(大连、天津、上海、广州等)→各直属海关归类职能部门→各现场海关归类执行部门。

2.争议处理形式

收发货人或其代理人对海关就某进出口货物确定的归类有争议的,在货物未放行前可以与海关进行归类磋商。当进出口许可证件管理部门的归类结果与海关不一致时,也可以采用磋商的形式。如果货物已经结关放行或者磋商未果,收发货人或其代理人可以向上一级海关提出行政复议。

此外,由于国家税收政策不断调整,国务院关税税则委员会每年都要对《中华人民共和国海关进出口税则》(以下简称《进出口税则》)进行一次新的修改和调整,海关总署也是参与修改《进出口税则》的重要部门。因此,除前面几种处理争议的形式外,进出口企业等应积极通过行业协会、主管部门、海关门户网站等多种途径向海关提出商品归类及所适用税率的意见,以利于海关及时掌握市场动向与相关信息,为每年《进出口税则》的调整提供参考。

🚏 小案例

一次商品归类的争议

2015 年 11 月 18 日,A 公司向海关申报出口一批 DVD 音响组合产品(DVD、卡座、收音、功放组合机)时受阻,海关查货时怀疑申报的货物与商品编码 8521.9012 不符。12 月 4 日,中山海关初步认定:①DVD 音响组合/带卡式,DVD 功能、卡式收录音功能是一个整体,归入 8527.9100[其他收录(放)音组合机]类;②DVD 音响组合/带收音功能,主机分为 DVD 层、功放层,是分层的,归入 8527.9900(其他收音机)类。

对于海关的归类决定,A 公司提出异议,其在上报给海关的申诉材料中表示：我公司主要生产各种 DVD 音响组合产品，在向海关申请办理进出口手册时，确认此类产品的商品编码 8521901290，该商品编码在海关"商品综合分类表"中的解释是"其他数字化视频光盘（DVD）播放机（不论是否装有高频调谐放大器）"。

　　分析：A 公司与海关在商品编码问题上较真是为了多争取 4％的优惠出口退税率。货物出口当年，海关将部分产品的出口退税率由 13％调高到 17％，其中包括 8521901290 类商品，被认为是对国内 DVD 产品生产厂家的有益举措。然而，A 公司及同行出口企业的 DVD 音响组合产品被海关归为收音机类，只能按 13％退税，无法享受调高的出口退税率。

任务二　《商品名称及编码协调制度》归类总规则

　　归类总规则是指导整个《协调制度》商品归类的总规则，是具有法律效力的归类依据。

（一）规则一

1. 条文内容
　　类、章及分章的标题，仅为查找方便而设；具有法律效力的归类，应按品目条文和有关类注或章注确定，如品目、类注或章注无其他规定，按以下规则确定。

2. 条文解释
　　（1）类、章及分章的标题只为方便查找，本身不是归类依据。
　　（2）归类的法律依据是品目条文和类注、章注。
　　（3）如果按品目条文、类注、章注还无法确定归类，则按下面的其他规则（规则二、三、四、五）确定品目的归类。

（二）规则二

1. 条文内容
　　规则二（一）品目所列货品，应包括该项货品的不完整品或未制成品，只要在进口或出口时该项不完整品或未制成品具有完整品或制成品的基本特征；还应包括该项货品的完整品或制成品（按本款可作为完整品或制成品归类的货品）在进口或出口时的未组装件或拆散件。

　　规则二(二)品目中所列材料或物质,应视为包括该种材料或物质与其他材料或物质混合或组合的物品。品目所列某种材料或物质构成的货品,应视为包括全部或部分由该种材料或物质构成的货品。由一种以上材料或物质构成的货品,应按规则三归类。

　　2.条文解释

　　规则二主要是为扩大商品范围而设的。

　　(1)规则二(一)规定税目条文不仅仅限于税目条文本身,还应扩大到包括不完整品、未制成品、未组装件或拆散件,条件是只要报验时它们已具有完整品、制成品的基本特征。

小贴士

　　(1)不完整品指货品不完整,缺少某些非关键零部件。例如:缺少一个轮胎或倒车镜等零部件的汽车,仍应按完整汽车归类。

　　(2)未制成品指货品尚未完制成,但已经具备了成品的形状特征,需经进一步加工才能成为制成品。例如,齿轮的毛坯,须经进一步加工方可作为制成品或制成零件使用,但它已具有制成品齿轮的基本特征,应按制成品齿轮归类。

　　(3)未组装件或拆散件指货品尚未组装或已拆散。通常是因运输、包装、装卸等原因,货品以未组装件或拆散件报验进口。例如,为便于运输而拆散的自行车成套散件仍按自行车归类。

　　规则二(一)的规定一般不适用于第一类至第六类所包括的货品。而且,只有在规则一无法解决的时候,才能运用规则二。

　　(2)规则二(二)是关于混合及组合材料或物质,以及由两种材料或物质构成的货品的归类规则。本规则说明,某个税目所列材料或物质还应该扩大到包括该种材料或物质与其他材料或物质的组合物或混合物。条件是组合物或混合物保持原来材料或物质的基本特征。如加糖的牛奶,此混合物仍具有牛奶的基本特征,所以仍归入牛奶。

　　此外,要注意本规则并不是无限扩大品目的范围,如果所添加的材料或物质已改变了原品目所列商品的特征或性质,或者该混合物和组合物所含材料或物质可归入两个及两个以上品目时,则不能按本规则而应按规则三进行归类。

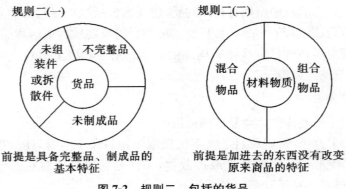

图 7-2　规则二　包括的货品

(三)规则三

1. 条文内容

当货品按规则二(二)或由于其他原因看起来可归入两个或两个以上的品目时,应按以下规则归类。

(一)列名比较具体的品目,优先于列名一般的品目。但是如果两个或两个以上品目都仅述及混合或组合货品所含的某部分材料或物质,或零售的成套货品中的某些货品,即使其中某个品目对该货品描述得更为全面、详细,这些货品在有关品目的列明应视为同样具体。

(二)混合物、不同材料构成或不同部件组成的组合物以及零售的成套货品,如果不能按规则三(一)归类时,在可适用本款条件下,应按构成货品基本特征的材料或部件归类。

(三)货品不能按规则三(一)或三(二)归类时,应按号列顺序归入其可归入的最末一个品目。

2. 条文解释

(1)规则三(一)。规则三(一)简称"具体列名"原则,俗称"有列名的归列名"原则。需要注意的是,判断列名具体需要按照一定的原则。

①列出品名的比列出类名的更具体;

②不同品目商品名称的比较,如果一个品目所列名称更为明确地包括某一货品,则该品目要比所列名称不完全包括该货品的其他品目更为具体。如"用于小汽车的簇绒地毯",看起来可归入两个品目,一是归入品目 8708"机动车辆的零件、附件",另可归入品目 5703"簇绒地毯",相对来说,品目 5703"簇绒地毯"更为具体,因此不应归入 8708"机动车辆的零件、附件",而应归入品目 5703

"簇绒地毯"。

（2）规则三（二）。规则三（二）简称"基本特征"原则，包括俗称的"没有列名归用途"和"没有用途归成分（不同成分比多少）"原则。

①一般来说确定货品的基本特征，可根据其所含材料或部件的性质、体积、数量、重量或价值等诸因素进行综合分析来确定。也可以根据其所含材料对货品用途的作用来确定。

例如，"银制"茶叶罐归入银制品 7114.1100　（按价值确定），含棉 60%，含 40%麻的染色平纹机织物（＜170 g/m²）归入 5212.1300（按重量确定）。

②本款所称"零售的成套货品"，指同时符合以下三个条件的货品，至少由两种看起来可归入不同品目的不同物品构成；其包装形式适于直接销售给用户而货物无须重新包装。用途上相互补充、配合使用的。

例如，一套成套的理发工具由一个电动理发推子、一把梳子、一把剪子、一把刷子及一条毛巾，装入一个皮匣子组成，符合上述三个条件，属于零售的成套货品。若是一个塑料盒内装有一支圆珠笔，一只电子手表和一条贱金属制的项链组成成套货品，由于不符合上述三个条件，所以只能分开归类。

（3）规则三（三）

规则三（三）简称"从后归类"原则。

货品如果不能按照规则三（一）或（二）归类时，应按号列顺序归入其可归入的最后一个品目。如含铜、锌各 50%的铜锌合金管材，按铜合金管材归入品目 7411，按锌合金管材归入品目 7906，根据从后归类原则归入品目 7906。

3. 运用规则三的注意事项

（1）只有规则一和规则二都不能用的时候才能运用规则三。

例如，"豆油 70%、花生油 20%、橄榄油 10%的混合食用油"如何归类？如果认为该商品是混合物，且豆油的含量最大，构成基本特征，从而运用规则三（二）将其按豆油归入品目 1507，这是错误的。根据规则一，归类的法律依据是税目条文，品目 1517 的商品名称包括"各种动、植物油混合而成的食用油"，而本例的情况是混合食用油，因此先适用规则一，归入品目 1517。

（2）在运用规则三时，必须按其（一）（二）（三）的顺序逐条运用。

（四）规则四

1. 条文内容

根据上述规则无法归类的货品，应归入与其最相类似的货品品目。

2. 条文解释

按上述规则一至规则三仍无法归类的货品，只能用最相类似的货品的品目来代替，将所报验的货品归入与其最相类似的货品的同一品目。最相类似是指名称、特征、功能、用途、结构等因素，需要综合考虑才能确定。

(五)规则五

1. 条文内容

除上述规则外，本规则适用于下列货品的归类。

(1)制成特殊形状仅适用于盛装某个或某套物品并适合长期使用的照相机套、乐器套、枪套、绘图仪器盒、项链盒及类似容器，如果与所装物品同时进口或出口，并通常与所装物品一同出售的，应与所装物品一并归类。但本款不适用于本身构成整个货品基本特征的容器。

(2)除规则五(一)规定的以外，与所装货品同时进口或出口的包装材料或包装容器，如果通常是用来包装这类货品的，应与所装货品一并归类。但明显可重复使用的包装材料和包装容器可不受本款限制。

2. 条文解释

规则五解决的是某包装材料或包装容器在什么情况下单独归类，及在什么情况下与所装物品一并归类的问题。

(1)规则五(一)仅适用于同时符合以下各条规定的容器。

①特殊形状专用(如照相机套、乐器盒)；

②适合长期使用的，容器的使用期限与所盛装某一物品使用期限是相称的，在物品不使用期间，这些容器还起保护物品的作用；

③与所装物品同时进口或出口；

④通常与所装物品一同出售的；

⑤包装物本身并不构成整个货品的基本特征。

💡 小贴士

> 规则五(一)不适用于本身构成整个货品基本特征的容器。
>
> 例如，装有茶叶的银质茶叶罐，银罐本身价值昂贵，已构成整个货品的基本特征，因此应按银制品归入品目7114.11。

(2)规则五(二)仅适用于同时符合以下各条规定的包装材料及包装容器。

①规则五(一)以外的；

②通常用于包装某类货品的；

③与所装物品一同进口或出口的；

④不属于明显可重复使用的。

例如,装有电视机的瓦楞纸箱符合以上条件,因此应与电视机一并归入品目 8528。

 小贴士

如果明显可重复使用的包装材料和包装容器,则本款规定不适用。

例如,煤气罐装有液化煤气,煤气罐具有明显可重复使用的特性,所以不能与液化煤气一并归类,而应与液化煤气分开归类。

(六)规则六

1. 条文内容

货品在某一品目项下各子目的法定归类,应按子目条文或有关子目注释以及以上各条规则来确定,但子目的比较只能在同一数级上进行。除本商品目录条文另有规定的以外,有关的类注、章注也适用于本规则。

2. 条文解释

规则六是专门为子目的归类而作出的规定。

(1)子目归类首先按子目条文和子目注释确定;

(2)如果按子目条文和子目注释无法确定归类,则上述各规则的原则同样适用于子目的确定;

(3)除条文另有规定的以外,有关的类注、章注也适用于子目的确定。

在具体确定子目时,还应注意以下问题。

(1)确定子目时,一定按先确定一级子目,再二级子目,然后三级子目,最后四级子目的顺序进行;

(2)确定子目时,应遵循"同级比较"的原则。即一级子目与一级子目比较,确定一级子目后,再将二级子目与二级子目比较,确定二级子目,依次类推。

例如,机织亚麻布制刺绣双人床单,在归入品目 6302 项下子目时,应按以下步骤进行。

①先确定一级子目,即将两个一级子目"印花床上用品"与"其他床上用品"

进行比较后归入"其他床上用品";

②再确定二级子目,即将二级子目"棉制""化学纤维""其他"进行比较后归入"其他";

③然后确定三级子目,即将三级子目"丝""麻""其他"进行比较后归入"麻";

④最后确定四级子目,即将四级子目"刺绣""其他"进行比较后归入"刺绣";

所以机织亚麻布制刺绣双人床单归入 6302.3921,见图 7-3。

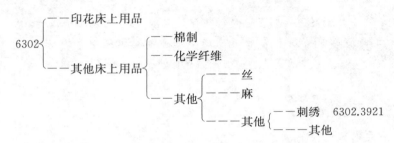

图 7-3   机织亚麻布制刺绣双人床单的归类步骤

任务三   熟悉商品归类操作程序

一、商品归类的操作程序

报关人员在进行商品归类时应运用具有法律效力的归类依据,按照法定归类程序,对通关商品进行归类。正确的操作程序是准确进行商品归类的前提和保证。

海关进出口商品归类(8 位数级)的具体操作程序如下。

(1)确定品目(4 位数级编码)。

①明确待归类商品的特征;

②查阅类、章标题;

③列出可能归入的标题;

④查阅相应章中品目条文和注释,如查到该商品则确定品目。

⑤如没有查到,则运用归类总规则二至规则五确定品目。

(2)确定子目(5～8 位数级编码)。

①查阅所属品目的一杠子目条文和适用的注释；

②如已查到该商品,则确定一杠子目(5 位数级);

③如没有查到,则运用适当修改后的归类总规则二至规则五确定一杠子目。

依次重复前述程序,确定二、三、四杠子目即 6、7、8 位数级子目,最终完成归类。注意同级的子目才能进行比较。

商品归类的基本操作程序如图 7-4 所示。

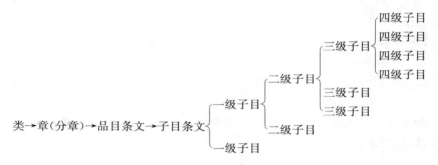

图 7-4　商品归类基本操作程序

二、商品归类的简易口诀

由于商品归类是一项难度较高的技术工作,因此有人总结出一些歌谣来帮助记忆归类原则:"有列名的归列名,没有列名归用途,没有用途归成分,没有成分归类别,不同成分比多少,相同成分要从后。"

(一)有列名的归列名

"有列名"是指《进出口税则》中品目条文或子目条文中列名具体或比较具体的商品名称,即商品表现出的特征与商品归类的语言基本吻合。

【例 7-1】纯棉妇女用针织紧身胸衣。

归类步骤如下。

1. 商品分析

成分:纯棉。

用途:妇女用。

加工方式:针织。

品名:紧身胸衣。

2. 品目归类

根据对成分及加工方式的分析,容易将该项商品归入第61章:针织或钩编的服装及衣着附件。但根据第61章章注二(一),可以发现本章不包括6212品目(6212品目条文:胸罩、束腰带、紧身胸衣、吊裤带、吊袜带等)的商品,因此应将"紧身胸衣"归入6212品目,而非第61章。

3. 简易方法适用

根据列名优先原则,查看6212品目中所包含的子目6212.3090,可以看出,该税号符合所需归类商品的特定含义。因此,"纯棉妇女用针织紧身胸衣"应归入税号6212.3090。

【例7-2】合成金刚石制镗刀。

归类步骤如下。

1. 商品分析

材料:合成金刚石。

加工方式:将合成金刚石制成的镗刀刀头镶嵌在镗床用的镗刀杆上。

品名:镗床用镗刀。

2. 品目归类

根据对材料、加工方式及用途的分析得知,该商品不属于镗床的配件、附件,因此不能归入品目8466。根据该商品的加工方式得知,其是将合成金刚石制成的镗刀刀头镶嵌在镗床用的刀杆上而成,因此,初步归入第82章比较适合。查阅第82章章注一(三),可以发现本章仅包括带有用下列材料制成的刀片、工作刃、工作面或其他工作部件的物品:装于金属、硬质合金或金属陶瓷底座上的宝石或半宝石(天然、合成或再造),因此更加确信应归入本章。继续查阅本章品目8207条文……及机床(例如镗孔)的可互换工具……由于镗刀属于镗床可互换的刀具,因此应将其归入品目8207。

3. 简易方法适用

根据列名优先原则,8207.6010子目条文为"带有合成金刚石镗孔工具",应将该商品归入此税号。

【例7-3】制刷用山羊毛。

归类步骤如下。

1. 商品分析

用途:制刷用(非纺织用)。

特点:该山羊毛为较粗、硬的毛,不适合他用,属于较低档的山羊毛。

品名:山羊毛。

2. 品目归类

根据对该商品的分析，可以得知，制刷用的山羊毛一定属于动物性产品，由于该山羊毛较粗、硬，虽然经过清洗、整理、梳理、挑选等加工，但也不适合用作纺织材料，因此不可归入第十一类的纺织原料，只适宜归入第 5 章（其他动物产品）。先按序查找第 5 章各品目条文所述内容，根据品目 0502 可知，该品目包括制刷用的兽毛，且山羊亦属兽类，因此应将"制刷用山羊毛"归入品目 0502。

3. 简易方法适用

根据列名优先原则，应在本品目中继续确认与之相适的子目。品目 0502 下"一"（第 5 位）子目后的"———"（第 7 位）子目为：獾毛及其他制刷用兽毛，因此应将其归入税号 0502.9011。

(二)没有列名归用途

"没有列名"是指所需归类商品的描述不能与《进出口税则》中品目、子目条文所列名的内容相吻合。在这种情况下，应将归类方法顺序转向第二种——按用途归类的方法。该归类方法应从对商品的用途分析入手，使之产生《进出口税则》所认可的描述。这种方法特别适用于所归类商品已构成商品基本特征的各类商品，如动植物类、机器、电气、仪器仪表类。

例如，第 1 章，活动物。如果所归类的商品是马戏团表演用的马，经分析可知，虽然马戏团的马肯定是活动物，理应归入第 1 章，但由于第 1 章所述马的用途仅限定在种用或食用、服役，而马戏团的马的用途在于表演，因此不能归入第 1 章，而应根据其章注归入第 95 章，税号 9508.1000。

【例 7-4】弦乐乐器弦（羊肠线制）。

归类步骤如下。

1. 商品分析

成分：羊肠线。

用途：由羊肠线制成的弦乐乐器用的琴弦。

2. 品目归类

羊肠线的用途非常广泛，可用于编织羽毛球拍、网球拍，也可以制成机器零件以及弦乐乐器弦、外科缝合线等。查阅品目 4206，"羊肠线"已有具体列名。若我们所需归类的商品仅为"羊肠线"，因其归类描述与子目条文非常吻合，故可按列名优先原则归入税号 4206.0000。但是，现在需要归类的商品是"由羊肠线制成的弦乐乐器用的琴弦"，而不是"羊肠线"，也就是说，子目 4206.0000 条文与商品归类描述不相吻合，所以不能归入税号 4206.0000。根据第 42 章章注一

（一）、章注一（九），该商品按用途归入品目9209。

3. 简易方法适用

根据没有列名归用途的归类方法，将其归入子目9209.3000。子目9209.3000条文虽然仅表现为"乐器用弦"，但是其中包括各类材料制成的乐器用弦，如羊肠线、丝、钢丝、合金丝、化学纤维单丝等。因此，应当将羊肠线制成的弦乐乐器的琴弦归入税号9209.3000。

【例7-5】卫生纸巾（用肥皂、医用酒精浸渍；零售包装，每包20片）。

归类步骤如下。

1. 商品分析

成分：纸、肥皂、酒精。

加工方式：用肥皂、医用酒精浸渍。

包装方式：零售包装，每包20片。

用途：可以清洁人体及其他物品。

2. 品目归类

通过以上分析可知，该商品虽然是以纸为主要成分的纸巾，但它不同于一般的餐巾纸、卫生纸等纸制品。主要原因在于该商品的加工方式是在已形成一定规格的纸制品的基础上，增加了清洁、消毒功能。在消毒剂的选用上，采用了适用于人体的医用酒精，在包装上采用零售形式包装。对此，我们不应当将该商品简单地归入第48章（纸及纸板；纸浆、纸或纸板制品），而应从其特定的用途入手，将其归入带有清洁、消毒，并且可以不通过水冲洗即可达到清洁、消毒目的的商品。根据《进出口税则》第34章：肥皂、有机表面活性剂、洗涤……该商品中含有肥皂成分，我们可以在该章内查找与之相适应的品目；品目3401：肥皂……用肥皂或洗涤剂浸渍、涂面或包覆的纸……品目3401条文所包含的内容与该商品的归类描述基本吻合，因此应将其归入该品目。

3. 简易方法适用

"卫生纸巾"在《进出口税则》品目3401或其他品目中均没有具体列名，根据没有列名归用途的归类方法，根据该商品的主要用途特征，在品目3401中查找与之相适应的子目，将"卫生纸巾"归入税号3401.3000。

（三）没有用途归成分

"成分"一般是指化合物或组合物中所含物质（元素或化合物）的种类。没有用途归成分的归类方法是指当某种商品的归类描述无法与《进出口税则》相吻合，既没有具体列名，用途特征又不明显时，应依次按其主要成分归类，即按照归类总规则中的规则二(二)、规则三(二)进行归类,并且应当按照"列名""用途""成分"归类方法的先后次序归类。

【例 7-6】一次性纸制厨师帽。

归类步骤如下。

1. 商品分析

成分:纸。

特征:一次性使用。

品目:厨师帽。

2. 品目归类

通过对商品的分析可知,该商品是由纸制成的,并且是供厨师一次性使用的专用帽子。《进出口税则》中包含各种帽类的章分别是:第 48 章的"纸制衣着附件"、第 63 章的"旧帽类"、第 68 章的"石棉制的帽类"和第 95 章的"玩偶帽类或狂欢节用的帽类"。"一次性纸制厨师帽"在以上各章均无具体列名,所以不能依第一顺序(列名优先的方法)归类。

接下来按第二顺序(按用途)归类。由于该商品的用途特征仅为"厨师用的帽子",虽然已经显示出该商品的专用性特征,但其中缺少"成分"内容,所以并未完全表达出我们需要归类的商品的全部定义,也就是归类描述不完整。

再按第三顺序(按成分)归类。该商品的成分为纸,这时商品归类描述可以表述为"用纸制成的厨师用的帽子"。需要归类的商品是"一次性纸制厨师帽","一次性纸制厨师帽"与"用纸制成的厨师用的帽子"之间的区别,仅仅在于是否是一次性使用。一次性使用或者多次使用,只是使用方法的问题,并且归类总规则中并没有关于商品进出口后使用方法的限定,因此应当忽略不计。根据"一次性纸制厨师帽"的特定含义可知,该帽子应该是与厨师的职业服装同时使用的,因此应将其归入纸制的衣着附件类。根据第 48 章章注二(十一):本章不包括第 64 章或第 65 章的物品,可以在第 48 章中查找与之相适应的品目(品目4818:衣服及衣着附件),因此,"一次性纸制厨师帽"应该归入品目 4818。

2. 简易方法适用

根据"列名""用途""成分"的先后顺序,"一次性纸制厨师帽"应该以其成分归类,归入纸制品类。查找品目 4818,"一次性纸制厨师帽"应归入税号4818.5000。

【例 7-7】混纺毛华达呢(按重量计含精梳羊毛 95%、涤纶短纤维 5%,每平方米重 185 克)。

归类步骤如下。

1. 商品分析

成分:精梳羊毛95%、涤纶短纤维5%。

规格:每平方米重185克。

品名:混纺毛华达呢。

2. 品目归类

通过对商品的分析得知,该商品的主要成分是天然动物纤维——精梳羊毛,化学纤维(涤纶短纤维)仅占次要成分。对于纺织品的归类非常适宜按成分归类方法进行,即纺织品或纺织制成品的归类,应以其成分或原材料为主要归类依据,然后选择与之相适应的章、品目、子目进行归类。根据混纺毛华达呢的主要成分是精梳羊毛这一特征,我们应将其归入第51章(羊毛、动物细毛或粗毛;马毛纱线及其机织物),然后选择品目5112(精梳羊毛或精梳动物毛的机织物)。

3. 简易方法适用

采用按成分归类的方法,依据对商品的上述分析及初步品目归类的结果,然后根据该商品的规格特征—每平方米重185克,成分特征—精梳羊毛95%、涤纶短纤维5%进行归类,归入5112.1100。

任务四　各类商品归类

一、第一类:活动物;动物产品

(一)商品范围

本类共5章,包括除特殊情况外的所有种类的活动物以及经过有限的简单加工的动物产品。

1. 第1章:活动物

本章包括所有活动物,但不包括品目0301、0306、0307的鱼、甲壳动物、软体动物及其他水生无脊椎动物,品目3002的培养微生物及其他产品,品目9508的流动马戏团及流动动物园的动物。

2. 第2章:肉及食用杂碎

本章不包括不适合供人食用的产品,即动物的肠、膀胱、胃(0504)或动物血

（0511、3002），以及品目 0209 所列产品以外的动物脂肪（归入第 15 章）。

3. 第 3 章：鱼、甲壳动物、软体动物及其他水生无脊椎动物

本章不包括品目 0106 的哺乳动物及这些动物的肉，品目 0511 的不适合供人食用的死动物，品目 2301 的不适合供人食用的动物的粉、粒，品目 1604 的鲟鱼子酱及用鱼卵制的鲟鱼子酱代用品。

4. 第 4 章：乳品、蛋品、天然蜂蜜、其他食用动物产品

本章不包括按重量计乳糖含量超过 95% 的乳清制品（1702），以及白蛋白（3502）、球蛋白（3504）。

5. 第五章：其他未加工或简单加工的各种未列名的动物产品

本章不包括生皮或毛皮（第 41 章、第 43 章），但品目 0505 的货品及品目 0511 的生皮或毛皮的边角废料仍归入本章；不包括马毛及废马毛以外的动物纺织原料（第十一类）；也不包括供制帚、制刷用的成束、成簇的材料（9603）。

（二）归类要点

对于动物产品的归类，关键是根据加工程度判断是可以归入本类的简单加工，还是应归入后面其他类的进一步深加工。其中，最容易与本类的食用动物产品发生归类混淆的是第四类第 16 章的商品，见表 7-1。

表 7-1　加工程度对第一类商品归类的影响

	归入第 2 章、第 3 章的简单加工	归入第 16 章的深加工
加工程度	新鲜或冷藏的	烹饪的(蒸、煮、煎、烤、炸等)
	冷冻的	加工成精、汁
	盐腌或盐渍的	均化制作
	干制的	混合加调味料
	熏制的	用醋浸泡保藏

例如，"用盐腌制的咸鸡"应归入品目 0210，而"油炸鸡腿"经查第 2 章的品目条文与章注得知，其加工程度已超出第 2 章规定的范围，因此应归入品目 1602。

（三）归类时应注意的问题

（1）供人食用的杂碎（如头、脚、尾、心、舌），如果适合供人食用则归入第 2 章，不适合供人食用（如因保存不善导致变质）则归入第 5 章。例如，新鲜的猪

脚应归入品目 0206。

（2）专供制药用的杂碎（如胆囊、肾上腺、胎盘），如为新鲜、冷藏、冷冻或其他方法临时保藏的，归入品目 0510；如经干制的，则归入品目 3001。

（3）既可以供人食用又可以供制药用的杂碎（如肝、肾、肺、脑、胰腺、腺、脊髓）归类方法：临时保藏（如用甘油、丙酮、酒精、甲醛、硼酸钠临时保藏）以供药用的，归入品目 0510；干制的归入品目 3001；其他如果适合供人食用归入第 2 章，不适合供人食用则归入第 5 章。

（4）根据第 2 章章注二的规定，动物的肠、膀胱、胃或动物血必须按不可食用的动物产品归入第 5 章（动物血如果符合品目 3002 的规定，则归入品目 3002），但其进一步加工的产品仍归入第 16 章。例如，新鲜的猪大肠不能归入品目 0206，应该根据该章注的规定归入品目 0504，而炒大肠应该归入 16 章。

（5）未炼制且不论是否供人食用的不带瘦肉的肥猪肉、猪脂肪及家禽脂肪归入品目 0209；经过炼制的猪脂肪及家禽脂肪则归入品目 1501 或 1503；其他未炼制的动物脂肪（如牛脂肪）应归入第 15 章。

（6）第 2 章、第 3 章所列产品不包括经"蒸、煮"的产品，但下列情况例外：第 2 章产品加工成粉的过程中的"蒸、煮"，第 3 章的鱼在熏制过程中的"蒸、煮"，第 3 章"蒸、煮"带壳的甲壳动物。

（7）第 2 章，第 3 章产品的加工方法包括"熏制"，但仅限于第 2 章产品。"熏制"时应该归入第 16 章。

（8）有些商品名称中有"鱼"字，但是在生物学分类体系中并不属于鱼类，不能按鱼归类，而应该分别按其生物类属归类，归入哺乳动物、爬行动物或软体动物等所属的品目。

（9）黄药是指作为中药使用的动物体内结石，包括以下几种：牛黄（牛胆结石）（0510.0010）、猴枣（猕猴内脏结石）（0510.0010）、其他黄药（0510.0010）。

（四）实例分析

（1）鲜整头乳猪肉（重量不足 10 千克）：0203.1110。

（2）冻整鸡：0207.1200。

（3）装入肠衣的熏腌牛肉（未经绞碎、未经调味、供食用）：0210.2000。

（4）干的猪蹄筋（500 克/袋）：0210.9900。

（5）新鲜的猪大肠：0504.0019。

（6）熏制的大西洋鲑鱼：0305.4110。

（7）水煮过的龙虾（未去壳、冻的）：0306.1100。

(8)活的淡水小龙虾:0306.3990。

(9)草莓果粒酸奶(125 克/瓶):0403.1000。

(10)全脂奶粉(脂肪含量 23%,未加糖,450 克/袋):0402.2100。

二、第二类:植物产品

(一)商品范围

本类包括绝大多数活植物以及未经加工,或仅经过有限的简单加工的植物产品,见表 7-2。

表 7-2 第二类商品的范围

分类	章	商品范围
活植物	6	活树及其他活植物,鳞茎、根及类似品,插花及装饰用簇叶
食用植物产品	7	食用蔬菜、根及块茎
	8	食用水果及坚果;柑橘属水果或甜瓜的果皮
	9	咖啡、茶、马黛茶及调味香料
	10	谷物
	11	制粉工业产品,麦芽,淀粉,菊粉,面筋
非食用植物产品	12	含油子仁及果实,杂项子仁及果实,工业用或药用植物,稻草、秸秆及饲料
	13	虫胶,树胶、树脂及其他植物液、汁
	14	编结用植物材料,其他植物产品

(二)归类要点

本类商品与第一类商品的归类思路基本一致,即对本类商品也需要特别注意其加工程度,只有简单加工的植物产品才归入第二类,如果进行了进一步的深加工,则应归入第四类(见表 7-3)。例如,"生花生仁"归入品目 1202,而"水煮花生仁"经查第 12 章的品目条文与章注得知,已超出该章范围,因此应到第四类中查找归入品目 2008。

表 7-3　加工程度对第二章商品归类的影响

	第 7 章、第 8 章（未加工或简单加工）	第 20 章（进一步加工）
加工程度	新鲜或冷藏的	用醋或酸醋、糖水保藏的
	冷冻的	烹饪的（蒸、煮、炒、炸等）
	干制的	均化制作
	暂时保藏的（用盐等）	榨汁（原汁，酒精浓度≤0.5%）
	可加工成各种形状	

(三)干蔬菜的归类

根据第 7 章章注三的规定，品目 0712 包括归入品目 0701—0711 的各种干制的蔬菜，但下列各项除外。

(1)作蔬菜用的脱荚干豆（品目 0713）。

(2)品目 1102—1104 所列形状的甜玉米。

(3)马铃薯细粉、粗粉、粉末、粉片、颗粒及团粒（品目 1105）。

(4)用品目 0713 的干豆制成的细粉、粗粉及粉末（品目 1106）。

例如，马铃薯细粉尽管属于制成粉状的干蔬菜（马铃薯属于蔬菜），符合 0712 品目条文的规定，但根据该章注的规定，应归入品目 1105。

(四)混合调味香料的归类

根据第 9 章章注一的规定，品目 0904—0910 所列产品的混合物应按下列规定归类。

(1)同一品目的两种或两种以上产品的混合物仍应归入该品目。

(2)不同品目的两种或两种以上产品的混合物应归入品目 0910。

品目 0904—0910 的产品如果添加了其他物质，只要所得的混合物保持了原产品的基本特性，其归类应不受影响；基本特性已经改变的，则不应归入本章；构成混合调味品的，应归入品目 2103。

例如，肉桂（占 70%）与丁香（占 30%）的混合物，由于肉桂归入品目 0906，丁香归入品目 0907，属于不同品目的混合物，因此应归入品目 0910；而胡椒粉（占 70%）与辣椒粉（占 30%）的混合物，由于胡椒粉与辣椒粉都应归入品目 0904，属于同一品目的混合物，因此仍应归入品目 0904。

(五)种植用种子的归类

根据第 12 章章注三的规定，甜菜子、草子及其他草本植物种子、观赏用花的种子、蔬菜种子、林木种子、果树种子、巢菜籽(蚕豆除外)、羽扇豆属植物种子,可一律视为种植用种子,归入品目 1209。但下列各项即使作种子用,也不归入品目 1209。

(1)豆类蔬菜或甜玉米(第 7 章)。

(2)第 9 章的调味香料及其他产品。

(3)谷物(第 10 章)。

(4)品目 1201—1207 及 1211 的产品。

例如,种用蚕豆属于豆类蔬菜,根据该章注的规定,应归入品目 0713。

(六)实例分析

(1)天然圣诞树(未经装饰):0604.2090。

(2)冷冻的煮熟甜玉米粒(塑料袋装):0710.4000。

(3)干制的小白蘑菇(500 克袋装):0712.3100。

(4)泰国产鲜芒果:0804.5020。

(5)鲜脐橙:0805.1000。

(6)鲜水蜜桃:0809.3000。

(7)绿茶(150 克塑料袋装):0902.1090。

(8)普洱茶(净重 1 千克/包):0902.3020。

(9)硬粒小麦(配额内):1001.1900。

(10)食用高粱(非种用,净重 50 千克):1007.9000。

(11)马铃薯淀粉:1108.1300。

(12)晒干的莲子(500 克袋装):1212.9994。

(13)西洋参片(平切,50 克/盒):1211.2010。

三、第三类:动、植物油脂及其分解产品,精制的食用油脂,动、植物蜡

(一)商品范围

本类仅由 1 章构成,即 15 章。本类商品主要包括以第一类、第二类的动、植物为原料加工得到的动、植物油脂及其分解产品,精制的食用油脂,动、植物蜡。

(二)归类要点

不归入本章但易引起归类错误的货品有:

(1)未炼制的猪脂肪及家禽脂肪应归入品目 0209;

(2)从乳中提取的黄油及其他油脂应归入品目 0405(与 1517 人造黄油区别

开）；

（3）可可油、可可脂应归入品目 1804；

（4）粗甘油（纯度在 95％以下）应归入品目 1520，若纯度在 95％以上则应归入 2905.4500 丙三醇（甘油）。

（三）动、植物油脂的归类

动、植物油脂按其加工程度进行归类，如表 7-4 所列。

表 7-4　加工程度对动、植物油脂归类的影响

加工程度	归类方法
油脂（初榨、精制）	动物：归入品目 1501—1506
	植物：归入品目 1507—1515
油脂（化学改性）	归入品目 1516、1518
混合食用油脂	归入品目 1517
动、植物蜡	归入品目 1521
残渣	归入品目 1522

例如，豆油的归类方法如下：初榨的豆油归入 1507.1000，精制的豆油归入 1507.9000，氢化的豆油归入 1516.2000，氧化的豆油归入 1518.0000。

此外，动、植物油脂分解产品中的粗甘油归入品目 1520，脂肪酸、脂肪醇等以及经过提纯的精制甘油则要按化工品归入第六类。

（四）实例分析

（1）未经化学改性的精制豆油：1507.9000。

（2）精制的玉米油：1515.2900。

（3）由多种食用植物油调剂而成的超级烹调油：1517.9000。

（4）初榨的亚麻子油：1515.1100。

四、第四类：食品，饮料、酒及醋，烟草、烟草及烟草代用品的制品

（一）商品范围

本类共 9 章，包括以动、植物为原料加工得到的食品、饮料、酒、醋、动物饲料、烟草等，如表 7-5 所列。

表 7-5　第四类商品的范围

分类	章	商品范围
动物制品	16	肉、鱼、甲壳动物、软体动物及其他水生无脊椎动物制品
植物制品	17	糖及糖食品
	18	可可及可可制品
	19	谷物、粮食粉、淀粉或乳的制品,糕饼点心
	20	蔬菜、水果、坚果或植物其他部分的制品
其他制品	21	杂项食品
	22	饮料、酒及醋
	23	食品工业的残渣及废料,配制的动物饲料
	24	烟草、烟草及烟草代用品的制品

(二)归类要点

本类商品归类的难点:根据加工程度来区分是归入第一类、第二类还是第四类。

第一类、第二类商品与第四类商品存在一定的加工程度递进关系,如图 7-5 所示。

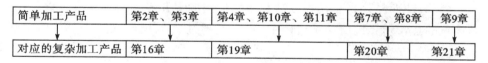

图 7-5　商品加工程度递进关系图

例如,①水煮后经冷冻的去壳对虾,编码为 1605.2100。

解释:根据加工程度,第 3 章的加工程度包括水煮后带壳,不包括水煮后去壳,水煮后去壳已经超出第 3 章的加工程度,因此归入 1605.2100。

②炒熟的夏威夷果(250 克袋装),编码为 2008.1999。

③一种韩国泡菜(每坛 2 千克装),将大白菜、萝卜先用盐腌制,然后配上由洋葱、蒜、虾酱、糖、辣椒等做成的调料,发酵一段时间制成,编码为 2005.9999。

(三)混合食品的归类

根据章注二,归入第 16 章的前提条件是混合食品中第二类、第三类的动物原料含量必须在 20% 以上(其中动物原料可以相加),如果低于 20% 就不能够归入第 16 章。

例如,①鱼占 10%、牛肉占 15%、马铃薯占 75%的罐头食品,编码为 1602.5010。

②一种可用微波炉加热的方便快餐食品,净含量 250 克,其中含面条 150 克、鸡块 50 克、卷心菜 30 克、鱿鱼丝 20 克,食品已预先烧制过,装于一次性泡沫塑料盆中,编码为 1602.3299。

解释:此商品中鸡肉和鱿鱼的含量超过 20%(鸡块加鱿鱼共 70 克,占 28%),因此应归入 16 章;鸡肉的含量比鱿鱼的含量高,因此归入 1602.3299。

③一种可用微波炉加热的方便快餐食品,净含量 250 克,其中含面条 200 克、鸡块 20 克、卷心菜 30 克,食品已预先烧制过,装于一次性泡沫塑料盒中,编码为 1902.3030。

解释:此商品中鸡肉的含量未超过 20%,因此不能归入第 16 章,按构成商品基本特征的面食归入 1902.3030。

④水饺(含猪肉 30%、甜玉米 30%、面粉 40%),编码为 1902.2000。

解释:虽然此商品中猪肉的含量超过 20%,但由于水饺属于品目 1902 的包馅食品,因此不归入第 16 章。

⑤以牛肉和蔬菜为基本配料(其中牛肉占 25%),制成细腻糊状、专供婴儿食用的食品(200 克装),编码为 2104.2000。

解释:此商品是含有动物原料和植物原料的婴儿专用的均化混合食品,需要注意的是,不能因为动物原料(牛肉)含量超过 20%就归入第 16 章,而应归入 2104.2000。

(四)均化食品的归类

只有食品重量不超过 250 克时才能按均化食品归类,如果超过这个重量,则不能按均化食品归类。

例如,①密封塑料袋装婴儿均化食品,成分含量为 30%牛肉、65%胡萝卜、5%其他配料,净重 200 克,编码为 2104.2000。

②密封塑料袋装婴儿均化食品,成分含量为 30%牛肉、65%胡萝卜、5%其他配料,净重 500 克,编码为 1602.5090。

解释:此商品净重 500 克,不能按均化食品归类。由于牛肉含量是 30%,根据第 16 章章注二,按牛肉归入 1602.5090。

注意:除了第 16 章 16210 以外,第 20 章和第 21 章都提到了均化食品,具体品目是 2005、2007、2104。归类时,均化食品子目优先于同级品目其他子目。

①160210：主要由肉组成。

②200510：主要由蔬菜组成（均化蔬菜）。

③200710：主要由果实组成。

④210420：由两种以上混合组成。

(五)糖的归类

各种糖（如蔗糖、乳糖、麦芽糖、葡萄糖及果糖）、糖浆、人造蜜、焦糖、提取或精炼糖时所剩的糖蜜以及糖食应归入第 17 章。但是，化学纯糖（蔗糖、乳糖、麦芽糖、葡萄糖及果糖除外）应归入品目 2940。

(六)可可制品的归类

第 18 章可可制品的归类应注意章注一的规定，含可可的食品有些可归入第 18 章，有些则应归入其他章。例如，含可可的饮料不能按含可可制品归入品目 1806，而应按饮料归入品目 2202。

(七)酒的归类

应能够在正确区别各种常见酒的加工方法的基础上掌握不同酒的归类，即发酵酒归入品目 2203—2206，蒸馏酒归入品目 2207—2208。

例如，黄酒属于发酵酒，应归入品目 2206；威士忌酒属于蒸馏酒，应归入品目 2208。

(八)实例分析

在对第 18 章～第 24 章提及的商品进行归类时要注意章注。

(1)含脱脂奶粉、豆粉、植物油、矿物质和维生素等多种添加物的奶粉（可可含量 4%）：1901.1010。

(2)由添加食盐、味精等调味物质的土豆（马铃薯）粉制成的食用土豆片：1902.1900。

(3)冷冻的马铃薯：0710.1000。

(4)马铃薯细粉：1105.1000。

(5)马铃薯淀粉：1108.1300。

(6)薯条（用土豆切成条后经油炸而得）：2005.2000。

(7)供早餐用的加有少量糖的燕麦片（已经烘炒加工，冲泡后即可用）：1904.1000。

(8)韩式大麦茶，由大麦烘炒磨碎制得，每 10 克装于一个纸袋，食用时连纸袋一同在热水中浸泡：2101.3000（大麦茶属于咖啡代用品）。

（9）由多种精制的植物花粉和乳糖制成的营养保健花粉制品：2106.9090。

（10）在菠萝原汁中加入 20％的水组成的混合物（白利糖度值小于 20，供饮用）：2202.9000。

（11）米酒（酒精浓度 15％，用 2 升的陶罐盛装）：2206.0010。

五、第五类：矿产品

(一)商品范围

本类共分 3 章，包括：第 25 章：非金属矿产品，第 26 章：金属矿，第 27 章，矿物燃料（主要是煤、石油、天然气）及其加工产品。

(二)归类要点

归入本类的矿产品只能经过有限的简单加工（如洗涤、磨碎、研粉、淘洗、筛分或其他机械物理方法精选），如果超出这个限度而进行了进一步的深加工，则应该归入后面的章（如第 68 章、第 69 章、第 70 章）。

例如，经过简单切割的大理石归入品目 2515，而表面经磨光的大理石归入品目 6802。

(三)非金属矿产品的归类

除品目条文及章注四另有规定的以外，归入第 25 章各品目的只包括原产状态的矿产品，或只经过洗涤（包括用化学物质清除杂质而未改变产品结构）、破碎、磨碎、研粉、淘洗、筛分以及用浮选、磁选和其他机械物理方法（不包括结晶法）精选过的矿产品，不得经过焙烧、煅烧、混合或超过目录所列的加工范围。

归类时，要注意第 25 章章注四规定的品目。

例如，土色料（无论是否煅烧或混合）和菱矿（无论是否煅烧）都归入品目 2530。这两个商品的加工程度可以是简单加工，也可以是简单加工以外的加工，如这两者都经过煅烧，虽然这种加工方式已经不属于简单加工，但是仍然归入第 25 章。

此外，对盐商品进行归类时要注意区分，食用盐归入 2501.0011，纯的氯化钠（或符合化学定义的氯化钠）归入 2501.0020，氯化钠制的光学元件归入品目 9001。

(四)金属矿的归类

第 26 章的加工程度与第 25 章相似，也是只能进行有限的简单加工。除煅烧、焙烧或燃烧引起的变化外，这些加工不得改变所要提炼金属的基本化合物的化学成分。若改变了矿物的基本化学成分,则不能归入本章,一般归入第 28 章。

例如,①铜矿砂应归入 2603.0000。

②某铜矿砂经化学方法提取出其中的主要成分硫化铜,根据第 26 章章注二的规定,其已经超出第 26 章的加工范围,不能归入品目 2603,而应按化工品归入 2830.9090。

另外,尽管第 26 章是指"金属矿",但这里的"金属矿"不是全部,而是有例外。例如,"稀土金属矿"就不能归入第 26 章,而应归入品目 2530;少数"纯的"化工产品不归入第六类而归入本章,如"纯的氯化钠""纯的氧化镁""纯的甲烷"和"纯的丙烷"。

(五)矿物燃料及其加工产品的归类

与第 25 章、第 26 章不同,第 27 章的煤、石油、天然气可以进行化学提取和其他加工,但经化学提取得到的矿物能归入本章的一般是一些粗产品,如果经过进一步的化学提纯,则应归入第 29 章。

例如,"粗苯"归入品目 2707,"精苯"则因加工程度超出本章的范围而应归入品目 2902。

六、第六类:化学工业及其相关工业的产品

(一)商品范围

本类共 11 章(第 28 章～第 38 章),可分为两大部分。

第一部分(第 28 章、第 29 章)为基本化工原料无机化学品及有机化学品,属于符合化学定义的非零售包装的纯净物。

第二部分(第 30 章～第 38 章)为各种不同用途的化工品,它们一般为混合物或属于零售包装的产品,分别按用途归入第 30 章～第 38 章。

(二)本类第一部分与第二部分的归类区别

(1)如果一种化工品是单独的化学元素及单独的已有化学定义的化合物,应归入第一部分(第 28 章是无机化学品,第 29 章是有机化学品)。

(2)如果一种化工品是由几种不同化学成分混合配制而成,那么按照其用途归入第二部分(第 30 章～第 38 章)。

例如,"硫代硫酸钠"可用于摄影,起定影作用,但如果仅是硫代硫酸钠(未制成定量包装或零售包装,可立即使用的)一种成分,则应归入 2832.3000。当硫代硫酸钠再配上其他成分制成定影剂时,则按其用途归入 3707.9010。

(三)化工品中的优先归类原则

(1)如果一种化工品属于放射性化学元素、放射性同位素及它们的无机或有机化合物,应优先归入品目2844、2845,放射性化学元素归入品目2844,非放射性同位素及其化合物归入品目2845。但要注意,放射性矿砂仍按矿砂来归类。

例如,钴:2844.4020;放射性氯化钠:2844.4090;放射性铜矿砂:2603.0000。

(2)除放射性化学元素(2844)及非放射性同位素(2845)外,凡符合品目2843、2846、2852所述的货品,应优先归入这三个品目。

例如:供摄影用、零售包装的硝酸银优先归入2843.2100。

(3)如果一种化工品被制成一定剂量或零售包装,且同时符合品目3004、3005、3006、3212、3303、3304、3305、3306、3307、3506、3707、3808的,应优先归入上述品目。

例如:①安乃近药片(0.2克/片)归入3004.9090。

解释:已经配定了剂量,因此归入本类第二部分,且此商品符合品目3004的规定。根据类注二,优先归入品目3004,最后归入3004.9090。

②安乃近原药(粉状,5千克装)归入2933.1920。

解释:此商品没有配定剂量也没有制成零售包装,且仅有一种成分,因此归入本类第一部分(第29章)的2933.1920,而不能归入品目3003。品目3003虽然是没有配定剂量也没有制成零售包装,但是由两种或两种以上成分混合而成的。

③碱性染料归入3204.1300。

解释:此商品由不同化学成分混合配制而成,因此归入本类第二部分,按染料归入第32章。

④零售包装的碱性染料归入3212.9000。

解释:此商品由不同的化学成分混合配制而成,因此归入本类第二部分,按染料归入第32章。又由于是零售包装,且符合品目3212的商品名称,因此归入3212.9000。

(四)药品的归类

图7-6   药品归类方法

　　例如，"头孢克洛原药"在未配定剂量也未制成零售包装时归入 2941.9058，含有头孢克洛的药品（未配定剂量也未制成零售包装）归入 3003.2015，含有头孢克洛的胶囊归入 3004.2015。

　　另外，还需要注意以下问题。

　　(1)除供静脉摄入用的滋养品可作为药品归入第 30 章以外，营养品、糖尿病食品、强化食品、保健食品、滋补饮料及矿泉水，即使具有某些有利于身体健康、抵御疾病的作用，也不能作为药品归入第 30 章，只能作为食品、饮料归入第四类。

　　例如，某品牌的运动饮料具有补充运动中流失的维生素、矿物质和增强体质的作用，仍应按一般饮料归入品目 2202。

　　(2)品目 3303—3307 的化妆盥洗品，即使具有某些治疗及预防疾病的作用，也不能作为药品归入第 30 章，仍应按化妆盥洗品归入第 33 章。

　　例如，某品牌的洗发水具有去屑止痒的功效，仍应按护发品归入品目 3305。

(五)肥料的归类

　　肥料的归类，要注意根据章注来判断哪些归入第 28 章和第 29 章、哪些归入第 31 章。

　　例如，①纯的氯化钾，归入 3104.2020。

　　解释：该商品符合第 31 章章注四的规定，属于第 31 章的肥料，由第 28 章章注三(三)得知，不能归入第 28 章，而应归入第 31 章的 3104.2020。

　　②硝酸铵(25 千克装)，归入 3102.3000。

　　解释：由第 28 章章注三(三)得知，该商品不能归入第 28 章，而应归入第 31 章；又因为每包重 25 千克，未制成品目 3105 所述的形状或包装，所以应归入 3102.3000。

　　③硝酸铵(5 千克装)，归入 3105.1000。

　　解释：因为制成了 5 千克装，属于品目 3105 所述的包装，所以不能归入 3102.3000，而应归入 3105.1000。

　　④氯化铵(肥料用)，归入 2827.1010。

　　解释：此商品不符合第 31 章章注二的规定，因此应作为化工原料归入 2827.1010。

　　⑤氯化钾(5 千克装)，归入 3105.1000。

　　解释：此商品归入第 31 章的肥料，因制成片剂及类似形状或每包毛重不超过 10 千克，应归入 3105.1000。

⑥含有 50％硫酸钾和 50％硫酸铵的复合肥（每包重 50 千克），归入 3105.9010。

解释：由品目 3104 得知硫酸钾属于钾肥，由品目 3102 得知硫酸铵属于氮肥。该商品属于含有氮、钾两种肥效元素的化学肥料，应归入 3105.9090。

(六)染料和颜料的归类

(1)按染料和颜料的来源与加工方式归入品目 3203—3206。

(2)如果是无机颜料(不包括用作发光体的无机产品)，并且是单独的符合化学定义的，则不能归入第 32 章，而应归入第 28 章。

例如，二氧化钛不能归入品目 3206，而应作为无机化合物归入品目 2823。

(七)油漆的归类

(1)以合成聚合物或化学改性天然聚合物之外的其他原料为基本成分制成的油漆，应归入品目 3210。

(2)以合成聚合物或化学改性天然聚合物为基本成分制成的油漆，则要再看其所用介质。其中，分散于或溶于非水介质的，归入品目 3208；分散于或溶于水介质的，归入品目 3209。

(3)根据第 32 章章注四的规定，品目 3208 包括由品目 3901—3913 所列产品溶于挥发性有机溶剂的溶液(胶棉除外)，但溶剂重量必须超过溶液重量的50％。

例如，溶于松节油(一种具有挥发性的有机溶剂)的丙烯酸聚合物，松节油占溶液总重量的 65％，根据规定应归入品目 3208。

(八)香料的归类

(1)天然香料归入品目 3301，化学合成的单一化学成分的香料一般应归入第 29 章。

例如，"天然的薄荷油"归入品目 3301，人工合成的"薄荷醇"则归入品目2906。

(2)几种香料的混合物或香料与其他成分的混合物，一般应归入品目 3302。

(九)化妆品的归类

化妆品一般按其用途归入品目 3303—3307。

例如，唇膏属于唇用化妆品，应归入 3304.1000。

另外，品目 3307 所称"芳香料制品及化妆盥洗品"，主要适用于下列产品：香袋，通过燃烧散发香气的制品，香纸及用化妆品浸渍或涂布的纸，隐形眼镜片或假眼用的溶液,用香水或化妆品浸渍、涂布、包覆的絮胎、毡呢及无纺织物,动物用盥洗品。

例如,隐形眼镜片专用护理液应作为"芳香料制品及化妆盥洗品",归入3307.9000。

(十)洗涤用品的归类

(1)肥皂和作肥皂用或作洁肤用的表面活性剂产品制成的洗涤用品,如果符合品目3401条文的规定,应归入品目3401。

(2)其他表面活性剂产品制成的洗涤用品,如果符合品目3405条文的规定,应归入品目3405,否则归入品目3402。

(3)如果表面活性剂产品属于洗发剂、洁齿品、剃须膏及沐浴用制剂,则必须优先归入第33章的相应品目。

例如:含有表面活性剂的洗发香波应归入品目3305。

(十一)照相用品的归类

(1)对于未曝光的照相用品,根据其基材来判断归类,如果是纸、纸板、纺织物制的,归入品目3703,其他材料制的,归入品目3701或3702。

(2)在品目3701、3702中,如果是平片,归入品目3701,如果是卷片,归入品目3702。

例如,"医用X光卷片",由于其基材是塑料,并且是卷片,应归入品目3702。

(十二)农药的归类

农药按其列名归入品目3808,但如果是农药原药(未混合且未制成零售包装),则应归入第28章或第29章。

例如,农药原药DV菊酸甲酯应归入2916.2010。

(十三)杂项化学产品的归类

第38章包含按用途分类时前面几章未涉及的杂项化工产品,归类时要特别注意与第28章、第29章的区别。

例如,用作增塑剂的邻苯二甲酸二辛酯,应归入品目2917。

此外,根据章注一(一),人造石墨归入品目3801,而天然石墨归入品目2504。

七、第七类：塑料及其制品；橡胶及其制品

(一)商品范围

本类共有 2 章，包括的大多是由高分子聚合物组成的塑料、橡胶及其制品。其中，塑料及其制品归入第 39 章，橡胶及其制品归入第 40 章。

(二)塑料及其制品的归类

第 39 章包括初级形状的高聚物及其半成品和制成品，共有 26 个品目，按照原料、半制成品和制成品分成两个分章。

第一分章包括初级形状的共聚物，共有 14 个品目(3901—3914)，这里的初级形状只限于两种形状：一是液状及糊状，包括分散体(乳浊液及悬浮液)及溶液；二是不规则形状的块、团、粉(包括压型粉)、颗粒、粉片及类似的散装形状。

第二分章包括废碎料及下脚料、半制成品、制成品，共有 12 个品目(3915—3926)。按照产品的加工程度由浅至深列目，先半制成品后制成品。

1. 初级形状的共聚物(塑料原料)的归类

(1)形状是否属于第一分章的初级形态。

(2)其中有一种单体单元含量在 95％及以上，则按共聚物归类，归入"聚(多)"字头的相应子目。

(3)子目 390130、390320、390330 及 390430 所列的共聚物，如果该种共聚单体单元含量在整个聚合物中按重量计占 95％及以上，应归入上述子目。

(4)如果没有一种单体单元含量在 95％及以上，则先将属于同一品目下的单体单元的含量相加，然后按含量高的品目归类，如果含量相等，则从后归类。

例如，①粒子状的聚乙烯(密度 0.93)下脚料，归入 3901.1000。

解释：第 39 章第二分章的标题是"废碎料及下脚料；半成品；制成品"，但是该商品不能按标题归入第 39 章第二分章，由于产品的形状是粒子状的，属于初级形状，因此应归入第 39 章第一分章。

②MS 非泡沫板，MS 即甲基丙烯酸甲酯(单体单元占 30％)、苯乙烯(单体单元占 70％)的共聚物，归入 3920.3000。

解释：此商品已经制成板，不属于初级形状，因此归入第 39 章第二分章。

③由 5％乙酸乙烯酯与 95％丙烯的单体单元组成的共聚物，归入 3902.1000。

④由 95％乙烯与 5％丙烯的单体单元组成的共聚物(比重 0.95)，归入 3901.2000。

⑤乙烯—乙酸乙烯酯—氯乙烯接枝共聚物,其中乙烯单体单元为4％、乙酸乙烯酯单体单元为30％、氯乙烯单体单元为66％,外观为白色粉末,未加增塑剂,归入3904.3000。

解释:此商品由三种单体单元组成,因此按重量最大的氯乙烯归类,4位数品目为3904。根据子目注释一(一)的规定,3904.30所列的共聚物,如果该种共聚单体单元含量在整个聚合物中按重量计占95％及以上,则可归入3904.3000。此商品中氯乙烯占66％,乙酸乙烯酯占30％,总共为96％。

⑥乙烯(65％)、乙酸乙烯酯(10％)、氯乙烯(25％)的共聚物,外观为白色粉末,归入3901.9090。

解释:由于乙烯和乙酸乙烯酯的单体单元含量之和达不到95％,则不能归入3901.3000,而应归入3901.9090。

⑦乙烯—乙酸乙烯酯—氯乙烯共聚物,其中乙烯单体单元含量为36％,乙酸乙烯酯单体单元含量为24％,氯乙烯单体单元含量为40％,外观为白色粉末,未加增塑剂,归入3904.4000。

解释:由于三种单体单元没有属于同一品目的,按照含量最高的来归类,含量最高是氯乙烯,因此应按氯乙烯来归类,归入3904.4000。

⑧乙烯(40％)、丙烯(35％)、异丁烯(25％)共聚物,归入3902.3090。

解释:丙烯与异丁烯属于同一品目3902,两者含量相加为60％,超过乙烯单体单元的含量,归入品目3902;又因为丙烯重量大于异丁烯,所以应归入3902.3090。

⑨乙烯(50％)、乙酸乙烯酯(50％)的共聚物,归入3905.2900。

解释:乙烯与乙酸乙烯酯不属于同一品目,且两者含量一样,可以根据"从后归类"原则,按乙酸乙烯酯来归类,归入3905.2900。

2. 塑料半制成品和制成品的归类

(1)根据加工形状、程度判断是塑料半成品还是塑料制成品。

(2)塑料半成品根据其具体形状归入品目3916—3921,塑料制成品则根据其用途归入品目3922—3926。

例如,塑料管属于塑料半制成品,应归入品目3917;塑料茶杯属于塑料制成品,应归入品目3924。

3. 塑料的废碎料和下脚料的归类

对于塑料的废碎料和下脚料,一般情况下可直接按品目3915的条文"塑料的废碎料及下脚料归入该品目"处理。但是,如果同时满足初级形状、单一种类、热塑性三个条件,则不能归入品目 3915,而应按照成分归入品目 3901—3914。

例如,粒子状的聚乙烯(密度 0.93)下脚料,应归入 3901.1000。

(三)天然橡胶和合成橡胶的归类

有一些橡胶由于不符合第 40 章章注四"合成橡胶"的定义,因此尽管有"橡胶"的名称,还是要按"塑料"归入第 39 章,如乙丙橡胶、硅橡胶等。

天然橡胶和合成橡胶根据其是否经硫化分为未硫化橡胶和硫化橡胶,前者归入品目 4001—4006,后者归入品目 4007—4017。

例如,新的轿车所用的橡胶轮胎属于硫化橡胶制品,应归入 4011.1000。

八、第八类:生皮、皮革,毛皮及其制品,鞍具及挽具,旅行用品、手提包及类似容器,动物肠线(蚕胶丝除外)制品

(一)商品范围

本类包括皮革行业绝大部分的动物质原料,以及各种材料制成的具有皮革行业产品特征的制品。生皮虽然是未经过加工或仅经过有限的简单加工的动物产品,但因为它们通常被作为皮革行业原材料使用,所以不归入第一类而归入本类。本类共 3 章。

第 41 章:只包括生皮和皮革,不包括其制品,其结构按加工程度由浅到深排列。

第 42 章:大部分是由第 41 章的原材料经过进一步加工制得的制品,同时包括几乎由任何材料制成的包及旅行用品。

第 43 章:主要包括生毛皮、毛皮、人造毛皮及其制品。

(二)带毛生皮或已鞣制带毛皮张的归类

一般情况下,带毛生皮或已鞣制带毛皮张归入第 43 章,但有些动物的生皮即使带毛也不归入第 43 章,而归入第 41 章,具体种类见第 41 章章注一(三)。

例如,生的带毛兔皮归入品目 4301,已鞣制的兔毛皮张归入品目 4302;而带毛的生绵羊皮归入品目 4102,已鞣制的带毛绵羊皮张归入品目 4302。

(三)品目 4202 所含容器的归类

品目 4202 的条文分为两部分。

第一部分包括衣箱、提箱、小手袋、公文箱、公文包、书包、眼镜盒、望远镜盒、照相机套、乐器盒、枪套及类似容器。这些容器基本上都装有固定的物品并

长期使用,除第 42 章章注二(一)和章注二(二)另有规定的以外,这一部分所包括的物品可用任何材料制成。

第二部分包括旅行包、食品或饮料保温包、化妆包、帆布包、手提包、购物袋、钱夹、钱包、地图盒、瓶盒、首饰盒、粉盒、刀叉餐具盒及类似容器,只能用皮革或再生皮革、塑料片、纺织材料、钢纸或纸板制成,或者全部或主要用上述材料或纸包覆。

例如,①皮革制的衣箱,归入 4202.1110。

②包装木箱,归入 4415.1000。

③女式小提包,包面用手工将珍珠穿结而成。由于已经具有贵重金属或物品的基本特征,应归入 7116.1000。

④牛皮制的女士提包,包外表面嵌有白金制的商标,归入 4202.2100。

(四)皮革服装和毛皮服装的归类

(1)皮革或再生皮革制的服装,归入品目 4203。

(2)毛皮制服装归入品目 4303,即使毛皮作衬里的服装也归入品目 4303;人造毛皮服装归入品目 4304,即使人造毛皮作衬里的服装也归入品目 4304。毛皮或人造毛皮仅作为装饰的服装一般不归入本类,按其服装的面料归入相应品目。

例如,貂皮大衣为毛皮制的服装,归入 4303.1010;羊皮夹克为皮革制的服装,归入 4203.1000;仅在衣领和袖口用毛皮装饰的粗花呢大衣,则按纺织服装归入第 62 章的相关品目。

(3)用皮革与毛皮或用皮革与人造毛皮制成的分指手套、连指手套及露指手套应归入品目 4203,不应归入第 43 章。

(五)用作机器零件的皮革制品的归类

用作机器零件的皮带、皮制垫圈等应归入 4205.0020,而不按机器零件归入第十六类。

九、第九类:木及木制品;木炭;软木及软木制品;稻草、秸秆、针茅或其他编结材料制品;篮筐及柳条编织品

(一)商品范围

本类共 3 章。其中,第 44 章主要包括木及木制品,第 45 章主要包括软木及软木制品,第 46 章主要包括各种编结材料制品。

第 44 章的结构是按照加工程度由浅到深排列的,规律如下:

(1)木材原料(不包括竹的原料):归入品目 4401—4406。

(2)经简单锯、削、刨平、端接及制成连续形状的木材:归入品目 4407—4409。

(3)木质碎料板、纤维板、胶合板及强化木等:归入品目 4410—4413。

(4)木制品:归入品目 4414—4421。

(二)归类要点

树种及加工程度是第 44 章归类的重要因素。

例如,木制的电线杆如果经过防腐处理,归入子目 4403.10;如果没有经过类似处理,则应根据树种的材质分别归入该品目的其他子目。

除另有规定的以外,竹的原料归入第 14 章,竹及其他木质材料制品一般也按木制品归入同一品目。

例如,竹制筷子归入品目 4419,竹制牙签归入品目 4421,竹制编结材料制品则归入第 46 章。

(三)木板材的归类

一般木板材按其厚度归入品目 4407 或 4408;若在端部和侧面制成连续形状(如带有槽、榫等),则归入品目 4409;若是木质碎料板、木纤维板及胶合板的端部和侧面也制成连续形状(如带有槽、榫等),则归入品目 4410—4412。品目 4411 项下的一级子目是按纤维板的生产工艺分类的。其中,子目 4411.1 的中密度纤维板(MDF)只包括用干法生产工艺获得的纤维板,按其厚度和密度进行归类;子目 4411.9 的其他木纤维板一般是用湿法生产工艺获得的纤维板,只按其密度进行归类。

例如,①木纤维板,密度为 0.8 克/立方厘米,未经机械加工,规格为 2 400 毫米×1 200 毫米×8 毫米(长×宽×高),采用湿法生产。此纤维板因采用湿法生产而归入子目 4411.9,然后根据其密度归入 4411.9390。

②一种强化复合板,规格为 700 毫米×190 毫米×10 毫米,由耐磨层(三氧化二铝膜)、表层(印木纹的纸)、基层(干法生产的中密度纤维板,密度 0.85 克/立方厘米,厚 9.5 毫米)、背板平衡层(一种纸)经树脂浸渍后高温强压复合而成,边、端制成杆接企口以便安装,归入 4411.1419。

③表面为巴栲红柳桉木薄板,其他两层为针叶木薄板制的三合板(每层厚度为 1 毫米)。此胶合板为仅由薄板制成的胶合板,且每层厚度不超过 6 毫米,因此归入子目 4412.3,又因为巴栲红柳桉木属于第 44 章子目注释列名的热带木,所以归入 4412.3100。

(四)木地板的归类

天然木地板(又称实木地板,其侧面带有槽和榫)归入品目4409,碎料板制木地板归入品目4410,纤维板制木地板归入品目4411,胶合板制木地板归入品目4412,已拼装的拼花木地板归入品目4418,以品目4410—4412为原料生产的制成品归入品目4418。

例如,柚木实木地板,规格为910毫米×122毫米×18毫米,应归入4409.2910。

(五)木制品的归类

大部分木制品归入品目4414—4421。其中,品目4421为其他木制品,但不是所有未列名的木制品都归入此品目,必须是其他品目未列名及第44章章注未排除的。

例如,木制的衣箱应归入品目4202;木制的家具应归入第94章;木制衣架应归入4421.1000,但若是落地式木制衣架,因具有家具的特征,故应归入品目9403。

(六)编结产品的归类

编结产品一般归入第46章,但归入第46章的编结产品所用材料的范围具有一定的限制,即只适用于第46章章注一所列的"编结材料"。同时应注意,只有截面尺寸大于1毫米的塑料单丝及表观宽度大于5毫米的塑料扁条的编结制品才归入第46章;截面尺寸不超过1毫米的塑料单丝及表观宽度不超过5毫米的塑料扁条的编结制品,要按纺织品归入第54章。

十、第十类:木浆及其他纤维状纤维素浆,回收(废碎)纸或纸板,纸、纸板及其制品

(一)商品范围

本类共3章(第47章~第49章),按照加工程度排列章次,先是造纸原料纸浆,然后是纸,最后是印刷品。其商品范围大致可分为以下三大类。

(1)植物纤维纸浆(第47章):共7个品目,商品范围包括木浆及其他纤维状纤维素浆,纸及纸板的废碎品。

(2)纸及其制品(第48章):共23个品目,按照加工程度由浅至深的顺序列目。

(3)印刷品(第49章):共11个品目,商品范围包括书籍、报纸、印刷图画及其他印刷品,手稿、打字稿及设计图纸。第49章包括绝大多数以所印花纹图案、文字或图画为其基本特征或用途的货品。

(二)纸张的归类

(1)第 48 章品目根据纸的的加工程度来排列,结构规律如表 7-6 所列。

表 7-6   加工程度对纸张归类的影响

加工程度	归类方法
未涂布的机器或手工纸	归入品目 4801—4805
经进一步加工但未涂布的纸	归入品目 4806—4808
经涂布的纸	归入品目 4809—4811
特定用途的纸及其制品	归入品目 4812—4823

例如,目前应用较广的复印纸属于未涂布的印刷及类似用途的纸,归入品目 4802,印刷精美广告及书籍封面的铜版纸属于涂布高岭土(无机物)的纸,归入品目 4810。

(2)对品目 4801—4805 的纸张的加工不能超出第 48 章章注三规定的加工方法:可以经过研光、高度研光、釉光或类似处理、仿水印、表面施胶等加工,纸、纸板、纤维素絮纸及纤维素纤维网纸可用各种方法本体着色或染成斑纹。

例如,经研光处理的书写纸,A4 规格(21 厘米×29.7 厘米),80 克/平方米,化学木浆制,归入 4802.5600。

解释:根据第 48 章章注三得知,研光处理不属于特殊加工,仍应归入品目 4802。

(3)对属于品目 4801 和品目 4803—4809 列名的品种,还要判断其规格尺寸是否符合第 48 章章注八的条件。一般情况下,品目 4801 和品目 4803—4809 仅适用于大规格尺寸的纸,即成条或成卷时宽度要大于 36 厘米;成矩形(包括正方形)时一边要超过 36 厘米,另一边要超过 15 厘米(以未折叠计)。对于品目 4801 和品目 4803—4809 所列名的小规格尺寸的纸(即不符合第 48 章章注八规定的尺寸要求),一般归入 4816—4823 的相关品目。

例如,①成卷的新闻纸(宽 40 厘米,重量为 60 克/平方米),应归入 4801.0000。

②成卷的卫生纸(零售用,宽 40 厘米),应归入 4803.0000。

③成卷的卫生纸(零售用,宽 12 厘米),应归入 4818.1000。

④盒装面巾纸(250 张/盒,规格为 19 厘米×20 厘米),应归入 4818.2000。

(4)在确定部分子目时,有些还要考虑所含木浆的种类。木浆分为机械浆、化学浆、化学—机械浆三种。

例如,经研光处理的书写纸(45 厘米×30 厘米,80 克/平方米,机械浆制),应归入 4802.6990。

解释:根据第 48 章章注三得知,研光处理不属于特殊加工,仍应归入品目 4802;再根据加工方法(机械浆制),归入最后一个一级子目,然后确定二级子目,根据规格归入 4802.6990。

(三)涂布纸的归类

涂布纸是指在纸的单面或双面加以涂布,以使纸面产生特殊的光泽或使其符合特定需要。若涂的是高岭土或其他无机物质归入品目 4810,如铜版纸、玻璃卡纸;若涂的是塑料、沥青、焦油、蜡或其他物质,则归入品目 4811,如涂塑相纸、绝缘纸、热敏纸。

(四)壁纸的归类

只有成卷状且宽度为 45~160 厘米的壁纸才归入品目 4814。若不符合这些条件,即使用作壁纸也不能归入品目 4814。若既可铺地又可作壁纸用,则按铺地制品归入品目 4823。

(五)已印刷的壁纸及标签的归类

品目 4814 的壁纸及品目 4821 的纸或纸板制各种标签,即使已经印制仍归入第 48 章,而不归入第 49 章。

(六)报纸、杂志的归类

一般的报纸、杂志归入品目 4902。但是,第 49 章章注三规定,用纸以外的材料装订成册的报纸、杂志,以及一期以上装订在同一封面里的成套报纸、杂志,应归入品目 4901,不论是否有广告材料。

例如,装订成册的《半月谈》杂志全年合订本应归入 4910.9000。

(七)邮票的归类

我国发行未使用的新邮票按印刷品归入品目 4907;我国发行已使用的旧邮票按收藏品归入品目 9704;外国发行但我国不承认其面值的邮票,不论是否已使用均按收藏品归入品目 9704。印有邮票的纸品(4907)要与信封(4817)、印有图画的明信片(4909)区分开。

十一、第十一类:纺织原料及纺织制品

(一)商品范围

本类包括各种纺织原料、半成品、制成品,共 14 章,又可以分为两个部分。

第一部分：第 50 章～第 55 章，按纤维类别划分，每章内又按纺织品的加工程度由浅到深排列，基本按"纺织纤维—纱线—机织物"的顺序列目。第一部分不包括制成品，如服装。

纤维可分为天然纤维和化学纤维两种，化学纤维又可分为合成纤维和人造纤维两种，如图 7-7 所示。

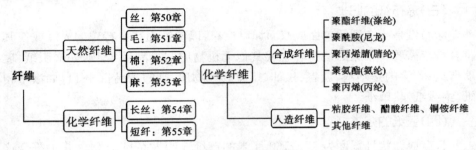

图 7-7　纤维的分类

第二部分：第 56 章～第 63 章，包括以特殊方式或工艺制成的或有特殊用途的半成品及制成品，并且除品目 5809 和 5902 外，品目所列产品一般不区分纺织原料的性质。

第 56 章：絮胎、毡呢及无纺织物，特种纱线，绳索及其制品。

第 57 章：地毯及纺织材料铺地用品。

第 58 章：特种机织物，刺绣品等。

第 59 章：浸渍、涂层、包覆或层压的纺织物、工业用纺织制品。

第 60 章：针织物及钩编织物。

第 61 章：针织或钩编服装。

第 62 章：非针织或非钩编服装。

第 63 章：其他纺织制品。

(二)归类要点

把第十一类分为 4 种商品，归类时先要判断商品属于哪一类。

(1)纺织纤维(纺织品的原料，如毛、丝、棉、麻)。

(2)纱线(用纺织纤维制成的线)。

(3)织物(属于半成品)。

(4)服装(属于制成品)。

(三)混纺材料的归类

对于单一纤维，归类的时候直接根据纤维原料归入本类第一部分的相应章节即可。当纺织纤维进行混纺后,按下面的方法归类。

(1)首先确定所在章。将属于同一章的不同纺织原料的重量合并后与其他章做比较,再归入重量较大的那一章,如果重量相等则从后归类。同时考虑到纺织纤维的特性,第54章和第55章同属化学纤维,因此将这两章与其他章比较时,这两章纺织材料的重量应合并计算。

(2)其次确定品目,与确定章的方法一样,将属于同一品目的不同纺织原料的重量合并后与其他品目做比较,归入重量较大的那个品目,如果重量相等则从后归类。

例如,①按重量计含65%棉、35%聚酯短纤的平纹机织物,重80克/平方米,漂白,归入5210.2100。

解释:由于棉的含量超过聚酯短纤(化学纤维短纤)的含量,因此归入第52章;然后根据棉的含量(65%,在85%以下)、每平方米克重(80克,不超过200克)及主要与化学纤维混纺的条件,归入品目5210;最后按漂白、平纹机织物,归入5210.2100。

②由35%亚麻、25%黄麻和40%棉加工而成的纺织材料,归入5301.2900。

解释:由于亚麻和黄麻都归入第53章,因此合并计算。亚麻35%、黄麻25%,合计为60%,比棉的含量高,因此归入第53章。而亚麻的重量大于黄麻的重量,因此按亚麻进行归类,归入5301.2900。

(四)纱线的归类

1. 纱线的细度

纱线细度在HS中一般用"特克斯"表示。"特克斯"是指1 000米长的纱线、长丝等在公定回潮率下的重量(克),属于定长制。如1 000米长的纱线重8克(在公定回潮率下),则该纱线的细度为8特克斯(或80分特)。

表示细度的另一个计量指标是"公支"。"公支"是指1克重的纱线的长度(米),属于定重制。如1克重的纱线长14米,则该纱线的细度为14公支。

2. 纱线的捻向、捻度

捻向即加捻的方向,分为顺时针捻(又称"S"捻)和逆时针捻(又称"Z"捻)。捻度是指每米长纱线加捻的转数。

3. 纱线的归类方法

在对纱线进行归类时,先要确定其是特种纱线还是普通纱线,如果是普通纱线,再按纱线原料的性质在相应章(第50章～第55章)中寻找合适的品目,具体分布如图 7-8 所示。

特种纱线,如马毛粗松螺旋花线和含金属纱线均作为一种单一的纺织材料计算,其重量应为它们在纱线中的合计重量。

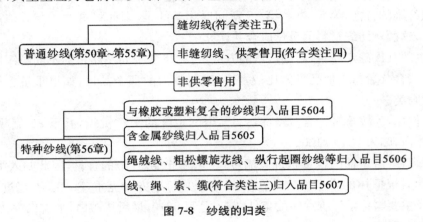

图 7-8　纱线的归类

例如,①涤纶弹力丝(非供零售用、非缝纫线),归入 5402.3310。

解释:先判断此商品是一种普通纱线,且涤纶属于合成纤维中的聚酯纤维,弹力丝一般由长丝加工而成,因此应归入 5402.3310。

②用尼龙—6.6 长丝浸渍橡胶制得的高强力纱线,属于特种纱线,归入 5604.9000。

③粘胶纤维短纤制成的多股纱线,12 000 分特,由于细度已经超过 10 000 分特,因此按特种纱线归类,归入 5607.9090。

此外,注意截面尺寸超过 1 毫米的化纤单丝,表观宽度超过 5 毫米的化纤扁条,应作为塑料归入第 39 章。

例如,聚酯薄膜扁条(表观宽度为 8 毫米)应归入 3920.6900。

(五)织物的归类

与纱线的归类相似,先要确定织物属于针织物还是机织物,见图 7-9。

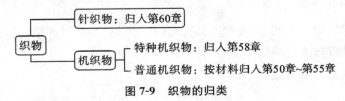

图 7-9　织物的归类

例如,①全棉染色的灯芯绒(已割绒)机织物,450克/平方米,归入5801.2200。

解释:此商品属于起绒织物,按特种机织物归类,归入5801.2200。

②由黄色的人造棉线与漂白的棉线织成的平纹机织物,300克/平方米,天然棉线和人造棉线含量各为50%,归入5516.4300。

解释:人造棉线不是天然纤维,属于化学纤维中的人造纤维短纤。天然棉线与人造棉线含量相等,因此根据从后归类原则,按人造纤维机织物来归类,归入第55章。另外,由于是由漂白与着色的纱线织成的机织物,符合类注中的子目注释一(七)的规定,因此归入5516.4300。

(六)纺织制成品的归类

符合下列条件之一的,应作为本类所称"制成的"纺织品归类。

(1)裁剪成除正方形或长方形以外的其他形状的。

(2)呈制成状态,无须缝纫或其他进一步加工(或仅需剪断分隔连线)即可使用的,如某些抹布、毛巾、台布、披巾、毯子。

(3)已缝边或辊边,或者在任一边带有结制的流苏,但不包括为防止剪边脱纱而锁边或用其他简单方法处理的织物。

(4)裁剪成一定尺寸并经抽纱加工的。

(5)缝合、胶合或用其他方法拼合而成的(将两段或两段以上同样料子的织物首尾连接而成的匹头,以及由两层或两层以上的织物,不论中间有无胎料,层叠而成的匹头除外)。

(6)针织或钩编成一定形状,不论报验时是单件还是以若干件相连成幅的。

例如,仅从大块布料裁剪下来的长方形(包括正方形)物品,如果未经加工和不带剪断分隔连线形成的流苏,不应视为"制成的"纺织品;纺织材料的服装式样则可视为"制成的"纺织品。

(七)服装及衣着附件的归类

服装及衣着附件一般可采用以下方法归类。

(1)按织法判断应归入第61章还是第62章:针织服装归入第61章(品目6212的商品除外),非针织服装归入第62章。

(2)判断是否是婴儿服装及衣着附件,如果是婴儿服装或衣着附件,应优先归入品目6111(针织)或6209(非针织)。

(3)判断是否是特殊材料(特殊材料是指品目5602、5603、5903、5906、5907的织物)制成的服装。如果是用品目5903、5906、5907的材料制成的针织服装,优先归入品目 6113(针织);如果是用品目 5602、5603、5903、5906、5907 的材料制成的非针织服装,优先归入品目 6210。

(4)根据性别(男、女)、服装款式(大衣、西服、衬衣、内衣等)、纤维的种类归入相应的编码。编排规律:由外而内,先男后女。

如果是套装(如西服套装、便服套装、滑雪套装),必须符合相应章注的规定才能作为套装一并归类,否则必须分开归类。例如,"西服套装"是指面料用完全相同的织物制成的两件套或三件套的成套服装,西服套装各件的面料质地、颜色及构成必须完全相同,其款式、尺寸大小也须相互般配。

此外,品目 6109 中的 T 恤衫一般以较薄的面料制成,无领、无扣、领口无门襟且下摆不能收紧,我们通常所穿的带领 T 恤衫应作为针织衬衫归类。

例如,①针织束腰胸衣,材质按重量计,棉占 90%,莱卡(氨纶)占 10%,归入 6212.3090。

解释:品目 6212 的商品不管是针织还是非针织,均归入 6212。

②女式雨衣,由涤纶机织物表面(单面)涂布高分子树脂的面料(涂层可明显看出)制成,归入 6210.3000。

解释:雨衣是用机织物制成的,因此归入第 62 章。雨衣所用的织物是由高分子树脂(即塑料)经过涂布制成的,属于特殊材料制造,因此归入 6210.3000。

③染色平纹机织物制女衬衫(布料按重量计含亚麻 50%、涤纶短纤 50%),归入 6206.4000。

解释:机织的服装归入第 62 章。此商品不是婴儿服装,也不是用特殊材料制成的服装,根据性别、服装款式归品目 6206。原材料中的亚麻跟涤纶短纤的含量一样,要从后归类,归入 6206.4000。

(八)婴儿服装及衣着附件的归类

"婴儿服装及衣着附件"是指用于身高不超过 86 厘米婴儿的服装,也包括婴儿尿布。

(1)针织或钩编的归类。既可归入品目 6111,也可归入第 61 章其他品目的物品,应归入品目 6111。

例如:婴儿穿着的针织袜子,应归入品目 6111。

(2)非针织或非钩编的归类。既可归入品目 6209,也可归入第 62 章其他品目的物品,应归入品目 6209。

十二、第十二类：鞋、帽、伞、杖、鞭及其零件，已加工的羽毛及其制品，人造花，人发制品

(一)商品范围

本类共4章(第64章～第67章)。前3章按用途开列标题，因此本类的多数商品是按用途列名的，它们几乎都排除于所用材料的类、章。

例如，皮鞋、皮帽不应归入第42章，而应归入本类。

(二)鞋靴及其零件的归类

(1)鞋靴一般按其外底和鞋面的材料归入不同的品目。当鞋面和鞋底由不同材料构成时，鞋面的材料应以占表面面积最大的那种材料为准，鞋底的材料应以与地面接触最广的那种材料为准。

例如，尺寸为26码的旅游鞋，鞋面由皮革和帆布构成且皮革的表面积大于帆布的表面积，鞋底材料为橡胶。由于鞋底为橡胶，鞋面主要为皮革材料，因此该旅游鞋应归入6403.9900。

(2)不符合第64章子目注释条件的鞋，不能按"运动鞋靴"归类。

例如，我国习惯所称的某些运动鞋，其不符合第64章子目注释规定的条件，因此不能按"运动鞋靴"归类。

(3)某些鞋靴不能误归入第64章。

例如，装有冰刀或轮子的滑冰鞋应按运动用鞋归入第95章，明显已穿过的旧鞋应归入品目6309，石棉制的鞋应归入品目6812。

(4)鞋靴的零件不包括第64章章注二所列的货品。

例如，鞋带、鞋钉等不能按鞋靴的零件归类，一般按材料属性归类。

(三)帽的归类

一般的帽类归入第65章，但下列帽类除外：旧的帽类归入品目6309，石棉制的帽类归入品目6812，玩偶用帽及其他玩具用帽或狂欢节用帽归入第95章。

十三、第十三类：石料、石膏、水泥、石棉、云母及类似材料的制品，陶瓷制品，玻璃及其制品

(一)商品范围

本类共3章(第68章～第70章)。第68章的商品大都是第25章的商品经进一步加工所得，第69章主要包括成型后经过烧制的陶瓷制品，第70章主要包括各种玻璃制品。

(二)第 68 章产品的归类

第 68 章共 15 个品目,主要包括石料、石膏、水泥、石棉、云母及类似材料的制品,基本上是按照加工程度由浅至深的顺序排列品目的。在第 68 章中,注意 6812.9100 是用石棉制成的服装、衣着附件、帽类及鞋靴。

(三)第 69 章产品(陶瓷制品)的归类

有些陶瓷制品已在第 69 章章注二中被排除了,不归入本章,如陶瓷制的电器用绝缘子归入品目 8546。但也有一些陶瓷制品,即使具有第十六类机器或零件的特征,仍应归入本章,如陶瓷泵、陶瓷水龙头等。

对属于耐火材料的陶瓷制品,既可归入 6901—6903 中的某个品目,又可归入 6904—6914 中的某个品目的,应优先归入品目 6901—6903。

(四)第 70 章产品(玻璃及其制品)的归类

第 70 章既包括玻璃的半制成品(玻璃板、玻璃片、玻璃球等),也包括玻璃制成品。某些玻璃制品虽具专有用途,仍归入本章。

例如,钟表玻璃归入品目 7015,而不按钟表零件归入第 91 章;玩偶的玻璃假眼归入品目 7018,而不按玩具零件归入第 95 章。

只有玻璃纤维和未经光学加工的光学元件才归入品目 7019 和 7014,光导纤维、经光学加工的光学元件应归入品目 9001,不归入本章;只有不带外壳的保温瓶胆才归入品目 7020,带外壳的保温瓶应归入品目 9617,不归入本章。

十四、第十四类:天然或养殖珍珠、宝石或半宝石、贵金属、包贵金属及其制品,仿首饰,硬币

本类只有 1 章,即第 71 章。

(一)贵金属的归类

本类所称贵金属,包括银、金及铂。其中,"铂"指铂族元素,包括铂、铱、锇、钯、铑及钌(这 6 种贵金属在归类的时候合并起来作为铂的含量)。

例如,品目 7110 条文中的"铂"及子目 7112.92 条文中的"铂"均指铂族元素。但是,子目 7110.1 所指的"铂"只包括铂本身,不包括铂族元素的其他元素。7110.1910 的"板、片"指只包括铂本身这一种元素的板、片。

(二)贵金属合金的归类

只要其中一种贵金属含量达到合金重量的 2%,便视为贵金属合金,这不同于第十五类贱金属合金的归类原则(按含量较高的金属归类)。

贵金属合金归类的先后顺序为：铂合金优先，其次是金合金，最后是银合金。

例如，①按重量计含铁80％、铜15％、银3％、金2％的金属合金（未经锻造，非货币用），应按金合金归类，所以应归入7108.1200。

②按重量计含铜80％、银10％、金7％、钯1.5％、铑1.5％的合金粉末，应归入7110.3100。

(三)包贵金属和镀贵金属的归类

包贵金属是指以贱金属作为底料，在其一面或多面用焊接、熔接、热轧或类似机械方法覆盖一层贵金属材料。包贵金属和镀贵金属的区别与归类情况如表7-7所列。

表 7-7　包贵金属和镀贵金属的区别与归类

名称	相同点	加工方式	归类
包贵金属	表面均为贵金属	通过焊接、熔接、热轧等机械方法制得	按所包的贵金属（外层材料）归类
镀贵金属		通过电镀等化学方法制得	按被镀的材料（内层材料）归类

(四)首饰、金银器具的归类

1. 首饰的归类

完全由贵金属或包贵金属制的首饰归入品目7113，完全由珍珠、宝石制的首饰归入品目7116，镶嵌珍珠、宝石的贵金属或包贵金属制的首饰归入品目7113。

例如，金制的手镯归入品目7113，玛瑙制的手镯归入品目7116。

2. 金银器具的归类

金银器具包括装饰品、餐具、梳妆用具、吸烟用具及类似的家庭、办公室或宗教用的其他物品，归入品目7114。

(五)仿首饰的归类

仿首饰是用珠宝、贵金属或包贵金属以外的物品制成的，其范围为个人用小饰物（如戒指、手镯、项链、饰针、耳环、表链、表链饰物、垂饰、领带别针、袖扣、饰扣、宗教性或其他勋章及徽章），应归入品目7117。

例如，①一种戴在手腕处的装饰品，用樟木制成圆珠状，再用线串成，属于仿首饰，归入7117.9000。

②镀金铜戒指。表面镀贵金属的贱金属应该按内层材料来归类,属于贱金属制成品,属于仿首饰,归入 7117.1900。

十五、第十五类:贱金属及其制品

(一)商品范围

本类共 12 章(第 72 章~第 83 章),可以分为三组。

第一组:钢铁及其制品(第 72 章、第 73 章)。

第二组:有色贱金属、金属陶瓷及其制品(第 74 章~第 81 章),同一章内一般按加工程度由浅到深的顺序排列。

第三组:结构较为简单的贱金属制品(第 82 章、第 83 章)按商品的功能及用途排列。

(二)归类要点

1. 通用零件的归类

第十五类类注二对"通用零件"的范围做了明确的规定。需要指出的是,"通用零件"的范围适用于整个《协调制度》商品目录。单独进出口的"通用零件",即便其本身用途、尺寸有专用性,仍不能作为制品的零件归类,应归入"通用零件"的相应品目。

例如,①钢铁制的摩托车用的滚子链,根据第十五类类注二,归入 7315.1120,不按摩托车零件归入品目 8714。

②汽车专用的簧片,由于通用零件包含簧片,因此汽车专用的簧片应归入 7320.1020。

2. 合金及复合材料制品的归类

合金及复合材料制品的归类,应按下列规则进行。

(1)贱金属与贱金属的合金,按所含重量最大的那种金属归类;本类贱金属与非本类元素(贵金属除外)构成的合金,只有本类贱金属的总重量等于或超过其他类元素的总重量时才归入本类,但有两种特例:品目 7202 的铁合金及品目 7405 的铜母合金,它们不按含量最大的金属归类。

例如,由 65% 的铜和 35% 的锌构成的铜锌合金管材,该管材铜的含量高于锌的含量,故按铜合金归入品目 7411。

(2)含有两种或两种以上贱金属的制品,应按其所含重量最大的那种贱金属的制品归类。

例如:多种材料制成的烟灰缸,包括一个铁制底座(占总重量的30%),一个铝制托盘(占总重量的30%)、一个钢制托盘板(占总重量的30%)、一个铜制按钮(占总重量的10%)。该商品是由多种贱金属组成的制品,应把铁和钢的部分相加(30%+30%=60%),其总重量超过铝的总重量和铜的总重量,故按钢铁制品归入品目7323。

3.钢及钢材的分类

按所含元素不同,钢可分为非合金钢和合金钢。钢的详细分类如表7-8所列。

表7-8　钢的详细分类

名称		特点
非合金钢		在冶金行业又称碳钢
合金钢	不锈钢	按重量计含碳量在1.2%以下,含铬量在10.5%及以上
	硅电钢	按重量计含硅量至少为0.6%但不超过6%,含碳量不超过0.08%
	高速钢	按重量计合计含7%及以上的钨、钒、钼中的两种元素,含碳量至少在0.6%及以上,含铬量在3%～6%
	硅锰钢	按重量计含硅量至少为0.6%但不超过2.3%,含锰量至少为0.5%但不超过1.9%,含碳量不超过0.7%
	其他合金钢	加入不同元素,呈现不同性质,用于不同场合

合金钢中最常见的为不锈钢。钢材在HS中一般分为平板轧材、条杆、丝和各种型材、异型材等。

(三)非合金钢平板轧材的归类

截面为矩形(正方形除外),并且不符合第72章章注一(九)所述的下列形状实心轧制产品才能作为平板轧材归类。

(1)层叠的卷材。

(2)平直形状,其厚度如果在4.75毫米以下,则宽度至少是厚度的10倍;其厚度如果在4.75毫米及以上,其宽度应超过150毫米,并且至少应为厚度的2倍。

平板轧材包括直接轧制而成并有凸起式样(如凹槽、肋条形、格槽、珠粒、菱形)的产品以及穿孔、抛光或制成瓦楞形的产品,但不具有其他品目所列制品或产品的特征。

非合金钢平板轧材归类时还要考虑其他因素,如规格(宽度,厚度)、轧制方式(热轧还是冷轧)、有无镀涂层和包覆层、报验状态(卷状、非卷状)等,其归类流程如图 7-10 所示。

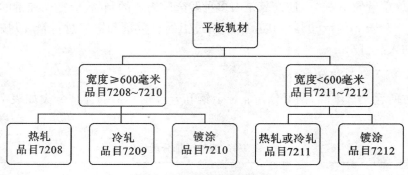

图 7-10   平板轧材的归类

例如,非合金钢镀锌(热浸镀)平板轧材,长度为 2 400 毫米,宽度为 1 200 毫米,厚度为 1.2 毫米。该钢材符合平板轧材的条件,且宽度大于 600 毫米,因此应归入 7210.4900。

(四)非合金钢条杆、型材、丝及空心材的归类

对这些钢材进行归类时,必须符合第 72 章章注一(十一)至章注一(十四)的条件,其基本归类方法如表 7-9 所列。

表 7-9   非合金钢条杆、型材、丝及空心材的归类

名称		特点	归类
条杆类	盘条	热轧不规则盘卷状	品目 7213
	热轧条杆	热轧直条状	品目 7214
	冷轧条杆	冷轧直条状	品目 7215
角材、型材、异型材		符合第 72 章章注一(十三)的要求	品目 7216
丝		冷加工规则盘卷状	品目 7217
空心材	空心钻钢	用于钻探且外形尺寸为 15～52 毫米,最大内孔小于最大外形的 1/2	品目 7228
	管	全长、截面相同并且只有一个闭合空间的同心中空产品	品目 7304—7306
	空心异型材	不符合"管"的定义,且主要内外截面形状不同的空心产品	品目 7306

归类时,按以下步骤进行:

(1)弄清楚所给钢材的材料性质,判断该钢材应归入第72章的哪个品目。

(2)根据所给钢材的外形尺寸、报验状况,依据第72章章注一(十)判断是否属于平板轧材;若不属于平板轧材,再依据章注一(十一)、章注一(十二)、章注一(十四)判断是不规则盘绕的热轧条杆,还是钢丝,或者是其他条杆。

(3)根据以上方法判断并确定该钢材所归入的品目,再根据所给出的其他条件归入相应的子目。

例如,截面为矩形的非合金钢钢材,除冷轧外未经进一步加工,钢材宽度为80毫米,厚度为5毫米,盘卷状报验,归入7217.1000。

解释:如果要按平板轧材归类,应符合厚度在4.75毫米以上、宽度达到150毫米的条杆。此产品宽度为80毫米,因此不属于平板轧材。此产品也不属于章注一(十一)所述的情形,因为章注一(十一)所述的不规则盘绕的热轧条杆加工方式是热轧。此产品截面形状相同,加工方式是冷轧,而且是盘卷状,因此属于章注一(十四)所述的"丝"的情形,归入7217.1000。

(五)铁合金的归类

铁合金中铁含量在4%及以上,且含其他元素。归类时,按"元"归类。铁元素本身算一元,铬超过10%算一元,锰超过30%算一元,磷超过3%算一元,硅超过8%算一元,除碳以外的其他元素单项含量超过10%(含铜量不超过10%)算一元。

例如,①硅铁合金(硅含量占80%,铁含量占20%),归入7202.2100。

解释:由于硅铁合金中硅含量占80%,超过8%算一元,因此此产品属于硅铁二元铁合金,归入7202.2100。

②按重量计含硅50%、铁10%、锰40%的铁合金,归入7202.3000。

解释:该产品不按含量高的硅归类,产品含有的硅、锰都已经超出第72章章注一(三)所述元素的比重,根据子目注释二,此产品属于硅锰铁三元铁合金,归入7202.3000。

(六)钢铁容器的归类

盛装物料用的钢铁囤、柜、罐、桶、盒及类似容器一般按其容积的不同归入品目7309、7310,但这两个品目并不包括所有的钢铁容器,一般只包括非家用的;若是家庭或厨房用的钢铁容器,如粗腰饼干桶、茶叶罐、糖听及类似容器应归入品目7323,这些容器不能误按容积小于300升的容器归入品目7310。

(七)各种钢铁钉的归类

在 HS 中有各种钢铁钉,如果类型、用途不同,它们的归类也不同,如表 7-10 所列。

表 7-10   钢铁钉的归类

序号	商品描述	归类
1	普通钢铁钉、平头钉、图钉	品目 7317
2	钢铁制螺钉、普通铆钉(实心的)	品目 7318
3	带有铜或铜合金钉头的钢铁钉、平头钉	品目 7415
4	订书机用的钉书钉	品目 8305
5	管形铆钉/开口铆钉(主要用于衣着、鞋帽、帐篷、皮革制品和工业技术)	品目 8308

(八)成套工具及餐具的归类

(1)由品目 8205 中不同种类的商品构成的成套工具仍归入该品目。

(2)由品目 8202—8205 中两个或多个品目所列工具组成的零售包装成套工具归入品目 8206。

(3)由品目 8211 中不同种类的刀构成的成套刀具仍归入该品目。

(4)由品目 8211 中的一把或多把刀具与品目 8215 中至少数量相同的物品构成的成套餐具,以及由品目 8215 中不同种类的贱金属货品构成的成套餐具,应归入品目 8215。

例如,由 10 把属于品目 8211 的西餐用刀具和 10 把属于品目 8215 的西餐用餐叉(均为不锈钢制)组成成套餐具后,一并归入 8215.2000。

十六、第十六类:机器、机械器具、电气设备及其零件,录音机及放声机、电视图像、声音的录制和重放设备及其零件、附件

(一)商品范围

本类只包括 2 章,但每一章品目众多,其中,第 84 章主要包括非电气的机器、机械器具及其零件;第 85 章主要包括电气电子产品及其零件。

1. 第 84 章的结构及商品范围

第 84 章的商品,品目共有 87 个,分布如下。

(1)品目 8401—8424:主要是按商品所具有的功能排列。

(2)品目 8425—8478：主要是按商品所应用的产业部门（用途）排列。

(3)品目 8479—8487：主要是一些热加工用的模具和通用的机械零部件。

当出现既可按功能归入品目 8401—8424 或 8486，又可按用途归入品目 8425—8480 的情况时，根据第 84 章章注二优先按功能列名归入品目 8401—8424 或 8486。

例如，用于纺织工业的整理轧布机（滚压机），从功能上看是一种滚压机器，可归入品目 8420，从用途上看是一种纺织机器，可归入品目 8451。按章注二应按功能归类，归入 8420.1000。

若机床既符合品目 8456 的规定，又符合品目 8457—8465 的规定，则应归入品目 8456。

例如，利用激光在各种材料上打孔的机床，既可按加工方式（激光加工）将该机床归入品目 8456，又可按功能（钻孔）将其归入品目 8459，此时应将该机床归入 8456.1000。

2. 第 85 章的结构及商品范围

第 85 章共有 48 个品目，主要包括以下几类。

(1)品目 8501—8531：电气电子设备。

(2)品目 8532—8548：各种电子元器件及电气零件。

对于集成电路、晶体管等，既可按功能归品目 8541 或 8542，又可按所用机器设备的零件归入相关品目，此时应优先归入品目 8541 或 8542。

(二)组合机器、多功能机器的归类

组合机器是指由两部及两部以上机器装配在一起形成的机器。一般是一台机器装在另一台机器的内部或上面，或者二者装在同一底座、支架上或同一个机壳内，且这组机器必须是永久性地连在一起。

多功能机器是指具有两种及两种以上互补或交替功能的机器。

组合机器与多功能机器的归类原则：按机器的主要功能归类，当不能确定其主要功能时，按从后归类原则归类。

例如，具有提供热、冷水功能的饮水机。该设备具有加热和制冷两种功能，其用途为提供饮用水，属于多功能机器，比较两种功能，很难确定哪一种为主要功能，故按从后归类原则将其归入品目 8516。

(三)功能机组的归类

功能机组是由几台具有不同功能的机器（包括机组部件）结合在一起而构成的。这些机器通常由管道、传动装置，电缆或其他装置连接起来。

功能机组的归类原则：组合后的功能明显符合第 84 章或第 85 章某个品目所列功能时，全部机器或部件均归入该品目，而不再分别归类。

例如，番茄酱的成套加工设备，由番茄破碎设备、番茄汁浓缩设备、杀菌设备、电气控制柜等组成，这套设备的主要功能是食品加工，符合功能机组的条件，应将成套设备一并归入 8438.6000。

(四)机器零件的归类

本类机器零件归类依次按下列步骤考虑。

(1)考虑是否为本类类注一、第 84 章章注一和第 85 章章注一排他条款中的商品，若已排除，则不能归入本类。

(2)考虑是否为第 84 章、第 85 章列名的商品，若已列名，则按列名归类。

(3)考虑是否为专用零件，若符合条件则与机器一并归类，或归入指定的专用零件品目。

(4)考虑是否可归入品目 8487 或 8548。

例如，①电冰箱用压缩机，作为电冰箱的一个部件，在品目 8414 内有列名，故应归入 8414.30 项下的相关子目。

②电冰箱用壳体，作为冰箱的专用零件，应归入 8418.99 项下的相关子目。

(五)各种加工机床及零件的归类

机床的一般归类方法有以下几种。

(1)判断其是否符合第 84 章章注九有关品目 8486 的设备和装置的规定，若符合则优先归入品目 8486。

(2)判断其是否是用激光、光子束、超声波等加工各种材料的特种加工机床，若是，则优先归入品目 8456；若不是，则根据加工对象的不同归类，加工金属的机床归入品目 8457—8463，加工其他材料的机床归入品目 8464、8465。而加工金属的机床，还要区分是金属切削机床(即加工过程中有切屑产生)还是压力加工机床或其他非切削加工机床，前者按加工方式归入品目 8457—8461，后者按压力加工机床或其他非切削加工机床归入品目 8462、8463。品目 8457 的加工中心不包括车削中心，因为车削中心以车削为主要加工方式，因此仍按车床归入品目 8458。

(3)确定某些子目时还要考虑是立式机床还是卧式机床。立式是指机床的回转主轴为垂直方向，卧式是指机床的回转主轴为水平方向。

(4)品目 8464 的机床加工对象包括石料、陶瓷、混凝土、石棉水泥、玻璃等，品目 8465 的加工对象包括木材、软木、骨、硬质橡胶、硬质塑料等。

例如,木工用刨床、钻床、铣床等应归入品目 8465。

(5)只有专用于上述机床的零件、附件才归入零件专用品目 8466,如工具夹具、工件夹具及分度头等;若是在其他品目列名的零件、附件,则归入其他相关品目,如机床上用的刀具(如车刀、铣刀、钻头等)归入品目 8207。

例如,①数控齿轮磨床。加工普通工件的一般磨床(如平面磨床、外圆磨床等)归入品目 8460,但在品目 8460 的条文中已明确品目 8461 的用于加工齿轮的磨床除外,应将此磨床归入品目 8461,然后按功能及数控条件归入8461.4011。

②非数控卷板机(用于将较厚的板材卷成圆筒状),此卷板机通过压力使板材弯曲,属于通过压力加工金属的设备,应归入品目 8462,然后按功能和非数控条件归入 8462.2990。

(六)通用机械零部件的归类

通用机械零部件归入品目 8480—8484 或 8487。

(1)模具(包括金属铸造、玻璃热加工、陶瓷、水泥制品、橡胶、塑料制品等用的模具)归入品目 8480。

(2)机器设备用的各种阀门及龙头归入品目 8481。

(3)机器设备用的传动装置(如传动轴、变速箱及单个齿轮、离合器及联轴器等)归入品目 8483。

(4)滚动轴承和滑动轴承都属于轴承,但前者归入品目 8481,后者归入品目 8483,安装这些轴承的轴承座归入品目 8483。

(5)只有用金属片与其他材料制成或者用双层或多层金属片制成的密封垫或类似接合衬垫才归入品目 8484,用单一材料制成的密封垫不归入品目 8484,应按所用材料归类;只有成套的各式密封垫(必须至少配有两个及两个以上且由不同材料制成)才归入品目 8484。

例如,点燃式内燃发动机用的气缸密封垫(由两层铜片中间夹一层纸板构成),是用金属片与其他材料制成的,符合品目 8484 条文的描述,所以归入8484.1000。

(6)第 84 章其他品目未列名的通用机器零件归入品目 8487,如不同行业的机器上可通用的手轮就归入品目 8487。

(七)音像设备及无线广播、电视接收设备的归类

音像设备主要包括声音的录制、播放设备、转化设备(话筒和喇叭)等,以及图像的录制、播放设备、摄像机等。音像设备及无线广播、电视接收设备的归类情况如表 7-11 所列。

表 7-11　音像设备及无线广播、电视接收设备的归类

信号种类	交换方式	归类
声音	话筒和喇叭（声音→电信号）	品目 8518
	放音（记录媒体→声音）	品目 8519
	录音（声音→记录媒体）	品目 8519
	收音（无线电广播信号→声音）	品目 8527
图像	录像（图像电信号→记录媒体）	品目 8521
	摄像（图像→记录媒体）	品目 8525
	电视（无线电电视信号→图像、声音）	品目 8528

十七、第十七类：车辆、航空器、船舶及有关运输设备

(一)商品范围

本类共 4 章，主要包括铁道车辆（第 86 章），其他陆上车辆（第 87 章），航空器及航天器（第 88 章），船舶、气垫船及浮动结构体（第 89 章）。另外，还包括与运输设备有关的具体列名的商品，如集装箱、降落伞等。

(二)第 86 章～第 88 章所成的"零件"或"附件"

(1)根据类注二，其他类已列名的零件、附件不归入本类。常见的有第 84 章、第 85 章列名的机电产品，第十五类的"通用零件"及塑料制的类似品。

例如，汽车发动机是汽车的零件，根据本类类注二(五)得知，发动机不归入第 87 章，而是归入第 84 章。

(2)只有专用于本类设备的零件、附件才与设备一并归类或归入零件专用的品目。同时符合这几章内两个或两个以上品目规定的零件、附件，应按其主要用途归入相应的品目。另外，注意第 89 章不包括零件、附件，即使能确定专用于或主要用于船舶也不能归入第 89 章，一般按主要用途归入前面各章。

例如，船舶用舵机作为船舶的一个部件，应归入 8479.8910。

(三)客车、货车的归类

(1)用于载人的机动车辆按座位数分为两种：10 座及以上的车辆和 10 座以下的车辆。

10 座及以上的车辆，主要按发动机类型（压燃式活塞内燃发动机、其他内燃发动机）和座位数等因素归入品目 8702 项下的相关子目，其中座位数包括驾驶

员座位和折叠椅座位数。

10 座以下的车辆,主要按用途、发动机类型(点燃式活塞内燃发动机、压燃式活塞内燃发动机)、气缸容量等因素归入品目 8703 项下的相关子目。点燃式活塞内燃发动机主要包括用火花塞点火的汽油发动机和沼气发动机,压燃式活塞内燃发动机主要是柴油发动机。气缸容量是指发动机运转时气缸所排出气体的体积。

汽油发动机为点燃式,柴油发动机为压燃式。

例如,①某家用轿车,排气量为 1.8 升。由于座位少于 10 座,根据座位先判断归入品目 8703,根据排气量 1.8 升归入 8703.2341。

②旅游观光电瓶车,16 座(包括驾驶员座位)。此车属 10 座以上载人的客运车辆,应归入品目 8702。

(2)用于载货的车辆按发动机类型(点燃式活塞内燃发动机、压燃式活塞内燃发动机)和车辆总重量归入品目 8704 项下的相关子目。

(四)特种车辆的归类

不以载人、载货为主要目的的特种车辆归入品目 8705,如消防车、起重车等。而有些特殊用途的车辆仍以载人、载货为主要目的,如囚车、警车、灵车、赛车等仍以载人为主要目的,归入品目 8702、8703,不按特种车辆归类;冷藏货车、液罐车、运钞车、自动装卸货车(装有绞车、提升机等装置,但主要用于运输)等仍以载货为主要目的,归入品目 8704,不按特种车辆归类。

用于展示、教学而无其他用途的未剖开或已剖开的模型车辆及真实车辆不归入第 87 章,而归入品目 9023。

例如,①装有高压水泵,并配有水炮、云梯等装置的消防车。消防车不是以载人、载货为主要目的,属于特种车辆,归入 8705.3010。

②车体由驾驶室和装存现钞的密闭箱体室两部分组成,并装有防护系统,车辆总重量为 4 吨的运钞车(柴油型),归入 8704.2100。

(五)机动车辆底盘的归类

常见的机动车辆底盘有 3 种类型,分别归类如下。

(1)只装有发动机的机动车辆底盘归入品目 8706。

(2)装有驾驶室和发动机的机动车辆底盘,按相应的整车归入 8702—8704。

(3)未装有驾驶室和发动机的机动车辆底盘,按机动车辆的零件归入品目 8708。

(六)汽车零件、附件的归类

通常所称的汽车零件、附件,一般是指品目 8701—8705 所列的机动车辆用的零件、附件。对这些零件、附件进行归类时,首先要判断是否为本类类注二已排除的(即在其他类已列名),只有确定在其他类未列名的情况下,才列入品目 8708;其次根据零件所在车辆的部位(缓冲器、车身、制动器、变速箱、驱动桥、车轮、悬挂系统等)确定第 5 位子目;最后确定第 6 位至第 8 位子目,由于我国所列的某些第 7 位,第 8 位子目是按前面整车类型所列,因此在确定这些子目前必须先确定整车的编码。

例如,①卡车用的变速箱(汽车总重量为 15 吨,柴油发动机)。首先确定为汽车零件,归入品目 8708;其次确定其一级子目为 8708.4(变速箱);最后根据汽车的类型确定其编码,车辆总重量为 15 吨,柴油发动机编码为 8704.2240,因此其变速箱应归入 8708.4050。

②带充气系统的安全气囊(小轿车用)。安全气囊属于轿车专用的零件,归入品目 8708,比较该品目下的一级子目,归入子目 8708.9,然后按列名归入 8708.9500。

十八、第十八类:光学、照相、电影、计量、检验、医疗或外科用仪器及设备、精密仪器及设备,钟表,乐器,上述物品的零件、附件

(一)商品范围

本类共 3 章(第 90 章~第 92 章)。第 90 章商品包括光学、照相、电影、计量、检验、医疗或外科用仪器及设备、精密仪器及设备以及上述物品的零件、附件;第 91 章商品包括钟表及其零件;第 92 章商品包括乐器及其零件。

(二)仪器装置的零件、附件的归类

(1)判断是否属于第 84 章、第 85 章、第 90 章、第 91 章列名的零件、附件,如果是,则归入相应的品目。

(2)如果不属于列名的零件、附件,判断是否为主要用于或专门用于第 90 章的零件、附件。如果是,则与仪器装置归入同一品目;如果不是,则归入品目 9033。

例如,医疗用 B 型超声波诊断仪归入 9018.1210,已制成特定形状的 B 型超声波诊断仪的外壳也归入 9018.1210。

(三)光学元件的归类

对于玻璃制的光学元件,只有经过光学加工的光学元件(未装配的)才归入

品目9001，未经光学加工的光学元件应按材料归入品目7014；其他材料（如有机玻璃）制的光学元件不论是否经过光学加工，一律归入品目9001。

已装配（即带有镜筒或框架）同时还要作为仪器装置的零件、配件的光学元件才归入品目9002。

例如，已装配的用于显微镜的物镜归入9002.1120；已装框的放大镜，因为其不作为仪器装置的零件、配件，所以应归入9013.8010。

(四)医疗器械及器具的归类

医疗器械及器具一般归入品目9018—9022。在确定品目时，一般要考虑其工作原理、特性及用途等因素。同样用于疾病诊断的医疗器械，因其工作原理不同而不归入不同的品目。

例如，B型超声波诊断仪、核磁共振成像仪和X射线断层检查仪（又称CT机）均是通过影像进行疾病诊断的仪器，但因其成像原理不同而归入不同的品目。B型超声波诊断仪、核磁共振成像仪归入品目9018；X射线断层检查仪利用X射线进行扫描成像，归入品目9022。

机械疗法、氧疗法、臭氧疗法、吸入疗法、人工呼吸及按摩等用的设备及装置归入品目9019。

矫形用具、人造假肢及骨折用具（包括兽用）、弥补人的身体缺陷的器具归入品目9021。

X射线或α射线、β射线、γ射线的应用设备不仅包括用于医疗上的，还包括用于其他行业（如工业）上的，归入品目9022。

例如，冶金工业中用于检查合金均匀性的X射线设备归入品目9022，但是用于探测X射线或α射线、β射线、γ射线的设备不归入本品目，而是归入品目9030。

其他用于医疗、外科、牙科或兽医的仪器或器具（未在其他品目列名）归入品目9018。例如，电子眼压记录仪属于医疗电子诊断设备，应归入品目9018。但也有部分医疗仪器已在其他品目列名，如测量体温的体温表归入品目9025，观察病理切片的生物显微镜归入品目9011或9012，分析、检验血液、组织液、尿液等的仪器设备和检镜切片机归入品目9027，眼底照相机归入品目9006。

十九、第十九类:武器、弹药及其零件、附件

(一)商品范围

本类仅1章（第93章），共有7个品目，主要包括供军队、警察或其他有组

织的机构(海关、边防等)在陆、海、空战斗中使用的各种武器,个人自卫、狩猎等用的武器等。

(二)归类要点

(1)在其他章已经有具体列名的武器及零件不应归入第 93 章,如第 87 章的坦克、装甲车等。另外,枪盒应归入品目 4202。

(2)望远镜瞄准具及其他光学装置,如果适合武器使用,并能安装在武器上或与有关武器一同报验的,应与武器一并归类;单独报验的此类光学装置应归入 90 章。

二十、第二十类:杂项制品

(一)商品范围

本类所包括的杂项制品是指前述各类、章、品目未包括的货品。本类共 3 章。

第 94 章:包括各种家具、寝具(如床垫、床褥等)、未列名的照明装置和活动房屋等。

第 95 章:包括各种娱乐用品(供承认或儿童娱乐用的各种玩具、运动或游戏用的设备等)。

第 96 章:杂项制品,包括雕刻或模塑材料及其制品、扫把、刷子、成套旅行用具、某些书写及办公用品、某些烟具、化妆品及其他章的品目没有列名的物品。

(二)家具的归类

具有实用价值的落地式的家具以及碗橱、书柜、架式家具及组合家具、坐具及床(不论是否为落地式)应归入第 94 章。

容易与本类混淆的品目有以下几种。

(1)非落地式物品,只适用于放置在其他家具或架子上,或悬挂在墙壁上的商品。例如,钉在墙壁上的衣帽架、挂匙板,就不能按家具归入第 94 章,而应按照它们的材料来归类。木制的衣帽架(非落地式)应归入 4421.1000,不锈钢的衣帽钩应归入 8302.5000。

(2)品目 9402 的医疗、外科、牙科和兽医用的家具不能带有医疗器械。

例如,带有牙科器械的牙科用椅不能归入品目 9402,而是按医疗器械归入品目 9018。

(3)飞机用坐具、机动车用坐具,不能按飞机或车辆的零件归类,而是归入品目 9401。

二十一、第二十一类:艺术品、收藏品及古物

(一)商品范围

本类只有 1 章,即第 97 章,一般归入本类的商品的最大特点是具有一定的收藏价值,主要包括艺术品和收藏品。

例如,完全手工绘制的油画、粉画、雕版画、印制画、石印画原本,雕塑品原件,邮票,动物、植物、矿物等的标本和超过 100 年的古物。

(二)归类要点

(1)百年古物(有收藏价值)的归类原则。对超过 100 年的属于品目 9701—9705 的物品,不应归入品目 9706,而仍归入原品目。品目 9706 仅适用于不能归入第 97 章其他各品目的物品。

例如,18 世纪造的钢琴应归入 9706.0000,而超过 100 年的油画原件应归入 9701.1019。

(2)品目 9704 只包括使用过的邮票或未使用过但必须是我国不承认其面值且在其他国家流通的邮票;对于我国发行流通的未使用过的邮票,则应归入品目 4907。

情境操作指导

一、确定商品的归类

(一)确定章

品名的关键词是"灌装机",属于"机器设备",因此应归入第十六类第 84 章。

除纸质编码工具书外,还可通过网络资源①查询(注意数据更新情况)来帮助完成商品归类工作。

例如:登录"归类通"网站(http://hs.e-to-china.com.cn),打开网站首页后,在输入框内输入商品名称"塑杯酸奶灌装机",查询后得到如图 7-11 所示的页面。

---

① 关于商品归类的网站有很多,如"立刻查"(http://www.likecha.com)、"全关通"信息网(http://www.qgtong.com)、海关总署网站(查询路径:首页>在线服务>信息查询>税目税号)。

84223010

饮料及液体食品罐装设备

相关产品 » 纸塑杯灌装机　　纸盒灌装包装机　　纯生啤酒无菌冷藏灌装三合一机　　袋装水包装机　　全自动复合膜包装机

查看税号结构　　查看先例归类 *NEW*　　查看检验检疫码 *NEW*

84388000

本章其他未列名食品等加工机器（包括饮料工业用加工机器,加工动、植物油脂的机器除外）

申报要素 » 1:品牌类型;2:出口享惠情况;3:用途;4:品牌;5:型号;(以下要素仅上海海关要求)6:GTIN;7:CAS;8:其他

相关产品 » 注入式塑瓶灌装封口机　　蛋装灌芯机　　全自动咖啡烘焙机　　生啤桶装清洗灌装机　　酸奶生产成套设备　　>

查看税号结构　　查看先例归类 *NEW*　　查看检验检疫码 *NEW*

图 7-11　查询结果

点击"查看税号结构"进一步查看,可以得到品目 8422 的具体内容（图 7-12）。

```
8422 洗碟机;瓶子及其他容器的洗涤或干燥机器;瓶、罐、箱、袋或其他容器装填、封口、密封、贴标签的机器;
     瓶、罐、管、筒或类似容器的包封机器;其他包装或打包机器（包括热缩包装机器）;饮料充气:
  洗碟机:
  ──84222000  瓶子及其他容器的洗涤或干燥机器  关税
  瓶、罐、箱、袋或其他容器的装填、封口、密封、贴标签的机器;瓶、罐、管、筒或类似容器的包封机
      器;饮料充气机:
    84223010  饮料及液体食品罐装设备  关税
    水泥包装机:
    84223030  其他灌装机、包装机  关税
    84223090  其他容器包封、贴标签及包封机;饮料充气机  关税
  84224000  其他包装或打包机器（包括热缩包装机器）  关税
  零件:
```

图 7-12　具体内容查询

（二）确定品目

根据简易归类原则"有列名的归列名,没有列名归用途,没有用途归成分,没有成分归类别,不同成分比多少,相同成分要从后",该商品在 HS 中没有列名,因此要分析它的功能。

根据其工作原理,可以认定"塑杯酸奶灌装机"既有"冲压成型塑杯"的功能,又有"灌装、包封"的功能,根据第 84 章章注七,具有一种以上用途的机器在归类时,其主要用途可作为唯一的用途对待,在上述两种用途中,到底哪种是主要用途? 这个问题可以按以下 4 种情况进行分析。

情况 1:如果主要功能是"灌装、包封",则应归入品目 8422。因为该品目条文为,洗碟机:瓶子及其他容器的洗涤或干燥机器;瓶、罐、箱、袋或其他容器的

装填、封口、密封、贴标签的机器;瓶、罐、管、筒或类似容器的包封机器;其他包装或打包机器(包括热缩包装机器);饮料充气机。

情况 2:如果主要功能是"冲压成型塑杯",则应归入品目 8477。因为该品目条文为,本章其他品目未列名的橡胶或塑料及其产品的加工机器。

情况 3:如果"冲压成型塑杯"和"灌装、包封"都不算主要功能,则根据第 84 章章注七归入品目 8479。

情况 4:如果"冲压成型塑杯"和"灌装、包封"都是主要功能,则根据第 84 章章注二①的规定优先归入品目 8422。

上述分析中,情况 2 和情况 3 比较牵强,商品名称的关键词应为"灌装机",且该商品的工作原理与品目 8422 的条文内容第三分段的相似度很高,故将"塑杯酸奶灌装机"归入品目 8422。

要在"归类通"网站查询类注、章注,需要点击"查看税号结构"后找到类、章的标题,然后点击"类注"或"章注"即可,如图 7-13 所示。

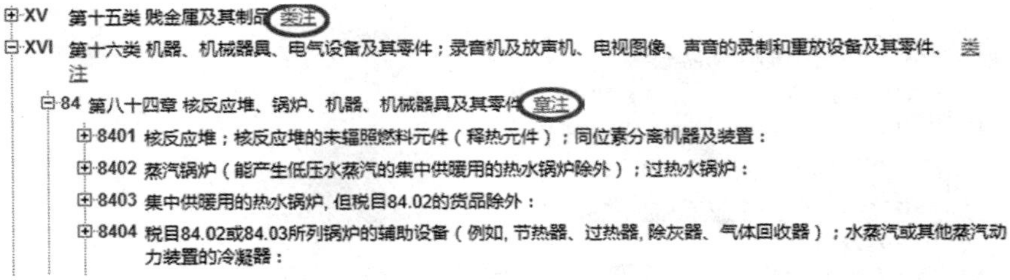

图 7-13 查看类注、章

(三)确定子目

在品目 8422 中,子目 8422.2 洗碟机和 8422.9 零件显然不符合商品情况,因此需要判断这个商品应归入子目 8422.3 还是归入 8422.4。

子目 8423 的机器适用于"瓶、罐,箱,袋或其他容器""瓶、罐、管、筒或类似容器",而子目 8422.4 适用于上述容器之外的商品,如图 7-14 所示。"塑杯酸奶灌装机"显然属于对容器进行包装加工,因此归入子目 8422.3。

————————————

① 第 84 章章注二:除第十六类类注三及本章章注九另有规定的以外,如果某种机器或器具既符合品目 8401—8424 或 8486 中一个或几个品目的规定,又符合品目 8425—8480 中一个或几个品目的规定,则应酌情归入品目 8401—8424 或 8486 中的相应品目,而不归入品目 8425—8480 中的相关品目。

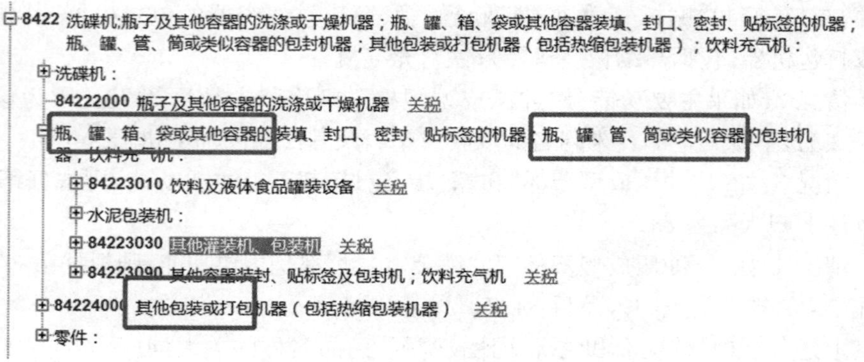

图 7-14 品目 8422 的一级子目比较

在子目 8422.3 中,子目条文"其他瓶、罐、箱、袋或其他容器的装填、封口、密封、贴标签的机器"最符合商品描述,因此该商品应归入 8422.3090。如图 7-15 所示。

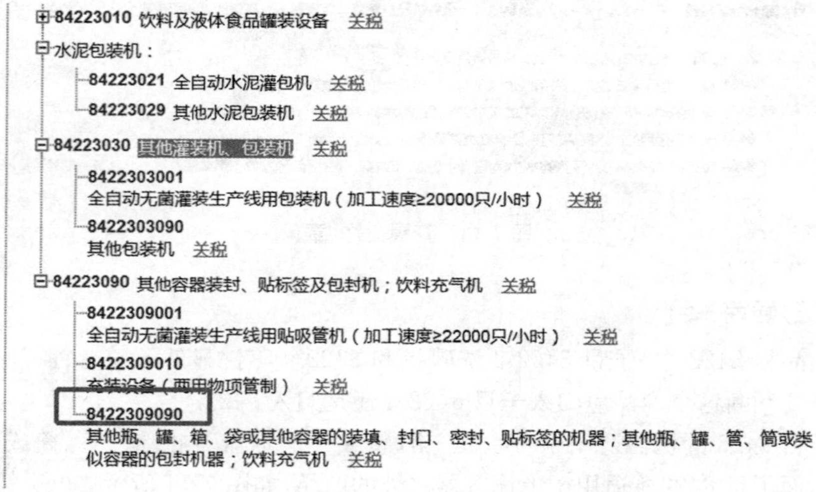

图 7-15 子目 8422.3 的四级子目比较

二、核实商品的监管条件

在确定了商品编码之后,可以在"通关网"等网站查询该商品的监管条件。经查询,"塑杯酸奶灌装机"(8422.309090)监管条件为"A",因此青岛 A 公司进口该商品时,需要办理法定检验手续。

思考练习

一、不定项选择题

1. 在解决商品归类的具有法律效力的依据中,最优先的依据为( )。

    A. 归类总规则   B. 类注   C. 品目条文   D. 子目注释

2. 进口一辆缺少轮子的汽车,在对该商品进行归类时,应按( )归类。

    A. 汽车的零部件   B. 汽车底盘   C. 汽车车身   D. 汽车整车

3. 某商品编码为 5603.92100,则该编码的一级子目是数字( )。

    A. 0   B. 3   C. 9   D. 2

4. 在海关注册登记的进出口货物收发货人可以在货物实际进出口的( )日前,向( )申请就其拟进出口货物进行商品归类。

    A. 30,直属海关   B. 30,隶属海关

    C. 45,直属海关   D. 45,隶属海关

5. 根据归类总规则三,以下归类原则中最优先采用的是( )。

    A. 成分多少原则   B. 从后归类原则

    C. 基本功能原则   D. 具体列名原则

6. 下列商品中,属于归类总规则中规定的"零售的成套商品"的是( )。

    A. 一个礼盒,内有咖啡一瓶、咖啡伴侣一瓶、塑料杯子两只

    B. 一个礼盒,内有白兰地酒一瓶、打火机一只

    C. 一个礼盒,内有巧克力一包、塑料玩具一个

    D. 一碗方便面,内有面饼一块、调味品两包、塑料小叉一把

二、实务操作题

请确定以下商品的编码。

1. 熏带骨猪腿。

2. 盐渍鱿鱼。

3. 密封塑料袋装婴儿均化食品,成分含量为:30%牛肉(可见小肉块)、65%胡萝卜、5%其他配料,净重 500 克。

4. 番茄酱罐头(1 千克)。

5. 氯化钠(盐)。

6. 安乃近药片。

7. 硫代硫酸钠。

8. 福尔马林(甲醛)。

9. 氯乙烯—乙酸乙烯酯共聚物,按重量计含氯乙烯单体单元为 45％,乙酸乙烯酯单体单元为 55％(水分散体,初级形状)。

10. 拳击用手套(皮革制)。

11. 一次性筷子(木制)。

12. 褐色磨木浆(桦木)。

13. 成卷卫生纸(零售用,宽度 10 厘米)。

14. 重量小于等于 300 克/平方米的粗梳全羊毛布。

15. 大麻纱线。

16. 按重量计,含羊毛 45％、粘胶短纤 30％、绵纶短纤 25％,150 克/平方米的色织平纹精纺机织物(幅宽 180 厘米)。

17. 聚酯薄膜真空镀铝扁条(表观宽度 1 毫米)。

18. 针织全棉男裤。

19. 混纺毛衫。

20. 丝制领带(丝含量 70％)。

21. 全塑料泡沫拖鞋(鞋底与鞋面一体式)。

22. 耐火纤维毯。

23. 硅铁合金(硅含量占 70％,铁含量占 25％,其他元素含量占 5％)。

24. 不锈钢丝。

25. 铝箔精轧机。

26. 装于机动车辆上的压缩机。

27. 金属保险箱。

28. 稳压电源器。

29. 手提式真空吸尘器。

30. 电子显微镜。

 问题探究

　　某企业因初次进口 W 牌电子阅读器(电子书),对该商品的归类没有把握。该电子阅读器由电子纸显示屏、CPU 处理器、SDRAM 内存储器、内置 FLASH 存储器、按键、外壳等部件构成,并且带有耳机插孔(用于插入耳机听音乐或播放书籍内容)、USB 接口、SD 卡插槽。该电子阅读器由可充电的锂电池供电。W 牌电子阅读器包括 V2、V3、V5、V6、V8 等型号的产品。V3 和 V5 型电子阅读器只能通过按键输入内容,通过一块电子纸显示屏显示内容;V2、V6 和 V8 型电子阅读器除带有电子纸显示屏外,还带有一块小的触损屏,触摸屏既可显示内容，又可供用户利用触屏笔输入信息，该电子阅读器内部安装有嵌入式操作系统（如 Linux 系统等）。该电子阅读器体积小、重量轻，便于携带和使用。

　　W 牌电子阅读器的功能包括：

　　(1)电子书籍的存储、管理、查找、搜索功能；

　　(2)电子书籍阅读及图片浏览功能；

　　(3)音乐播放、书籍文字内容播放、阅读有声读物功能；

　　(4)编辑功能；

　　(5)英汉词典、计算器、日历、万年历等功能。

　　讨论：

　　该电子阅读器应归入哪个子目？

参考文献

[1] "关务通·监管通关系列"编委会. 通关实务操作与技巧——进出境物品篇[M]. 北京:中国海关出版社,2012.

[2] 海关总署报关员资格考试教材编写委员会. 报关员资格全国统一考试教材(2012 年版)[M]. 北京:中国海关出版社,2012.

[3] 罗兴武. 报关实务[M]. 北京:机械工业出版社,2011.

[4] 叶红玉. 报关实务[M]. 北京:中国人民大学出版社,2019.

[5] 叶红玉. 外贸业务实训教程[M]. 北京:中国商务出版社,2011.

[6] 范桂玉. 进出口商品归类快速提分技巧[M]. 北京:中国经济出版社,2011.

[7] 中国报关协会. 关务基本技能(2019 版)[M]. 北京:中国海关出版社,2019.

[8] 中国报关协会编. 关务基本技能(2020 年版)[M]. 北京:中国海关出版社有限公司,2020.

[9] 中国国际货运代理协会编. 国际货运代理理论与实务(2020 版)精编本[M]. 北京:中国商务出版社,2020.